실크로드 둔황에서
막고굴의 숨은 역사를 보다

실크로드 둔황에서
막고굴의 숨은 역사를 보다

둔황연구원(敦煌研究院) · 판진스(樊錦詩) 편저 | 강초아 옮김

일러두기

1. 고유명사는 국립국어원의 외래어 표기법을 따라 표기했다.
   - 인명 : 신해혁명을 기준으로 과거인은 한자 독음으로, 현대인은 중국어 발음으로 표기.
   - 지명 : 인명과 같은 원칙으로 표기하되, 과거의 지명이 현대에도 쓰일 경우 중국어 발음으로 표기.
2. 음역된 서역인의 이름은 한자 독음으로 표기하는 것을 원칙으로 하고, 필요한 경우 원어를 병기했다.
   [예] 샤카모니(x) 석가모니(O) / 쿠마라지바(x) 구마라집(O)
   역사 인물 등 원어 발음이 익숙한 경우에는 원어 발음으로 썼다.
   [예] 아소카 왕 / 쿠샨 왕조
3. 불교 용어나 고승의 이름, 경전 제목 등은 한국 불교에서 사용하는 쪽으로 통일했다.
   예를 들면 원서에서는 '열경(涅經)'이라고 되어 있지만 '열반경(涅槃經)'으로 옮겼다.
4. 고유명사가 처음 나올 때 한 번 원어를 병기하고, 원서에는 없지만 인물과 왕조의 연도를 넣었다.
   관련 용어와 내용은 《시공불교사전》과 《실크로드사전》을 기준으로 하고 《두산백과》를 참조했다.
5. 책명은 《 》, 편명과 작품명은 〈 〉로 묶었다.
6. 원서와 마찬가지로 관련된 본문 내용 뒤에 도판 번호를 넣었다.
   [예] [1-1] [1-2]
7. 본문에 나오는 각주는 모두 옮긴이 주다.

실크로드 둔황에서
막고굴의 숨은 역사를 보다

실크로드^{비단길}는 중국이 과거 경제와 문화를 교류했던 국제 교통로다. 실크로드는 중국 중심부의 도시인 장안^{長安}에서 서쪽으로 무수한 산을 넘고 강을 건너, 도시를 지나고 오아시스를 품은 사막을 통과하면서 지중해 동쪽 연안까지 이어진다. 각기 민족과 문화가 다른 실크로드의 여러 도시나 국가 중에서도 중국 간쑤^{甘肅}성 하서주랑^{河西走廊, 황하 서쪽에 복도 모양으로 좁고 긴 평지가 비스듬히 누워 있는 지역} 서쪽 끝의 도시 둔황^{敦煌}은 실크로드에서 특수한 지위를 누린 곳이다. 한나라 때 군^郡이 설치된 이래로, 둔황은 중국과 서역의 교통을 책임지는 요충지 역할을 톡톡히 해왔다. 둔황에서 동쪽으로 가면 하서주랑 지역을 통과해 한나라와 당나라의 도읍인 장안, 뤄양^{洛陽}에 닿는다. 둔황에서 서쪽으로 가면 서역^{西域, 오늘날 중국의 신장 위구르 자치구}과 통하며, 중앙아시아, 서아시아, 남아시아를 거쳐 유럽의 로마까지 갈 수 있다.

둔황은 유럽과 아시아 문명이 서로 영향을 주고받는 교차점이었으며, 중원의 한족과 주변 소수민족 문화가 교류하고 융합하는 역사적 현장이었다. 4세기에서 14세기까지 둔황은 불교의 영향을 크게 받았다. 둔황의 예술가들은 막고굴

莫高窟, 천불동千佛洞, 유림굴楡林窟 등 여러 불교 석굴 사원을 만들었는데, 이를 둔황 석굴이라고 통칭한다. 둔황 석굴과 장경동藏經洞에서 출토된 문헌 유물은 문화 교류와 융합의 역사를 선명하게 보여주는 최고의 사료다. 중국, 인도, 그리스, 이슬람 문화가 둔황에서 만나 융합했으며, 강융羌戎, 오손烏孫, 월지月氏, 흉노匈奴, 선비鮮卑, 토욕혼吐谷渾, 토번吐蕃, 위구르[回鶻], 소그드[栗特], 우전于闐, 탕구트[黨項羌], 몽골[蒙古], 한漢 등 여러 민족이 둔황에서 역사와 문화를 꽃피웠다. 종교적으로도 중원의 유교와 도교, 인도의 불교, 페르시아의 마니교, 소그드인의 배화교, 서양의 초기 기독교 등이 실크로드를 따라 발전했다. 이처럼 4~14세기 1천 년의 시간 동안 둔황의 불교예술은 다양한 문화를 유입하면서 변화, 발전하는 풍성한 역사를 이루었다.

둔황 문화의 흥망성쇠는 실크로드의 번영 및 쇠락과 궤를 같이한다. 한나라 때 실크로드가 개척되면서 둔황도 오랫동안 번영을 누리며 문화 전파와 교류의 공간으로 기능했다. 동양 문화와 서양 문화가 만나 둔황의 독특한 문화 예술을 형성했다. 둔황 석굴예술과 장경동의 문헌 유물은 종교, 문학, 역사, 음악, 미술 등 무한한 문화유산을 지금 우리에게 전해 주며, 오늘날의 학자, 예술가, 여행자 등은 그 증거를 눈으로 확인하고 있다.

'실크로드 및 둔황 문화 총서'를 펴내는 목적은 새로운 시선과 방법으로 실크로드와 둔황학에 관련한 문제들을 탐구하고, 지금의 학술연구 성과를 더 많은 독자들과 나누는 것이다. 편집위원회는 이것이 오늘날 학술연구자로서의 책임이라고 여기며, 이 분야에 전문적인 지식이 없는 사람들도 둔황과 실크로드에 관심을 갖고 쉽게 이해하게끔 돕고자 한다.

둔황연구원 명예원장 판진스樊錦詩

실크로드 둔황에서
막고굴의 숨은 역사를 보다

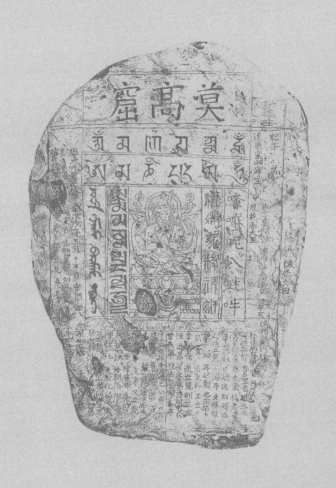

1

장건이
서역으로 나가다

한漢나라 때 실크로드가 개통된 이래, 약 2천 년 동안 실크로드는 중국과 서방 각국이 교류하는 통로 역할을 했다. 중국의 비단이 끊임없이 이 길을 따라 서양에 전해졌고, 서양의 역사학자는 동양과 서양을 잇는 교통로를 '비단길'이라고 불렀다. [1-1] 비단길의 개통에 대해 이야기하려면 장건張騫. ?~서기전 114을 이야기하지 않을 수 없다. 장건은 한나라 무제武帝. 재위 서기전 141~서기전 87의 사신으로 목숨을 걸고 서역에 가서 당시 월지月氏와 오손국烏孫國 사이에 끼어 있던 흉노匈奴와 연락을 취하는 정치적 사명을 띠고 있었다. 장건의 정치적 사명은 완성되지 못했지만, 예상치 못한 수확으로 서역의 여러 나라에 대한 정보를 얻었다. 한나라는 이를 바탕으로 서역 국가와 한 단계 발전한 관계를 쌓았으며 외교의 폭을 넓혔다. 인류문명사의 새로운 장이 열린 것이다.

진나라 말기부터 초나라와 한나라가 전쟁을 벌이던 시기를 거치며 한족^{漢族}
이 중원의 전쟁으로 바쁜 사이에 북방의 흉노가 점점 강대해졌다. 월지는 본래
치롄산^{祁連山} 북쪽부터 톈산^{天山} 일대까지 생활하던 강력한 부족이었다. 그러나
흉노와의 전쟁에서 월지의 왕이 사망했고, 흉노인들은 월지 왕의 두개골로 술잔
을 만들어 술을 마셨다. 월지족은 그때부터 계속 서쪽으로 밀려나 마지막에는
중앙아시아의 아무다리야^{Amu Darya} 강 유역까지 이동했다. 흉노는 중국 북부의
광대한 영토를 장악했고, 한나라와 서역의 교역로를 틀어막았다. 또한 끊임없이
전한^{前漢, 서기전 206~8}의 변경 지대를 침범했다. [1-2]

[1-1] 비단길 안내도

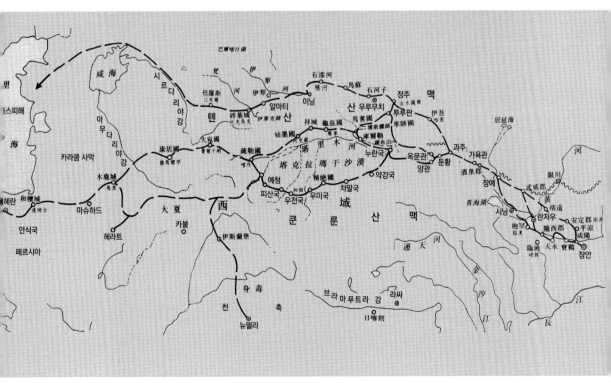

[1-2] 둔황 한 왕조 장성 유적

　　전한 초기, 긴 전쟁을 겪은 중원 지역의 경제는 아직 완전히 회복하지 못한 상태였다. 그래서 흉노의 계속된 공격을 막을 힘이 부족했다. 흉노는 현재의 산둥山東성 타이위안太原 일대까지 밀고 내려온 적도 있었다. 한 고조 유방劉邦, 재위 서기전 202~서기전 195은 대군을 이끌고 평성平城, 오늘날 산둥성 타이둥大同시을 공격했으나 오히려 흉노에게 포위되어 겨우 빠져나오기도 했다. 그 후 한나라는 화친 정책을 써서 평화를 얻어야 했다. 매년 흉노에 대량의 비단과 양식 등을 보냈지만 흉노는 강력한 군사력을 앞세워 수확기가 되면 함부로 변경 지역을 약탈하곤 했다. 한 무제 때, 한나라는 이미 60~70년의 역사를 일구었다. 온 나라가 재물이 넉넉하

[1-3] 둔황 진묘(晉墓) 초상화 벽돌 이광(李廣)

고 병사와 말이 강성했다. 무제는 흉노에게 반격하겠다고 결정하고 대장군 위청 衛靑, ?~서기전 106, 곽거병霍去病, 서기전 140~서기전 117 등을 연이어 파병해 흉노와 교전했 다. 하지만 흉노는 강력한 병사와 준마를 보유해 행군 속도가 빨랐다. 한나라 군대가 흉노의 침략 소식을 듣고 급히 군대를 보내도 흉노가 약탈을 끝내고 떠 난 뒤에나 현지에 도착하는 일이 많았다. 한나라와 흉노가 전면전을 벌이는 경 우에도 한번은 이기고 한번은 지는 상황이 이어졌다. 무제는 흉노 문제로 골머 리를 썼었다. 이때, 무제는 흉노족 포로에게서 월지족이 흉노에게 대패한 사실을 들었다. 그는 서역으로 사신을 보내 흉노에게 쫓겨 하서河西, 황하의 서쪽 지역로 옮겨간 월지, 오손과 연합해 흉노를 협공하고자 했다. [1-3]

건원建元 2년서기전 139년, 장건은 명령을 받고 서역으로 사신의 길을 떠났다. 당시 하서 일대는 흉노에 점령되어 있었다. 장건의 사절단은 하서 지역에 들어서자마자 흉노에 붙잡혀 포로가 되었고, 10여 년 동안 억류되었다. 흉노 사람들은 장건이 흉노에 투항했다고 여겼고, 특별히 흉노족 미녀를 뽑아 장건의 아내로 주었다. 장건은 흉노족 아내와의 사이에 아이도 낳았지만 자신의 사명을 한시도 잊지 않았다. 11년이라는 길고 험난한 세월이 흐른 뒤, 흉노족은 장건에 대한 감시에 소홀해졌다. 장건은 그 기회를 놓치지 않고 자신의 일행을 이끌고 흉노 땅을 탈출해 월지족의 영역으로 향했다. 10여 일을 걸어간 끝에 그들은 대완국大宛國. 오늘날 키르기스스탄에 닿았다. 대완국은 예전부터 한나라가 부유하다는 소문을 들었다. 그들은 장건이 찾아오자 무척 기뻐했고, 한나라와 사신을 통해 교류하고자 했다. 장건은 자신의 사명을 이야기했고, 대완국에서 그가 대월지大月氏에 갈 수 있도록 도와달라고 부탁했다. 그래서 대완국에서 길잡이를 파견해 장건 일행을 대월지까지 안내했다. 이때 월지족은 규수嬀水. 오늘날 아무다리야 강 일대에서 생활하고 있었다. 그곳은 식수와 풀이 풍부하고 생활이 안정적이어서 그들은 흉노와 전쟁을 할 마음이 없었다. 게다가 그들이 보기에 한나라는 너무 멀었다. 장건은 대월지에서 1년 정도 머물다가 다시 대하국大夏國까지 갔지만 한나라와 연합해 흉노에 맞서는 일은 가망이 없어 보였다. 결국 강국羌國을 거쳐 한나라로 돌아가기로 했다. 그런데 그들은 귀환 길에 또 흉노에게 붙잡혔다. 이번에는 흉노에서 1년여의 시간을 보냈다. 흉노의 왕인 선우單于가 죽자 왕의 동생 좌곡려왕左谷蠡王이 조카인 태자를 공격하고 스스로 왕이 되었다. 흉노에 내란이 일어난 틈을 타 장건은 흉노족 아내와 수행원인 흉노족 사람 당읍부堂邑父를 데리고 탈출했다. 원삭元朔 3년서기전 126년, 장건은 갖은 고생 끝에 장안으로 돌아왔다. 장건의 사절단은 출발할 때 100명이 넘었는데, 그 중에서 장안으로 돌아온 사람은 장건과 당읍부 두 사람뿐이었다. [1-4]

[1-4] 막고굴 제323굴 〈장건출사서역도(張騫出使西域圖)〉, (당나라 초기)

한 무제는 장건을 태중대부太中大夫로 봉했다. 이번 출사는 원래의 목적을 달성하지 못했지만, 장건은 서역의 여러 나라의 지리, 물산, 풍습을 상세하게 이해하고 있었다. 무제는 수시로 장건에게 서역의 일을 질문했다. 그때도 한나라와 흉노 사이의 전쟁은 계속되고 있었는데, 장건이 흉노의 사정에 밝았기 때문에 종종 군대를 따라 전쟁에 참가했다. 장건은 사막에서 물과 풀이 자라는 곳을 찾을 수 있었고, 그 덕분에 한나라 군대는 전처럼 곤경에 처하지 않았다. 한 번은 장건의 부대가 정해진 날짜까지 전장에 도착하지 못해 한나라 군대가 패배했다. 그는 군법에 따라 참수될 뻔했다가 지위를 박탈당하고 평민이 되는 것으로 형벌이 낮아져 목숨을 구했다. 이때 한나라는 흉노와의 전쟁에서 조금씩 우위를 점하고 있었다. 한나라 군대는 끊임없이 북쪽과 서쪽으로 전진했고 흉노는 점점 더 패퇴했다. 야심이 큰 무제는 다시 장건을 불러 대하국 등 서역의 여러 나라에 대해 물었다. 장건은 무제에게 서역의 정세를 설명한 다음 월지, 오손 등의 국가와 외교관계를 맺고 흉노의 퇴로를 끊어야 한다고 간언했다. 무제는 장건을 중랑장中郎將으로 삼고 300명의 수행원과 직물, 금은보화 등을 내주었다. 장건은 위풍당당하게 두 번째 서역행을 떠났다. 이때는 한나라가 하서 일대를 통제하고 있을 때여서 장건의 여정은 순조로웠다. 그는 금세 오손국에 도착했다. 오손국의 왕에게 한나라와 연합해 흉노에 대항하자는 제안을 했지만 오손국은 흉노에게 오랫동안 지배를 받은 상태였고 내부적으로도 많은 문제가 있어서 연합을 결정하기 어려웠다. 장건은 다시 수행원들을 대완국, 강거국康居國, 오늘날 동 투르키스탄, 대하국, 안식국安息國, 신독국身毒國 등에 보내 연합을 제의하도록 했다. 오손국은 사절을 파견해 장건을 한나라로 돌려보냈다.

이번에도 장건의 출사는 군사적 목적은 달성하지 못했지만 서역 각국과 한나라가 때때로 사절을 보내면서 교류하게 되었으니 군사적인 의의보다 훨씬 뛰어난 성과를 거두었다고 하겠다. 장건은 두 번째 서역행에서 돌아와 1년 조금 더

살고 타계했다. 그가 서역 각국에 보냈던 수행원들이 속속 한나라로 귀국했는데, 대부분은 그 나라의 사신을 데리고 왔다. 한나라와 서역 각국은 그때부터 밀접한 외교관계를 수립했고, 한나라는 서역에 이름을 알리게 되면서 서역의 나라들이 더욱 더 한나라와 교류하기를 희망하게 되었다. 당시 한나라의 국제 교류는 멀리 안식국과 신독국까지 포함하고 있었다. 안식국은 파르티아 제국으로 오늘날 이란 서부를 통치하던 국가였다. 신독국은 인도를 가리키는 말인데, 한나라 때의 신독국 영토는 오늘날 파키스탄의 일부다.

장건이 서역을 다녀온 이후, 중국과 서역 각국을 오가는 사신과 상단이 끊이지 않았다. 전한의 직물, 칠기, 철기 등 수공예품과 농업이나 수공업 기술들이 계속해서 중앙아시아와 멀게는 유럽까지 전해졌다. 서역의 농산품, 특산물도 한나라에 대거 들어왔다. 포도, 거여목, 석류, 호두, 참깨, 시금치, 마늘, 당근 등이다. 그 밖에 유리공예품, 모직물 등 수공예품도 중원 지역에 전해졌다. 음악, 무용 등 문화 예술 방면에서도 광범위한 교류가 이루어졌다. 둔황은 동양과 서양의 물질문화 교류의 통로인 남북 두 갈래 실크로드가 교차하는 지점으로, 중원과 서역의 경제·문화적 교류가 증가함에 따라 번영기에 접어들게 된다. [1-5]

장건이 서역으로 갔던 시절, 한나라는 서역에서 흉노와 무수한 전투를 벌였다. 그 중 두 번의 대규모 전투는 중요한 의의가 있다. 서기전 127년 한 무제는 위청에게 3만 기병을 주어 흉노를 격퇴했다. 그 전투로 하남河南, 오늘날 네이멍구內蒙古 어얼둬쓰鄂爾多斯 지역을 수복하고 삭방군朔方郡과 오원군五原郡을 설치했다. 서기전 121년에는 표기장군 곽거병이 1만 기병을 이끌고 룽시隴西, 간쑤성 동남부에서 출발해 옌즈산焉支山, 오늘날 간쑤성 산단山丹현 동남쪽을 지나 흉노의 절란왕折蘭王과 노후왕盧侯王을 죽였다. 같은 해 여름에 다시 출병했을 때는 하서 지역을 수복하고 우웨이武威, 주취안酒泉 두 개 군을 설치했다. 흉노는 크게 세력이 꺾였고 통치계급 내부에서 분열이 일어났다. 혼사왕渾邪王이 휴도왕休屠王을 죽이고 한나라에 투항하는 일도

[1-5] 막고굴 제296굴 실크로드 상단 그림

있었다. 서기전 119년 한 무제가 다시 대군을 보내 흉노를 쳤다. 흉노는 크게 패배하고 막북漠北, 고비 사막 이북으로 물러났다. 한나라 변경 지대와 실크로드 교통로의 위험은 완전히 사라졌다. 서기전 111년 한나라는 우웨이와 주취안 사이에 장예張掖, 둔황敦煌 두 개 군을 더 설치했다. 이 네 지역이 바로 역사적으로 '하서사군河西四郡'이라고 불리는 곳이다. 한나라는 또 둔황 서북쪽에 옥문관玉門關을, 서남쪽에 양관陽關을 설치해 통행을 관리하고 여행자의 안전을 보장했다. 둔황은 지리적 요충지인데다 한 왕조의 집중적인 개발이 더해져 '땅은 넓지만 인구는 희박한' 변경 지역에서 벗어나 일약 정치·군사적으로 중요한 땅이 되었다. 전한 시대 조정에서는 하서 지역에서 둔전제屯田制[1]를 실시하고, 전문적으로 관개 작업을 책임지는 병사인 하거졸河渠卒도 두었다. 이런 일들이 둔황의 경제 발전을 가속화했다. 둔황의 작물 생산량은 자급자족을 넘어 잉여 식량이 생길 정도였다. 전한 말기, 둔황군은 이미 여섯 개 현둔황, 명안冥安, 효곡效谷, 연천淵泉, 광지廣至, 용륵龍勒을 관할하고 두 개의 관문옥문관, 양관을 거느린 인구 4만 명의

---

1 변방에 군대를 주둔시켜 한편으로는 경작을 시키고 한편으로는 전투를 하면서 군량을 자급자족하도록 한 제도.

[1-6] 양관 유적

중요한 지방으로 성장했다. [1-6] [1-7]

　하서사군의 건립 후, 한나라와 흉노의 전쟁은 서북쪽으로 옮겨갔다. 전쟁의 목적도 서역 각국을 정복하고 실크로드의 주도권을 장악하기 위한 싸움이 되었다. 그때까지 서역의 36개국은 강대한 흉노의 통제를 받았고 한나라와는 지리적으로 멀었다. 이제 서역 국가들은 한나라 군대가 오면 얼른 한나라에 투항하고, 한나라 군대가 물러간 뒤 흉노가 돌아오면 다시 흉노에 항복했다. 한나라는 서역도호부西域都護府를 설치하고 무기교위戊己校尉를 차사車師, 오늘날 투루판에 주둔시켜 서역을 장악하려 했다. 특히 실크로드를 따라 이어지는 주요 도시에 군대를 주둔시키고 휴전기 병사들에게 밭을 경작하게 하면서 실크로드를 오가는 사신과

[1-7] 옥문관 유적

상단, 여행자가 피해를 입지 않게 보호했다. 하지만 서역도호부도 자주 흉노의 공격을 받았고, 하서 지역은 자연히 서역도호부의 후방전선이 되었다. 특히 둔황은 하서 지역의 서쪽 끝에 위치하기 때문에 서역에 문제가 발생하면 둔황에서 후방지원의 중책을 맡을 수밖에 없었다.

전한 말에서 후한後漢, 25~220 초, 북흉노는 중원의 난세를 틈타 서역을 장악했다. 한나라는 명제明帝 때인 영평永平 16년73년 흉노와의 전쟁을 다시 시작하고 둔황에 의화도위宜禾都尉를 주둔시켜 서역을 통제하려 했다. 다음 해에는 서역도호부와 무기교위를 부활시켰지만 곧 흉노와 차사의 공격을 받았다. 주천태수 단팽段彭이 병사를 이끌고 나가 차사를 패퇴시켰지만 중앙정부와 거리가 멀어 통치하기가 쉽지 않다 보니 한나라는 서역도호부를 철수해야 했다. 흉노는 다시 이오伊吾, 오늘날 신장 위구르 자치구 하미哈密시 일대를 지배했다. 화제和帝 영원永元 원년89년, 한나라는 대장군 두헌竇憲, ?~92을 보내 서역을 정벌했고, 그때 흉노에게 결정적인 타격을 주었다. 그 다음 해, 두헌은 부교위 염반閻槃을 보내 이오를 함락했다. 91년에는 뛰어난 장수인 반초班超, 32~102가 서역도호西域都護2로 부임했다. 그는 서역의 구자국龜兹國, 오늘날 신장 위구르 자치구의 쿠처庫車현에 주재하면서 무기교위를 보내 차사를 지키게 했다. 몇 년 후, 반초는 카라샤르오늘날 신장 위구르 자치구의 옌치焉耆현를 함락시키고 서역 50여 개 국가에 모두 사자를 보내 한 왕조와 외교관계를 수립했다. 반초는 또한 그의 부하를 서방 각국에 보냈는데, 그의 사자는 멀리 지중해까지 이르렀다.

이렇듯 후한 왕조의 서역 경영은 흉노와의 전쟁을 통해 발전했다. 최전방인 둔황은 방어와 공격을 모두 책임지는 군사적 요충지였다. 107년 안제安帝가 서역도호를 파면했지만 120년부터 서역도호를 대신해 서역의 사무를 관장하는 서역부교위西域副校尉가 둔황에 계속 머물렀다. 그 후 서역 각국을 위로하고 남북 실크로드를 보호하는 중책은 종종 서역부교위와 돈황태수가 공동으로 담당했다. 둔황의 군사적 중요성이 점점 커졌다.

전한 말에서 후한 초는 중원 전체가 어지러웠다. 그러나 하서 일대는 오히려 안전한 편이었다. 그래서 중원 사람들이 계속해서 피난을 왔다. 호족 두융竇融, 서기전 16~62은 '하서 지역이 유복하다'는 사실을 알아차리고 장안에서 하서까지 이주해왔다. 그는 나중에 오군대장군五郡大將軍으로 받들어졌다. 후한 광무제光武帝, 재위 25~57가 즉위한 후 두융은 한나라에 귀순했다. 이처럼 하서 지역은 전한과 후한의 교체기에도 계속 안정을 유지했다. 전한 말기 중앙집권적 통치 체제가 힘을 잃으면서 지방 호족이 급속히 힘을 키웠다. 건안建安, 196~220년 초기 군웅이 천

---

2 한 왕조가 서역에 파견한 둔전병을 통괄하던 장군. 서역도호가 일하는 관청을 서역도호부라 한다.

하를 다투며 서로 먹고 먹히는 형세 속에서 하서 일대에도 군벌세력이 형성되었다. 중앙정부에서 이곳까지 돌볼 여력이 없었으므로 둔황 지역은 20년이나 태수가 없는 무정부 상태에 놓였다. 지방 호족들은 사병을 기르고 백성의 재물을 수탈하거나 상단 행렬을 습격했다. 실크로드의 교통도 심각한 위협에 직면했다.

삼국 시대220~280에 조조의 위나라 정권은 창자倉慈, 생몰년 미상를 태수로 보냈다. 창자는 과감한 조치를 취해 호족 세력을 강하게 제압하고 국외의 상인이 둔황에 와서 교역하는 일을 적극 보호하고 장려했다. 이는 실크로드에 새로운 번영기를 가져오는 동시에 둔황이 자체적으로 발전할 수 있는 좋은 조건이 되었다. 창자의 개혁정책은 둔황 지역 민심을 얻었다. 그는 둔황 백성 및 서역 각 민족들에게 깊은 사랑을 받았다. 둔황의 역사상 창자는 최초의 걸출한 정치가라 할 수 있다. 창자의 후임자인 황보융皇甫隆, 생몰년 미상 역시 착실하고 근면한 치정자였다. 그는 중원의 선진적인 경작 기술을 도입하고 널리 보급하는 한편 농기구를 개량해 둔황의 식량 생산력을 대대적으로 발전시켰다. 이 시기에 둔황의 경제는 전에 없는 번영을 누렸다.

한나라 이래로 하서 지역의 개발은 둔황에 경제적인 번영을 가져왔을 뿐 아니라 깊이 있고 강력한 중원 문화를 하서 지역에 전파했다. 유가 사상을 위주로 한 서적도 둔황에 광범위하게 전해졌다. 당시 둔황에는 뛰어난 인재가 쏟아져 나와 문화적으로 하서 지역에서 제일이라고 손꼽혔다.

후한의 명장인 장환張奐, 104~181은 둔황 연천 사람이다. 그는 동탁의 부름을 거절하고 둔황에 은거했다. 그동안 그는 제자를 길렀는데, 가르침을 받은 사람이 1천여 명에 이르렀다. 그는 제자들에게 경전을 강설하는 것 외에도 30만 자나 되는 《상서기난尚書記難》을 저술했다. 그 밖에도 송섬宋纖, 색습索襲, 돈우敦禹 등 덕망 높은 저명한 학자들이 둔황에서 후학을 가르쳤는데, 그 제자들이 적게는 수백 명, 많게는 1천 명이었다.

장환의 아들 장지張芝. ?~192?는 유명한 서예가다. 특히 초서에 능해 '초성草聖. 초서의 성인'으로 불린다. 장지는 어렸을 때부터 서예에 매진했는데, 종이가 비싸서 옷감을 가져다 거기에 글씨를 연습한 다음 빨거나 새로 염색해서 옷을 해 입었다고 한다. 그는 매일 글씨 연습에 골몰했다. 연못가에서 글씨를 쓰고 붓을 씻는 일을 매일같이 반복하다 연못물이 먹물로 변했다는 일화도 있다. 이런 근면성실함이 지금까지도 사람들에게 미담으로 전해져서 서예 연습을 '임지臨池. 글씨 연습으로 연못물을 검게 만든다는 뜻'라고 부른다. 송나라 때 지어진 책《순화각첩淳化閣帖》에 장지의 초서 글씨〈팔월첩八月帖〉등이 남아 있다. 그의 글씨는 나중에 왕희지王羲之. 307~365 등이 제창한 서예법에 선도적 역할을 했다. 장지는《필심론筆心論》이라는 책도 썼다고 하는데 지금은 전하지 않는다. [1-8]

후한 말기, 둔황에는 또 한 명의 박사博士. 한나라 때의 '박사'는 일종의 관직명으로 교사나 조정의 참모 역할을 했다가 배출되었다. 후근侯謹. 생몰년 미상이라는 그 박사는 어려서 고아가 되어 집안 형편이 몹시 어려웠지만 공부에 뜻을 두고 낮에는 남의 집에서 허드렛일을 하고 저녁에는 관솔불을 켜고 책을 읽었다. 그렇게 독학으로 학문을 닦았다. 그는 조정에 나아가 관리가 되는 것을 바라지 않아서 산 속에 은거하며 저술 작업에만 집중했다. 그가 쓴《한황덕전漢皇德傳》은 후한을 세운 광무제부터 충제衝帝. 재위 144~145까지의 역사를 다루며, 전부 30편의 글로 이루어졌다. 당시 사람들은 후근을 존경하여 그를 '후군侯君'이라는 존칭으로 불렀다.

이 시기 둔황에는 뛰어난 농학자農學家도 배출되었다. 유명한 범승지氾勝之. 생몰년 미상가 바로 그 사람으로, 범승氾勝이라는 이름으로도 불렸다. 그는 전한의 무제 때 의랑議郎으로 뽑혀 관직에 나갔고, 나중에 관직이 어사禦史에 이르렀다. 범승지는 장안 일대에서 밀 경작과 수확에 성공하여 관중關中 지역에까지 밀농사를 보급했으며, 매년 풍성한 수확량을 올렸다. 또한 그는 전문적으로 경작법, 파종법 및 밀 농작법을 다룬 책《농서農書》18편을 저술했다.

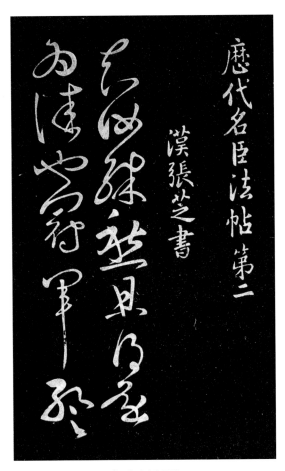

[1-8] 장지의 글씨

2
서량국의 흥망성쇠

    장건이 서역으로 통하는 길을 뚫은 이래 200여 년 동안 한 왕조의 통치자들은 실크로드의 개발을 무척 중요하게 여겼다. 실크로드의 요충지인 둔황은 크게 발전했다. 중원의 선진적인 생산 기술과 한족 문화가 끊임없이 둔황으로 유입되었다. 4세기 초 서진西晉, 265~316 왕조가 멸망했다. 그들은 남하하여 건강建康, 오늘날 난징南京에 동진東晉, 317~419을 세우고 창장長江 강 이남의 땅을 통치했다. 광대한 북방 지역은 그때부터 5호胡16국國의 혼란기가 시작된다. 5호란 전한과 후한 이래로 조금씩 중원 쪽으로 침범해 들어온 흉노, 선비, 갈羯, 저氐, 강羌 다섯 개 북방민족을 일컫는다. 16국은 이 다섯 민족과 한족이 세운 열여섯 개의 크고 작은 정권을 의미한다.

    16국 시대, 하서 지역에는 전량前涼, 314~376, 후량前涼, 389~403, 남량南涼, 397~414, 서량西涼, 400~421, 북량北涼, 397~439 등의 왕조가 나타났다. 이들 왕조는 잦은 교체와 전란을 겪었지만 중원 지역에 비하면 안정적인 편이었다. 수많은 중원의 귀족 가문들이 전란을 피해 평화를 찾아 서쪽으로 이주해 농우隴右, 룽산隴山 산 오른쪽을 일컫는 말, 하서 지역으로 들어왔다. 그중에서 둔황에 수도를 세운 서량국도 있었다. 둔황은 사회 경제적으로 폭발적인 발전을 겪었고 사회문화 역시 전례 없는 번영을 누렸다.

이고와 서량국

서량국을 세운 사람은 농서 출신의 이고李暠, 351~417로, 전한 시대 명장인 이광李廣, ?~서기전 119의 후손이다. 고조부와 증조부는 서진 시대에 군수를 지냈다. 서진이 멸망한 후 이고의 조부는 전량 장궤張軌, 255~314 정권에서 무위장군武衛將軍 안세정후安世亭侯를 지냈다. 부친은 어린 시절부터 총명하여 유명했는데 요절하고 말았다. 부친이 별세했을 때 이고는 아직 태어나지도 않았다. 이고는 아버지를 여의었지만 각고의 노력으로 공부하여 학문이 높고 무예에 뛰어났으며 병서에 통달했다. 그는 문무를 겸비하고 의지력이 강한 인물이었다. 이고가 살았던 시대는 마침 후량 여광呂光, 338~399 정권의 통치기 말기였고 정치적으로 매우 혼란했다. 어느 날, 그가 친구인 곽우郭瑀, 송요宋繇 등과 모였을 때 천문을 보는 관리인 태사령太史令 곽우가 송요에게 말했다.

"이고에게 국토를 나누어 가질 운이 있다. 지금은 천하가 어지러우니, 영웅이 일어날 때가 아닌가!" [2-1] [2-2]

397년 단업段業, ?~401이 후량 정권에 반란을 일으켜 스스로 양주목凉州牧이 되고 맹민孟敏을 사주자사沙州刺史로, 이고를 효곡현령效谷縣令으로 삼았다. 400년 맹민이 타계하자 이고가 둔황 백성의 추대를 받아 영삭장군寧朔將軍이자 돈황태수敦煌太守가 되었다. 이때 단업은 장예에서 스스로 북량왕北凉王으로 칭한 뒤 이고에게 군사 지휘권을 맡겼다. 북량의 우위장군右衛將軍이자 둔황 사람인 색사索嗣와 이고는 본래 목숨도 내줄 만큼 가까운 벗이었으나 돈황태수 된 이고를 시

[2-1] 진(晉) 시대 필사본《삼국지(三國志)》〈보즐전(步騭傳)〉(둔황연구원 소장)

기한 색사가 단업 앞에서 이고를 헐뜯었다. 단업은 색사를 돈황태수로 삼고 기병 500기를 주면서 둔황으로 부임하도록 했다. 색사는 둔황에서 20리 떨어진 곳에 진을 치고 이고에게 성 밖으로 나와 맞이하라고 전갈을 보냈다.

이 소식을 들은 이고가 성 밖에 나가 색사를 맞이하려고 하자, 둔황 효곡현의 현령 장막張邈, 송요 등이 이고를 말렸다.

"지금 후량의 여광은 쇠락했고 북량의 단업은 어리석고 나약합니다. 그러니 영웅호걸이 자신의 실력을 뽐낼 최적의 시기지요. 세상 사람들은 당신을 추대하려고 하는데 지금 색사에게 투항한다면 천하의 웃음거리가 되지 않겠습니까?"

그러면서 이고에게 색사를 토벌하고 둔황에 할거하라고 간언했다. 이고는 그

[2-2] 서량 시대 필사본 《십송비구계본(十誦比丘誠本)》(둔황 문서 S.797호)

들의 건의를 받아들이고 송요를 색사의 진영에 보내 사기를 염탐했다. 군대의 허실을 파악한 뒤에는 곧바로 병사를 이끌고 나가 색사를 무찔렀다. 색사는 패전 후 단업에게 죽임을 당했다. 둔황에 자리 잡은 이고는 대대적으로 세력을 키웠다. 우선 둔황과 양흥涼興 두 개의 군을 통합했고, 이어서 진창태수晉昌太守 당요唐瑤의 지지를 얻어 세력을 진창, 주취안, 건강, 치롄祁連 등으로 확장했다. 400년에 이고는 정식으로 서량국을 세워 연호를 경자庚子로 정하고, 수도는 둔황에 두었다. 이로써 하서주랑 지역의 서쪽 땅을 총괄하였다.

이고는 서량 건국 이후 생산과 생활을 안정시키는 정책을 폈으며, 문화를 발전시키고 교육을 장려했다. 둔황에 현, 향, 리 세 등급의 행정기구를 세우고 엄격한 호적제도를 시행했다. 농업 생산을 장려해 둔황 지역의 수확량이 높아졌다. 백성들은 평안한 번영기를 구가했다. 이고는 둔황에 그의 아버지를 모신 선왕묘先王廟를 세웠으며 공덕전恭德殿, 정공당靖恭堂, 가납당嘉納堂, 겸덕당謙德堂 등 건물을 짓고 정사를 돌보며 군대의 업무를 살폈다. 이고는 경전과 사서에 통달했을 뿐 아니라 뛰어난 문장력을 가져서 직접 수십 편의 글을 썼다. 그는 둔황에 반궁泮宮이라는 관학을 세우고 학생을 500명 받아들여 둔황의 유학 교육을 발전시켰다. 이고가 둔황에서 펼친 정책은 둔황을 하서 지역의 정치적 중심지이자 중원 문화를 하서 지역에 전파하는 기지로 만들었다. [2-3]

[2-3] 둔황에서 출토된 서량의 벽돌 그림 〈연음독차도(宴飮犢車圖)〉

401년 노수호盧水胡의 이민족인 저거몽손沮渠蒙遜, 368~433이 단업을 살해했다. 그는 장예에 북량 정권을 세웠다412년 10월에 오늘날 우웨이 지역인 고장姑臧으로 도읍을 옮겼다. 북량의 위협에서 벗어나기 위해 서량은 405년에 주취안으로 도읍을 옮기고 둔황의 백성 2만여 호를 더불어 이주시켰으며 새롭게 회계會稽, 광하廣夏, 우웨이, 무흥武興, 장예 등 군을 설치했다. 주취안으로 천도하면서 북량의 도읍인 장예에 가까워졌다. 이는 서량 정권을 수호하는 작용을 하는 동시에 둔황의 세력을 크게 약화시켰다. 417년 정월, 이고가 병으로 세상을 떠나고 그의 아들 이흠李歆, ?~420이 서량의 군주를 이었다. 420년 이흠이 주취안에서 북량에 패배하면서 서량은 멸망했다. 이흠의 동생인 이순李恂, ?~421은 둔황에 머물며 계속 항거했다. 421년 저거몽손이 직접 2만 대군을 이끌고 둔황을 공격했으나 함락시키지 못하다가 결국 당하黨河의 물을 끌어다 둔황을 잠기게 만들어서야 성을 빼앗았다. 이순은 패배 후 자진했고, 북량 군대가 둔황에서 잔혹하게 학살을 자행했다. 둔황은 또 다시 크게 세력을 잃었다.

433년 저거몽손이 죽자 아들인 저거목건沮渠牧犍, ?~447이 그 뒤를 이어 왕이 되었다. 439년 북위北魏, 386~534 태무제太武帝 탁발도拓跋燾, 재위 423~452가 북량의 수도 고장을 공격했다. 저거목건이 북위에 항복하면서 북량이 멸망했다. 하지만 북량 정권의 몇몇 왕족이 하서 서쪽에서 계속 저항했다. 441년 둔황을 지키던 저거목건의 동생 저거무휘沮渠無諱, ?~444가 동생인 저거안주沮渠安周에게 5천 군사를 이끌고 선선鄯善, 누란樓蘭의 다른 이름으로 오늘날 신장 위구르 자치구의 뤄창若羌을 공격하게 했다. 선선국의 왕 비룡比龍이 온 힘을 다해 막아냈다. 그 다음 해에 저거무휘는 하서 지역의 정세가 이미 기울었음을 보고 둔황을 버리기로 결심했다. 그는 직접 1만 여 명의 남은 백성을 데리고 서쪽으로 이동하려 했다. 선선왕 비룡이 그 소식을 듣고 성을 나와 뒤쫓았는데, 그 틈을 타 저거무휘가 선선국을 점거했다. 이어 고창高昌, 오늘날 신장 위구르 자치구의 투루판을 함락한 저거무휘는 443년에 고창에 대량大涼이라는 할거정권을 세웠다. 저거무휘는 서쪽으로 이동하면서 둔황의 백성을 대거 데려 갔다. 대부분은 북위의 공격을 받고 둔황에 모여든 하서 지역의 인재들이었다. 그래서 이번 서쪽 이동은 둔황 사회 문화에 또 한 차례 심각한 손해를 끼쳤다. 저거무휘가 둔황을 떠난 해인 442년 서량국 이고의 손자 이보李寶, ?~459가 둔황 을 점거했다. 그는 자신의 동생 이회李懷를 북위의 도읍 평성에 보내 투항했다. 북위는 이보를 사주목沙州牧 돈황공敦煌公에 봉했다. 444년 북위는 이보를 평성으 로 불러들이고, 둔황에는 진鎭을 설치해 직접 통제하기 시작했다.

이렇게 하여 북위는 중국 북부 지역을 통일하고 5호16국 시기의 분열과 할거 국면을 끝냈다. 둔황은 서역 경영의 기지이자 북쪽의 유목민족 국가 유연柔然, 4세 기 말~6세기 말을 방어하는 전선 진지로서 또 다시 중앙정권의 관심을 받으며 새로 운 발전의 봄날을 맞았다. [2-4]

[2-4] 가욕관 위진묘(魏晉墓) 벽돌 그림 〈목축도(牧畜圖)〉

인재 배출의 시기

16국 시대 둔황을 통치한 지방정권은 여러 소수민족이 세웠지만 그 통치자는 한족 문화를 숭앙하는 이들이었다. 그들은 지식인을 존중하고 보호했으며 그들의 학술연구와 후학 양성, 저술 활동에 양호한 환경을 제공했다. 그 덕분에 16국 시대에 둔황 및 하서 지역의 문화가 고도로 발전할 수 있었다.

특히 문치文治로 이름을 날린 서량의 왕 이고는 둔황에서 문화와 교육을 크게 흥성시켰고 둔황의 문화에 큰 발전을 이루도록 했다. 이 시기 둔황의 한족 문화 수준은 중원에 비해 부족하지 않은 정도가 아니라 송섬宋纖, 생몰년 미상, 곽우郭瑀, ?~386, 유병劉昞, 생몰년 미상, 감인闞駰, 생몰년 미상, 송요宋繇, 생몰년 미상 등으로 대표되는 여러 학자들이 모여 있었다. 그들의 저작은 남북조 시대 북조北朝에 해당하는 북위, 북주北周, 557~581뿐 아니라 남조南朝에까지 필사되어 퍼졌고, 이어 수隋, 581~618, 당唐, 618~907 등에도 전해져서 중국 전통 문화의 발전에 지대한 공헌을 하기도 했다.

둔황 효곡 사람인 송섬은 어려서부터 원대한 뜻을 품고 고상한 품행을 보였다. 평생 성실하게 학문을 닦았고 후학을 기르며 공부하고 일하기를 멈추지 않았다. 그는 학업을 완성한 뒤에도 관리가 되는 것을 거절했다. 조정의 부름을 피하기 위해 둔황에 숨어 치롄산 속에 숨어 살면서 학생을 가르쳤는데 그의 문하에 제자가 3천 명이 넘었다. 전량 정권의 사주자사인 양선楊宣은 송섬을 무척 흠모하여 그의 초상화를 벽에 그리고 자주 바라보며 시를 읊었다.

"어떤 돌을 베고 자며, 어떤 물로 입을 헹구려나? 얼굴도 볼 수 없고, 이름도 얻을 수 없네."

그 존경하는 마음이 어떠했는지 알 만하다. 성정이 고아했다고 하는 전량 정권의 주천태수 마급馬岌은 송섬의 명성을 들은 후 존경하는 마음이 커져 예의를 다해 그를 초청했다. 송섬은 부름에 응하지 않고 문을 닫아걸었다. 마급은 그 모습을 보고 감탄하며 이렇게 말했다.

"이름은 들을 수 있어도 얼굴을 볼 수 없고, 덕망을 흠모할 수는 있어도 모습을 볼 수 없으니, 오늘부터 선생이 인중지룡人中之龍이다."

전량의 왕 장조張祚. ?~355도 오랫동안 송섬의 명망을 들어 왔다. 그는 송섬이 태자의 벗이 되기를 희망하여 송섬에게 도읍인 고장으로 와달라고 청하는 한편, 태자에게는 벗을 사귀는 예의로써 송섬을 방문하라고 명했다. 송섬은 어쩔 수 없이 고장으로 향했다. 하지만 병이 있다고 하면서 태자를 만나기를 거절했고, 태자가 보낸 선물도 모두 돌려보냈다. 장조는 송섬을 태자태부太子太傅로 임명했는데, 송섬은 학문 연구에만 뜻이 있을 뿐 조정 일에 관심이 없어 이를 따르지 않았다. 송섬은 결국 식사를 거부하다가 얼마 후 세상을 떠났다. 향년 82세, 호는 현허선생玄虛先生이었다. 송섬은 평생 명리에 초연했고 산 속에 은거하며 학문과 교육에 힘썼다. 근면 성실하여 제자를 가르치는 일 외에도 《논어》에 주석을 달고 수만 자에 달하는 시문을 썼다. 하서 문화의 번영에 큰 공헌을 한 송섬의 삶은 학자의 모범이라고 할 만했다.

둔황 사람인 곽우는 어렸을 때 장예에 가서 학문을 닦았다. 스승은 유명한 학자인 곽하郭荷였다. 곽우는 총명하고 재능이 뛰어난데 욕심 없이 공부에 매진해 사문의 제자들 중에서 금세 눈에 띄었다. 그는 경전에 통달했을 뿐 아니라 달변에 문장력도 뛰어났다. 곽하가 세상을 떠난 후, 곽우는 스승의 장례를 치르고 3년간 상복을 입었다. 삼년상을 채운 뒤, 곽우는 스승의 유지를 이어 린쑹산臨松山 해곡薤谷에 굴을 파고 머물며 제자를 기르는 한편 저술 활동에 매진했다. 그의 문하에 제자가 1천여 명에 이르렀고, 저서로는 《춘추묵설春秋墨說》, 《효경착위孝經錯緯》 등이 있다. 전량의 왕 장천석張天錫. 재위 363~376은 곽우의 인품과 학문을 흠모하여 맹공명孟公明 편으로 조서를 보내 융숭한 대접을 하며 곽우를 조정으로 불렀다. 조서에서 상나라의 강자아, 춘추 시대의 공자와 묵자에 비유하면서 재지를 썩히지 말고 세상에 나오라고 권했다. 곽우는 장천석의 조서를 받은 후 하늘을 날아가는 기러기를 가리키며 이렇게 말했다.

"나는 관리가 되고 싶지 않은 것이지 죄과를 회피하려는 것이 아니요. 어찌 은거하기 위해 집안과 사문에 누를 끼치겠소."

결국 곽우는 조정에 나가기로 했다. 다만 전량의 수도 고장에 도착했을 때 장천석의 어머니가 세상을 떠났다. 곽우는 장례에 참석한 뒤에 국상을 핑계 대며 치렌산으로 돌아가 자신의 청빈한 생활을 이어갔다. 376년 전진前秦, 351~394이 전량을 멸망시켰다. 전진의 왕 부견苻堅, 337~385도 사람을 보내 곽우를 초청했다. 그는 곽우가 와서 전진 정권의 예절, 의식, 제도 등을 정비해 주기를 바랐다. 곽우는 망설이며 결정을 내리지 못하고 있었는데, 그때 그의 아버지가 세상을 떠나면서 장안에 갈 수 없게 되었다. 그는 고향인 둔황으로 돌아가 아버지의 장례를 치렀다. 당시 돈황태수 신장辛章은 곽우가 고향에 돌아왔다는 소식을 듣고는 고향에 머물면서 젊은이를 가르쳐달라고 청했다. 이에 곽우는 둔황에서 300명 학생을 모집해 유학을 가르쳤다.

전진 말기, 약양略陽, 오늘날 간쑤성 친안秦安 사람인 왕목王穆이 주취안에서 군사를 일으켰다. 그는 하서 지역이 전진 정권의 지배에서 벗어나야 한다고 여겼다. 왕목은 곽우 등에게도 사람을 보내 함께 일을 도모하자고 권했고, 곽우와 둔황 사람 색하索嘏가 병사 5천 명, 군량 3만 석을 모아 왕목의 봉기에 호응했다. 왕목은 곽우를 태부좌장사太府左長史, 군사장군軍師將軍으로 삼았다. 나중에 왕목은 다른 사람의 참소를 믿고 둔황을 공격해 색하를 토벌하려고 했다. 곽우가 극구 말리는데도 듣지 않았다. 곽우는 왕목에게 크게 실망해 대성통곡하면서 그의 휘하를 떠났다. 그날 이후 곽우는 침상에 누워 곡기를 끊었다. 사람도 만나지 않고 하루 빨리 죽기를 바랐다. 그러던 어느 날 그는 꿈에서 자신이 청룡을 타고 하늘로 올라가는 꿈을 꾸었는데, 지붕에 가로막혀 거기서 멈추고 말았다. 그는 꿈에서 깬 뒤 탄식했다.

"용은 본래 하늘에서 날아다녀야 하는데, 지금 집[屋] 안에 머물고 있구나. 집 옥屋 자는 주검 시屍 아래에 이를 지至가 있으니 비룡이 죽음에 이르렀다는 뜻이다. 내가 갈 날도 멀지 않았다."

그는 곧바로 주취안 남쪽 치롄산에 있는 적벽각赤壁閣에 갔고, 얼마 지나지 않아 세상을 떠났다.

둔황 사람 유병은 어려서부터 총명했다. 열네 살에 유학박사 곽우를 스승으로 모신 그는 근면성실하고 학문을 좋아했으며, 견문이 넓고 기억력이 뛰어나 배움이 빨랐다. 그 덕분에 스승인 곽우의 기대를 한몸에 받았다. 유병의 학업 성취가 뛰어나 스승인 곽우가 그를 사위로 삼았다. 어느 날 곽우가 학관에서 스승의 자리 앞에 방석을 하나 더 놓고 여러 제자들에게 말했다.

"나에게 혼기가 찬 딸이 한 명 있다. 너희들 중에 이 방석에 앉을 수 있는 사람이 있다면 그 사람과 딸을 결혼시키겠다."

곽우의 말을 듣자마자 제일 먼저 유병이 나와서 그 자리에 앉았다. 그가 진지하고 예의 바르게 말했다.

"스승님께서 사윗감을 물색한다는 말씀은 이미 들은 바가 있습니다. 제가 스승님의 사위가 되기를 바랍니다."

곽우는 바로 유병에게 딸을 시집보냈다. 곽우는 성품이 고아하고 경전에 통달한 사람으로, 유병은 그런 스승의 품행과 학문을 늘 존경했다. 나중에 학문을 이룬 유병이 주취안에 은거하여 제자를 길렀는데 그 수가 500여 명에 이르렀다. 그는 유학에 조예가 깊었고 저술 작업에도 성실했다. 풍부한 저서를 남겨 농우 지역에 이름을 드날린 학자가 되었다. 서량을 건국한 이고가 직접 유병을 찾아가 출사를 제안할 정도였다. 이고는 그에게 유림제주儒林祭酒, 종사중랑從事中郞을 맡겼고, 얼마 후에는 무이호군撫夷護軍으로 승진했다. 이고는 자신과 유병의 관계를 유비와 제갈량의 관계에 비유하면서 그와 국가를 다스릴 책략을 자주 논의했다. 유병은 정무로 바쁜 중에도 책을 손에서 놓지 않았다. 이고가 그것을 알고 유병에게 이렇게 충고했다.

"밤에도 책을 읽고 저술을 한다고 들었는데, 너무 수고스럽지 않은가? 낮에는 책을 읽고 글을 쓰더라도 밤에는 휴식을 취해야 하네."

그 말을 들은 유병은 이렇게 대답했다.

"공자께서도 아침에 도를 깨달았으면 저녁에 죽어도 좋다[朝聞道夕死可矣][1]는 말씀을 하셨습니다. 공자와 같은 성인도 그러할진대, 제가 감히 게으름을 부리겠습니까?"

420년 서량이 멸망한 후, 북량의 왕 저거몽손이 유병의 재능을 아까워하며 그를 북량의 수도로 불러 비서랑秘書郎 직책을 맡겼다. 저거몽손은 유병이 머물 집으로 육침관陸沈館이라는 건물을 수리해 주는 등 유병을 후하게 대접했으며, 직접 그를 방문하여 '현처선생玄處先生'으로 존칭하였다. 유병은 북량에서 수백 명의 제자를 가르쳤고, 이 시기의 유학 보급과 발전에 큰 공헌을 했다. 439년 북위가 북량을 멸망시켰다. 북위는 하서의 선비들을 대거 북위의 도읍 평성으로 데려갔다. 북위 태무제는 유병의 명성을 전부터 들어서 알고 있었으므로 그를 악평왕樂平王 탁발규拓跋珪의 중랑中郎으로 일하게끔 했다. 나중에 북위 조정에서 법령이 하나 만들어졌는데, 일흔이 넘은 사람은 모두 고향으로 돌아가 아들의 부양을 받을 수 있게 하는 내용이었다. 이 법령 덕분에 유병은 우웨이로 돌아갈 수 있었다. 다시 1년 후, 유병은 고향을 그리워하는 마음이 깊어져 둔황으로 돌아가기로 결심하는데, 양주凉州, 오늘날 우웨이 지역의 옛 이름에서 서쪽으로 400리 떨어진 해곡굴薤谷窟에 도착했을 때 병으로 쓰러져 세상을 떠났다.

북위 효문제孝文帝, 재위 471~499 때인 태화大和 18년494년, 상서尚書 이충李衝과 태보

---

1 짧은 인생을 값지게 살아야 한다는 의미.

^{太保} 최광^{崔光}이 북위 조정에 상소를 올려 유병의 글을 칭찬하면서 유병의 자손에게 관직을 내리고 조세와 부역을 면해달라고 청했다. 이 요구에 북위 조정이 동의하면서 유병의 아들을 영주^{郢州} 운양현령^{雲陽縣令}으로 삼고 손자들까지 조세와 부역을 면하게 했다. 유병은 평생 저술 활동에 힘써 《약기^{略記}》 84권, 《양서^{涼書}》 10권, 《돈황실록^{敦煌實錄}》 20권, 《방언^{方言}》 3권, 《정공당명^{靖恭堂銘}》 1권을 비롯해 《주역^{周易}》, 《한자^{韓子}》, 《인물지^{人物志}》, 《황석공삼략^{黃石公三略}》 등의 주해서를 썼다. 이 책들은 당시 간행된 뒤 많은 영향을 미쳤다. 북위의 최홍^{崔鴻}이 《십육국춘추^{十六國春秋}》를 쓸 때, 오량^{五涼, 전량, 후량, 북량, 남량, 서량}에 관한 사료는 유병의 《양서》를 많이 참고했다. 아쉽지만 유병의 저서는 현재 모두 실전되었다.

둔황 사람 감인은 명문가 출신으로 집안의 학문이 심후하였다. 어려서부터 총명하고 견문이 넓고 기억력이 좋았다. 《사기^{史記}》, 《한서^{漢書}》, 《후한서^{後漢書}》 등을 유창하게 암송했다. 그는 평생 독서를 사랑했는데 밤늦도록 책을 놓지 않았다. 이 때문에 별명으로 '숙독^{宿讀}'이라 불렸다. 나중에는 학자로 이름을 날리며 많은 사람들의 존경을 받았다.

서량이 멸망한 후, 저거몽손은 감인의 재능에 감탄하며 그를 조정으로 불렀다. 그를 자신의 곁에 두고 자주 그와 치국의 대계를 논했다. 나중에는 감인을 비서^{秘書}, 고과랑중^{考課郎中}으로 삼았다. 저거몽손은 감인에게 서른 명의 문관을 조수로 보내주면서 그가 경전을 교정하고 정리하는 일을 돕도록 했다. 저거몽손이 세상을 떠난 후, 왕위에 오른 아들 저거목건도 감인을 더욱 존중해 대행대^{大行台}로 봉했고, 이어 상서로 관직을 올리고 북량의 국사를 보좌하도록 했다. 439년 북위가 북량을 멸망시키고 북방 지역을 통일했다. 북위의 왕이 종친인 탁발비^{拓跋丕}를 보내 양주를 지키게 했다. 탁발비는 양주에 온 뒤 막대한 예물을 감인에게 보내며 출사를 권했고, 그를 중랑으로 삼았다. 탁발비가 세상을 떠난 뒤, 감인은 관직을 버리고 북위의 수도로 흘러들어갔다. 그는 수도 평성에서 생계를 꾸릴 길이 없어 빈한하게 살았다. 대학자인 감인이 결국에는 배고픔과 추위 속에서 비참하게 세상을 떠났다.

감인은 박학다식해 학술적 성취가 경전, 사학 등 다양한 방면에 이르렀다. 대량의 저서를 저술하고 경전을 정리하였으며 후세에 귀중한 문화적 재산을 남겼다. 그는 평생 손에서 책을 놓지 않고 선진^{先秦} 시대 제자백가의 문집 3천여 권을 정리하고 교정하여 정본으로 간행했다. 삼국 시대 위나라의 왕랑^{王朗}이 《역전易傳》에 주석을 달았는데 주해의 내용이 어려워 뜻을 알기 힘들었다. 감인은 왕랑의 《역전》에 다시 주석을 달아 《왕랑역전주^{王朗易傳注}》를 썼는데 당시의 경전 중 모범이 되는 책으로 불렸다. 또한 수십 년의 시간을 바쳐 《십삼주지^{十三州志}》를 써서 《후한서》의 〈군국지^{郡國志}〉 이후로 또 하나의 중요한 지리학 저작을 완성했다. 전한 초에 설치한 열세 개 주^州를 지역별로 구분하고 기술한 이 책은 중국의 역사지리학에 막대한 영향을 미쳤으며 후대의 역사서에 여러 차례 인용된다. 당나라 안사고^{顔師古}가 《한서》의 〈지리지^{地理志}〉에 주석을 달 때도 감인의 《십삼주지》를 대거 인용하였다. 이 책이 후대까지 전파되고 영향을 미쳤음을 알 수 있다. 아쉽게도 원본은 실전되었고 청나라 때 흩어진 기록을 모은 판본만 남아 있다.

둔황 사람 송요는 둔황의 명문 호족 가문에서 태어났다. 조부와 부친은 전량 조정의 관료였다. 그러나 송요가 태어난 지 얼마 지나지 않아 아버지가 간신의 모함을 받아 세상을 떠났다. 다섯 살 때 어머니마저 돌아가시면서 큰어머니 장씨^{張氏}의 손에 자랐으나 여덟 살에 큰어머니도 세상을 떠났다. 연이은 불행으로 어린 송요는 큰 충격을 받았으나 그는 오히려 꿋꿋하고 과감한 성격으로 자랐다. 송요는 젊어서 큰 뜻을 품고 매부인 장언^{張彥}에게 이렇게 말했다.

"가문의 중임이 내 어깨를 짓누르고 있네. 발전하려 노력하지 않는다면 어찌 선조의 가업을 계승할 수 있겠는가?"

송요는 장언과 더불어 주취안에 가서 스승을 모시고 학업을 닦았다. 그는 각고의 노력을 기울여 공부를 했다. 자주 한밤중까지 책을 읽어도 피곤한 줄 몰랐다. 마침내 '경사經史에 통달하고 제자백가를 두루 익힌' 학자가 되었다.

　　송요는 16국 시대 하서 지역에서 이름난 유학자이자 정치적 재능이 뛰어난 정치가였다. 후량 정권 아래서 송요는 출중한 학문으로 수재秀才로 천거를 받아 낭중이 되었다. 나중에 후량왕 여광의 어리석은 통치에 불만을 품고 단업에게 투신해 중산기상시中散騎常侍가 되었다. 그러나 단업의 그릇이 작고 정치적인 두뇌가 부족하다고 여겨 서쪽으로 가서 이부동복의 형인 이고에게 의탁했다. 송요는 이고를 보좌해 둔황에서 서량을 세웠다. 그의 관직은 종사중랑從事中郞, 절충장군折衝將軍이 더해졌다. 405년 9월, 이고가 서량의 도읍을 둔황에서 주천으로 옮기며 송요를 우장군右將軍으로 삼아 둔황을 지키게 했다. 아들인 돈황태수 이양李讓도 함께 둔황에 남았다. 417년 1월, 이고가 병으로 사망하고, 임종 시 송요에게 후사를 맡겼다.

　　"내 뒤를 이어 서량왕이 되는 태자를 자네 아들처럼 여기고 잘 보좌해다오."

　　송요는 온 힘을 다해 이고의 아들 이흠을 서량왕에 올리고 보좌하였다.

　　송요는 자신의 모든 재능을 쏟아 이고와 이흠을 보좌하면서 서량의 기틀을 닦고 공고히 하는 데 각고의 노력을 다하였다. 그러나 이에 오만하거나 사치하지 않았다. 그의 유일한 취미는 책을 읽는 것으로, 조정의 중임을 맡고 있으면서도 틈틈이 책을 읽었다. 또한 그는 선비에게 관대하고 예의가 발랐다. 유학을 공부하는 사람이 찾아오면 그 신분이나 지위를 막론하고 직접 나가 맞이했으며 귀빈으로 대접했다. 420년 7월, 이흠은 어머니와 송요 등의 충고를 듣지 않고 직접 군대를 이끌고 북량을 공격했다가 저거몽손에게 죽었다. 북량은 기세를 몰아 주취안을 공격했고, 서량을 멸망시켰다. 북량군이 송요의 집을 수색했을 때, 수천 권의 책과 열 섬의 쌀, 소금만 나왔다고 한다. 저거몽손이 이 일을 전해 듣고 감탄하며 이렇게 말했다.

"나는 서량의 이흠에게 승리한 것보다 송요와 같은 인재를 얻은 것이 더 기쁘구나!"

저거몽손은 여러 차례 송요를 설득해 북량의 상서, 이부랑중吏部郎中으로 삼았다. 저거몽손은 임종 전에 송요에게 아들인 저거목건을 보좌해달라고 부탁했다. 저거목건은 북량의 왕위를 이은 뒤 송요를 좌승상左丞相으로 삼아 군사와 정무를 모두 그에게 맡겼고, 여동생 흥평공주興平公主를 북위의 평성으로 호송하는 일도 일임했다. 북위 태무제는 송요가 공주를 호송해 데려온 공을 치하하며 그를 하서왕河西王 우승상右丞相에 봉하고 청수공淸水公이라는 작위를 내렸으며 안원장군安遠將軍이라는 직위를 더했다. 나중에 북위가 북량을 멸망시킨 후 송요는 북위의 도읍으로 이주하여 그곳에서 세상을 떠났다.

서량 정권은 16국 시대 한족이 세운 3개의 정권 중 하나다. 역사의 무대에 20년이라는 짧은 시간만 존속했지만 둔황의 발전과 확장 및 둔황에 탄탄한 민족적 기초와 깊은 한족 문화의 기반을 마련했다. 이고가 건국한 후 취한 문화 발전 정책은 둔황 문화에 큰 발전과 번영을 가져왔다. 둔황은 하서 지역에서 한족 문화를 전파하는 중심지 역할을 하게 되었다. 둔황을 중심으로 한 서량 문화는 그 뒤를 이은 북량, 북위에도 심대한 영향을 미쳤다. [2-5]

[2-5] 북량의 석탑(둔황연구원 소장)

3

석가모니와 불교

　　석가모니는 고대 인도의 카필라국^{지금의 네팔 남부}에 살던 석가족에서 태어났다. 석가모니의 원래 이름은 고타마 싯다르타^{Gautama Siddhartha}다. 석가모니라는 이름의 의미는 '석가족의 성인'이다. 불교에서 '불^佛' 혹은 '불타^{佛陀}'라고 일컫는 이름은 '깨달은 자'라는 뜻이다. 석가모니는 대략 서기전 565년에 태어나 서기전 485년에 열반에 들어 80여 세까지 살았다. 이 시기에 중국은 춘추전국 시대였으니 석가모니와 공자가 비슷한 시기를 살았다.

　　고타마 싯다르타는 본래 왕자였다. 그의 아버지는 정반왕^{淨飯王}, 어머니는 마야^{摩耶} 부인이다. 왕자의 탄생에 관해 여러 가지 신비한 전설이 전해진다. 마야 부인은 꿈에서 보살이 여섯 개의 상아를 가진 흰 코끼리를 타고 오는 것을 보고 그를 임신했다. 고대 인도의 풍습상 임신한 여성은 친정으로 돌아가서 출산한다. 마야 부인도 산달이 되자 여러 궁녀들을 데리고 친정으로 향했다. 가던 중 룸비니원^{藍毗尼園}을 지날 때 마야 부인이 진통을 느끼고 급히 정원 안으로

[3-1] 아마라바티(Amaravati) 조각 〈나무 아래서 태어나는 석가모니〉(1세기)

들어갔다. 마야 부인이 무우수無憂樹를 붙잡았을 때 왕자가 어머니의 오른쪽 옆
구리에서 태어났다. 석가모니는 어머니가 분만의 고통을 겪지 않기를 바라서 겨
드랑이 아래서 태어났다고 한다. 왕자는 태어나자마자 걸을 수 있었다. 그는 일
곱 걸음을 걸었는데, 한 걸음 걸을 때마다 발 아래 연꽃이 피었다. 왕자는 손으
로 하늘과 땅을 가리키며 말했다.

"천상천하유아독존天上天下唯我獨尊."

이때 하늘에서 아홉 마리 용이 감로수를 뿜어 왕자를 씻겨주었다. [3-1]

마야 부인과 왕자가 왕궁으로 돌아오자 정반왕은 몹시 기뻐하며 왕자에게
싯다르타라는 이름을 붙였다. 마야 부인은 왕자가 태어난 지 7일 만에 몸이 쇠

약해져 세상을 떠났다. 싯다르타 왕자는 이모인 마하프라자파티 부인의 손에 자랐다. 전설에 따르면, 왕자가 태어난 지 얼마 지나지 않아 신비한 수도승 아사타阿沙陀가 왕궁에 와서 왕자는 "위대한 왕은 되지 못하지만 세계를 다스릴 성인聖人이 되리라"고 예언했다.

그는 자신이 너무 연로하여 왕자의 가르침을 받지 못할 것이라는 사실 때문에 눈물을 흘렸다. 정반왕은 아들이 성인이 되기를 바라지 않았다. 자신의 왕위를 잇고 천하를 통일하는 위대한 왕이 되기를 바랐다. 그래서 싯다르타 왕자는 어려서부터 훌륭한 교육을 받았다. 불경에는 예순네 가지 책에 정통했고 무예도 뛰어났다고 적혀 있다. 싯다르타 왕자는 열일곱 살에 대신 마하나만의 딸 야소다라를 아내로 맞아 아들을 낳았다. 왕자는 왕궁에서 생활하면서 인간 세상의 모든 즐거움을 맛보았다. 하지만 왕자는 자주 우울했다. 정반왕은 왕자가 즐거워하지 않는 것을 보고 마차를 타고 교외로 나들이를 다녀오라고 권했다.

첫날 성문을 나서는데, 왕자는 나이 들어 동작이 굼뜬 늙은이와 마주쳤다. 그는 나무지팡이를 짚고 허약한 몸을 구부리고 걸었다. 머리카락이 하얗게 세었고 흐리멍덩한 눈빛에는 피로감이 가득했다. 그때까지 싯다르타 왕자는 '늙는다'는 것이 무엇인지 몰랐다. 그래서 따르는 시종에게 물었다. 시종은 신체가 늙고 쇠약해지는 것은 사람이라면 누구나 겪는 과정이라고 대답했다. 싯다르타 왕자역시 피할 수 없다고 했다. 왕자는 나들이를 갈 마음이 싹 사라졌다. 노인의 고통스러워하는 모습이 눈앞에 아른거렸다. 왕자는 깊은 생각에 잠겼다.

다음 날, 싯다르타 왕자는 다른 문으로 나갔다. 이번에는 심한 병에 걸려 고통 받는 환자를 만났다. 몸이 퉁퉁 부었고 죽음을 앞둔 눈빛은 극도의 공포와 고통으로 얼룩져 있었다. 그 다음 날에는 성문 밖에서 장례 행렬을 만났다. 관을 뒤따르는 가족과 친척은 가슴을 치며 울부짖었다. 왕자는 인간 세상의 질병, 노쇠, 사망 등의 여러 고통을 목격했고 슬픔에 잠겼다. 그는 세상의 모든 사물

[3-2] 간다라 조각 〈수하관경상(樹下觀耕像)〉

이 무상하다고 여겼고, 나무 아래 책상다리를 하고 앉아 꼼짝 않고서 삶의 고통과 모순, 고통에서 벗어날 길을 사색했다. 네 번째로 성을 나서던 날, 왕자는 탁발 동냥하는 고행승을 만났다. 그의 정신은 평화롭고 자신에 가득 차 있었다. 왕자는 고행승에 대한 경건한 존경심이 일어났다. 왕자는 출가 수행하여 인생의 고난을 해탈할 길을 찾고 깨달음을 얻겠다는 뜻을 세웠다. [3-2]

스물아홉 살이 되던 해, 싯다르타 왕자는 출가를 결심한다. 정반왕은 왕자의 결심을 듣고 여러 차례 말렸지만 아들의 뜻을 꺾지 못했다. 국왕의 만류를 피하려고 왕자는 밤늦게 몰래 성 밖으로 달아나 산 속에서 고행을 시작했다. 이 일화를 '유성출가 逾城出家'라고 부른다. 정반왕은 아들의 출가를 알게 된 뒤, 대신들을 보내 왕자를 설득하려고 한다. 하지만 싯다르타의 결심이 굳은 것을 알게 된 신하 중 아야교진여 阿若憍陳如 등 다섯 사람이 남아 수행을 함께하며 왕자의 생활을 돌보게 했다. 왕자는 당시 유명한 학자들을 하나씩 방문해 그들에게서 배움을 구했지만 곧 그들이 자신의 고뇌를 해결하지 못함을 알게 된다. 왕자는 학자들을 떠나 부다가야 근처의 고행림 苦行林에 가 고행승의 행렬에 끼었다. 그는 고행을 통해 인생의 귀결점을 찾으려 했다. 그는 하루에 삼씨 한 알, 보리 한 알만 먹으며 비가 오나 바람이 부나 낮이고 밤이고 정좌한 채로 명상을 했다.

이런 고행을 6년간 계속하자 왕자의 몸은 해골처럼 비쩍 말랐고 80~90세 된 노인으로 보여 몸이 몹시 쇠약해져 거의 죽을 지경이 되었다. 그는 고행이 문제를 해결할 수 없음을 느꼈다. 그래서 그는 강가로 내려가 6년간의 때를 씻어내고 소를 치는 소녀에게 소젖을 한 사발 얻어 마셨다. 천천히 체력을 회복한 그는 다시 보리수나무 아래 앉아 명상을 했다. 이 명상에서 싯다르타 왕자는 마음속 마귀를 물리치고 깨달음을 얻었고, 인간 세상의 참뜻을 환히 알게 되었다. 이 일화를 '수하성도 樹下成道' 또는 '항마성도 降魔成道'라고 부른다. [3-3]

[3-3] 아잔타(Ajanta) 석굴 〈항마〉

싯다르타 왕자는 보리수 아래서 깨달음을 얻은 후 바라나시의 녹야원^{鹿野苑}에서 아야교진여 등 다섯 명에게 설법했다. 녹야원 설법은 그의 첫 번째 설법이었다. 그는 명료한 언어로 사제^{四諦}와 팔정도^{八正道}를 그들에게 가르쳤다. 이들 다섯 명은 설법에 깊이 빠져들어 최초의 다섯 제자가 되었다. 이 일화를 '초전법륜^{初轉法輪}'이라고 한다.

그는 '석가족의 성인'이라는 뜻에서 석가모니로 존칭되었다. 나중에는 붓다^{佛陀}라고 불렸는데, 그 뜻은 '철저히 크게 깨달은 자'다. 석가모니가 주장한 교리를 불교라고 한다. 불교 성립 직후에는 순조롭게 발전하지 못했다. 석가모니는 세상 각지를 다니면서 설법을 하고 제자를 받아들이며 불교의 영향력을 키웠다. 서기전 484년, 석가모니는 쿠시나가르의 사라쌍수림^{娑羅雙樹林}에서 입멸했다. 이를 '열반^{涅槃}'이라고 한다.

석가모니가 열반에 든 후, 제자들은 첫 번째 결집^{結集}[1]이 열렸다. 제자들은 석가모니의 생전의 가르침을 암송해 원시불교 최초의 경전과 계율을 확립했다. 그 후 100여 년이 흐르면서 후대의 제자들은 불교에 대해 각기 다른 해석을 내놓으며 논쟁했다. 그래서 불교에 여러 분파가 생겼는데, 우선 보수적인 상좌부^{上座部}와 그 반대인 대중부^{大衆部}로 나뉘었고, 다시 여러 파로 분리되어 대승^{大乘}과 소승^{小乘}을 형성했다.

서기전 273년, 마우리아 왕조^{서기전 317~서기전 180}의 군주 아소카 왕이 무력으로 대규모 정복전쟁을 벌였다. 그는 전 인도를 통일했는데, 불교에 관심을 갖고 각지에 불탑을 여럿 세웠다. 불경에 기록된 바에 따르면 아소카 왕은 8만4천 개의 탑을 세웠다. [3-4]

---

1 석가모니가 죽은 다음, 제자들이 모여 스승의 언행을 바탕으로 경전을 만든 일. 그때까지 석가모니의 가르침은 신자들의 암송에 의해 입에서 입으로 전해지고 있었다. 교리를 정확히 전하기 위해 결집을 열고 경전과 계율 등을 확정하였다. 제1결집은 석가모니가 입멸한 직후 가섭(迦葉)을 중심으로 500제자가 모여 이뤄졌는데 대장경(大藏經)이 만들어졌다.

[3-4] 인도 산치(Sanchi) 불교 기념물군의 대탑(大塔)

아소카 왕의 불교 융성 정책으로 불교는 첫 번째 절정기를 맞는다. 인도 본토에서 널리 전파된 것 외에도 인도가 아닌 다른 지역에도 영향을 미쳤다. 서기전 2세기~서기전 1세기 동안 쿠샨 왕조의 카니슈카 왕이 북인도의 푸르샤푸라^{오늘날 파키스탄의 페샤와르}로 도읍을 옮기고 강대한 중앙아시아 제국을 건설했다. 카니슈카 왕도 불교를 숭앙했다. 불교는 이 시기에 전성기를 누렸다. 중앙아시아 각지 및 중국까지 광범위하게 전파되었다. 얼마 지나지 않아 중국 서부의 구자국, 우전국^{于闐國, 오늘날 신장 위구르 자치구 허텐和田시} 등을 시작으로 중원 안으로 불교가 전파되었다. 중국 역사 문헌을 살펴보면, 대략 전한 말기^{서기 원년 전후}에 불교가 이미 중원에 들어와 있었다. 후한 시대 이후에는 불교사원과 승려가 점점 많아진다. 위진 시대에는 불교가 중국에서 상당히 성행하였다. 위로는 황제, 왕, 귀족부터 아래로는 평민들까지 불교를 믿는 것은 이미 흔한 일이었다. 각지에 불교사원이 많이 건설되었다. 동진, 16국 시대에는 중국 서부 간쑤성 일대에 수많은 석굴 사원 유적이 나타난다.

둔황 석굴, 병령사^{炳靈寺} 석굴, 금탑사^{金塔寺} 석굴 등이 이때 이미 건설을 시작했다. 오래된 사원은 대부분 보존되지 못하는데, 석굴은 도시에서 멀리 떨어져 있고 전쟁과 자연재해의 영향을 많이 받지 않아 지금까지 보존되는 경우가 많다. 이런 석굴은 우리가 초기 불교문화와 예술을 살펴볼 수 있는 중요한 자료이다.

초기불교에서 석가모니의 이야기^{불전佛傳}는 매우 중요한 포교의 소재다. 불교를 선전하려면 당연히 불교를 창시한 석가모니의 놀라운 일생을 널리 알릴 필요가 있었다. 물론 불교의 기본적인 교리도 포함한다. 그래서 초기 석굴 벽화에서는 석가모니의 일생을 소재로 한 그림이 많다. 이런 그림을 불전도^{佛傳圖}라고 한다. 불경에서는 석가모니를 신격화하는 경우도 종종 있는데, 이처럼 신비한 분위기를 덧씌우는 것은 둔황 벽화의 특색이다. 막고굴에 현존하는 석굴 중 가장 오래된 제275굴의 남쪽 벽에 석가모니의 일생 중 '출유사문^{出遊四門}' 일화를 그렸

[3-5] 막고굴 제275굴 남벽의 〈출유사문〉

다. 싯다르타 왕자가 출가하기 전 성문 밖에서 노인, 환자, 죽은 자, 승려를 만났던 장면을 그린 것인데 벽면이 훼손되어 세 가지 장면만 남았다. 그림 속 등장인물은 서역 사람의 특징을 그대로 보여주는데, 성문의 건축 양식은 중국의 전통건축을 따르고 있다. 성루의 처마, 두공斗拱, 지붕받침에서 그 점을 잘 살펴볼 수 있다. [3-5]

항마성도와 초전법륜 역시 불전 고사 중 중요한 장면이다. 항마성도는 석가모니가 도를 깨달았을 때 마왕이 석가모니가 깨달음을 얻으면 자신에게 위협이 될 것을 두려워해 수많은 마귀를 데리고 와서 석가모니를 죽이려 했던 일화를 말한다. 석가모니는 마귀들의 공격을 두려워하지 않았고, 신통력을 써서 그들을 굴복시켜 마왕이 투항하였다. 이 주제로 그린 그림을 '항마변降魔變'이라고 부른다.

[3-6] 막고굴 제254굴 〈항마변〉

인도와 간다라 미술의 조각 중에는 항마변 작품을 쉽게 찾아볼 수 있다.

　둔황의 북위 시대 벽화에 나타난 항마변 그림은 외래의 형식을 그대로 따르는 구도가 많다. 제254굴의 남쪽 벽의 그림을 살펴보자. 석가모니가 중앙에 앉아 있다. 주변에는 각양각색의 무기를 든 마귀들이 그를 습격하고 있다. 화면 아래에는 패배한 마귀들이 보인다. 그들은 석가모니 앞에 무릎을 꿇고 앉아 있다. 화면 왼쪽 아래에는 세 명의 미녀가 석가모니를 보며 교태를 부리고 있다. 오른쪽에는 추악한 얼굴의 노파 세 명이 보인다. 이것은 마왕이 석가모니를 이기지 못하자 미인계를 썼던 이야기를 표현한 것이다. 미녀들을 보내 석가모니를 유혹하려 했지만 그는 전혀 흔들리지 않았고, 신통력을 써서 미녀를 늙고 못생긴 노파로 변하게 했다. [3-6]

[3-7] 막고굴 제263굴 〈초전법륜도〉

초전법륜은 석가모니가 깨달음을 얻고 녹야원에서 첫 설법을 하는 장면을 말한다. 보통은 석가모니가 설법을 하고 있고, 그의 앞에 사슴 두 마리를 그려서 녹야원임을 상징한다. 그 외에 세 개의 둥근 법륜法輪이 등장한다. 석가모니 양옆으로 비구 다섯 사람을 그려 넣는데, 석가모니의 첫 다섯 제자를 의미한다. 북위 시대에 만들어진 제260굴과 제263굴에 〈초전법륜도初轉法輪圖〉가 그려져 있다. 특히 제263굴의 벽화는 보존 상태가 방금 그린 것처럼 깨끗하다. [3-7]

열반 역시 석가모니의 생애 중 중요한 내용이다. 석가모니의 열반은 육체의 소실과 영혼의 승화를 의미한다. 열반 이후에는 불생불멸不生不滅, 태어나지도 않고 없어지지도 않고 항상 그대로 변함이 없는 상태가 된다. 열반에 든 석가모니는 더 이상 실체를 가진 인간이 아니며 영원히 존재하는 정신의 스승이다. 그렇기에 열반은 불교에서 최고의 경지가 된다. 열반도는 불교예술에서 특별히 숭고한 지위를 가진다. 기독교예술에서 십자가에 못박힌 예수를 표현하는 것과 같은 종교적 의의를 갖는다. 북주 시대에 만들어진 제428굴 서쪽 벽에 그려진 〈열반도涅槃圖〉는 막고굴에서 가장 오래된 열반도다. 표현 양식은 중앙아시아 불교예술과 일치한다. 석가모니가 편안하게 나무 아래 누워 있고 수많은 제자들이 주위를 둘러싼 모습이다. 제자들의 표정은 비통하고, 대제자 가섭은 가슴을 치며 통곡한다. 그림 전체에 슬픔의 정서가 가득하다. 수나라 때 이후로 열반도는 규모가 좀 더 크고 독립적인 〈열반경변상도涅槃經變相圖〉[2]로 형성되었다. 석가모니가 열반 전에 여러 제자들에게 마지막 설법을 하는 모습, 설법 직후 열반에 드는 모습, 제자들이 슬퍼하는 모습, 석가모니의 어머니인 마야 부인이 하늘에서 강림하고 석가모니가 어머니를 위해 설법하는 모습 등의 여러 장면으로 구성된다.

막고굴 제290굴의 시옷자형 천장에 그려진 불전도는 두루마리 그림이 가로로 기다랗게 펼쳐져 있는 듯한 화면을 보여준다. 이 그림은 석가모니의 탄생, 출가, 깨달음, 열반까지의 생애 전체를 상세히 묘사하고 있다. 연속되는 화면으로 천장의 양면을 각각 세 단으로 구획하여 내용이 연결된다. 다시 말해 여섯 개의 두루마리 화첩을 펴서 늘어놓은 모양이다. 이 불전도에는 전부 87개의 장면이 그려져 있어 막고굴에서 가장 긴 연속 그림으로 불린다. 화면의 선묘線描가 유려하고 또렷하며, 색채는 간소하고 옅다. 건축물과 산, 강 등의 자연물을 배경으로

---

2 변상도(變相圖)는 불교 교리를 그림으로 변화시켜 표현한 종교화다. 진리의 내용을 변화하였으므로 변, 변상이라고 한다. 대체로 변상도는 석가모니의 전생을 묘사한 본생도(本生圖)와 현생의 일화를 담은 불전도(佛傳圖), 극락정토의 모습을 담은 장엄도(莊嚴圖)가 중심이 된다. 변상도는 회화 외에도 소조, 조각 등을 포괄하는 명칭이다.

그려 넣고 인물 조형은 간결하고 세련되었다. 막고굴 초기 벽화 중 고사화古事畵, 이야기 그림의 예술적 성취가 잘 드러나는 작품이다.

오대五代, 907~960 [3] 시대에 만들어진 제61굴은 남쪽, 서쪽, 북쪽 삼면의 벽 하단에 병풍식으로 화면을 분할하여 완전한 내용의 불전도를 그렸다. 제290굴의 불전도보다 내용이 다양하여 석가모니의 탄생 전에 있었던 전설적인 이야기들부터 열반까지 128개의 장면을 그렸다. 막고굴 벽화 중 이야기가 가장 풍부한 작품이다. 이 벽화는 현존하는 불교예술품 중에서도 보기 드문 분량이며, 그림 속에는 당시 사람들의 사회생활을 엿볼 수 있는 부분이 많다. 궁중 생활, 악기 연주, 연회, 기마와 수렵 등의 무술, 저잣거리 풍경, 농사짓는 모습 등 그 시절의 사회상이 고스란히 반영되어 있다. [3-8]

수나라와 당나라 초기의 불전도는 대부분 대표적인 한두 가지 장면을 선택해서 그렸는데, 예를 들면 석가모니가 태어나기 전에 마야 부인이 꿈에서 흰 코끼리를 본 장면인 '승상입태乘象入胎'가 그렇다. 싯다르타 왕자가 출가를 결심하고 말을 타고 성을 빠져나가는 장면을 그린 그림은 '야반유성夜半逾城'이라고 부른다. [3-9] [3-10]

이 두 가지 장면은 석가모니의 탄생과 수행의 시작을 표현한다. 벽화에서 가장 흔히 보이는 장면이다. 수나라와 당나라 초기의 석굴 중에는 정면의 감실 양측에 이 두 장면을 하나씩 그리는 경향이 많다. 장식적인 효과를 갖는 셈이다. 제57굴, 제209굴, 제329굴 등이 전형적인 사례다. 한편으로는 보살이 흰 코끼리를 타고 공중에서 내려오는 장면에서 수많은 천인들이 음악을 연주하며 뒤따르는 모습으로 묘사하고, 맞은 편 벽에는 싯다르타 왕자가 말을 타고 공중을 날아가는 장면을 그리면서 네 명의 작은 천인들이 말의 네 다리를 붙잡고 나는 모습을 묘사한다. 주변에는 꽃잎이 분분이 흩날리고 있어서 분위기가 아주 장엄하다.

---

3 당나라가 멸망하고 송나라가 건국되기 전까지의 과도기에 중원에서 흥망한 다섯 왕조.

[3-8] 막고굴 제290굴의 불전도

석가모니의 생애는 불교 벽화에서 중요한 내용이며 각 시대별, 지역별로 사원
과 석굴에서 서로 다른 지역적인 불교예술의 특색을 반영한다.

[3-9] 막고굴 제329굴 〈승상입태〉

[3-10] 막고굴 제329굴 〈야반유성〉

4

서진과 16국 시대에 활약한 둔황 및 하서 지역의 고승

316년 서진 왕조가 남쪽으로 천도했지만 흉노족은 중국 북부 지역에 들어온 여러 소수민족을 완전히 통제할 능력이 없었다. 그때부터 북부 지역은 대분열의 시기를 맞는다. 304년 파저^{巴氐} 사람 이웅^{李雄}과 흉노족 유연^{劉淵}이 각각 왕조를 세운 뒤부터 전부 열여섯 개의 왕조가 나타났는데, 이를 역사에서 16국 시대라고 부른다. 실질적으로는 열여섯 개 왕조만 있었던 것은 아니다. 한족이 세운 서량, 북연, 전량, 염위^{冉魏}, 파저가 세운 성한^{成漢}, 흉노족이 세운 한^漢, 전조^{前趙}, 북량, 하^夏, 선비족^{鮮卑族}이 세운 전연^{前燕}, 후연^{後燕}, 서진^{西秦}, 남량, 남연^{南燕}, 갈족이 세운 후조^{後趙}, 저족이 세운 전진, 후량, 강족이 세운 후진^{後秦}이 있었다. 흉노족, 선비족, 갈족, 저족, 강족을 역사상 5호로 부르며, 이 시기를 5호16국 시대라고 한다.

이 시기에 둔황이 포함된 양주를 통치한 왕조는 전량^{314~376}, 전진^{351~394}, 후량^{386~403}, 서량^{400~421}, 북량^{397~439}이다. 전량과 후진은 양주와 사주를 그

들의 통치권에 넣었고, 후량은 초기에 둔황에서 시작했다. 이어 서량이 건국하면서 둔황, 주취안 일대를 통치했다. 그 뒤에 북량이 서량을 멸망시키고 하서 지역을 소유했다.

이처럼 16국 시대 하서 지역 일대의 정권 교체는 매우 빈번했다. 불안한 시국은 오히려 하서 지역의 역사적 발전을 촉진했다. 동서를 왕래하는 수도승이 각종 원인으로 하서 일대에 오래 머무르면서 불경을 번역하는 등 각종 불교 활동이 활발해졌기 때문이다. 특히 산스크리트어로 된 불경을 한문으로 번역하는 작업은 북방 불교의 발달에 중요한 요인이었다.

서진 시대 불교 행사란 대개 불경 번역이다. 당시 불경 번역에 종사하던 국내외 사문沙門, 승려과 우바새優婆塞, 출가하지 않은 남성 신도는 전부 열 몇 명이었다. 그중에서 가장 유명하고 성취가 높은 사람이 축법호竺法護, 228~306다.

축법호

축법호의 음역한 이름은 담마라찰曇摩羅刹이다. 그의 조상이 월지국 출신이라 지법호支法護라고도 부른다. 오랫동안 둔황군에 살았고, 그 때문에 축법호를 일러 돈황보살敦煌菩薩이라고 한다. 여덟 살에 출가하여 축고좌竺高座를 스승을 모셨다. 당시의 전통으로는 출가 후에 스승의 성을 따르는 것이 전통이어서 그도 성을 축씨로 바꾸었다. 그는 총명해서 한 번 본 것은 잊지 않았고, 매일 1만 글자씩 암기했다고 한다. 성격이 순진하고 착해 배움을 게을리하지 않았다.

유가를 비롯한 제자백가의 책도 폭넓게 읽었다. 그때는 마침 진晉 무제武帝, 재위 265~290가 다스리던 때였는데, 중국 땅에서 사원을 짓고 불상을 세우는 일이 이미 보편화되었지만 경전을 보관하는 방면으로는 많이 부족했다. 축법호는 대승 불교를 널리 알리겠다는 뜻을 품고 스승을 따라 서역으로 갔다. 그곳에서 36개국의 언어와 문자를 배웠다. 나중에 수많은 불경을 가지고 중국으로 돌아와 둔황에서 장안까지 길을 따라가며 경전을 번역했다. 태강太康 5년284년부터 진 혜제惠帝가 즉위한 290년까지 축법호는 둔황, 장안, 뤄양 등지를 전전하며 불경을 번역했다. 원강元康 원년291년 이후 2~3년 사이에 제자인 축법수竺法首 등과 진류陳留 지역 창원倉垣의 수남사水南寺에 은거했다. 수년이 지난 후에는 장안 청문青門 바깥에 사원을 세우고 불법을 널리 알렸다. 이것이 중국 불교 역사상 가장 오래된 학파인 관하학파關河學派의 시작이다. 관하학파는 금세 세력이 커졌고, 불제자가 수천 명이 넘었다. 진나라 8왕의 난이 벌어져 학파가 중도에서 실패하고 말았고 축법호도 근거지를 잃고 떠돌다 피란의 와중에 병으로 세상을 떠났다. 하지만 관하학파는 동진 시기 석도안釋道安, 312~376의 노력을 거쳐 후진後秦, 384~417 때 사람인 구마라집鳩摩羅什, 344~413의 불경 번역과 학승 육성에 좋은 기반을 마련해 주었다. 관하학파는 석도안과 구마라집의 가르침 아래 중국에 불교를 전파하는 요람이 되었다.

역사서의 기록에 따르면, 축법호와 조수인 섭승원聶承遠, 섭도진聶道眞 부자父子, 그리고 제자 축법승竺法乘, 231~308이 함께 156부의 불교 경전을 번역했다. 이중 일부가 유실되었고, 현존하는 《대장경大藏經》 중의 축법호 번역 경전은 전부 97부 207권이다. 그가 번역한 경전으로는 반야경般若經류, 화엄경華嚴經류, 법화경法華經류 등 종류가 다양하다. 대개 당시 유행하던 인도 본토 및 서역의 초기 대승불교 유파의 경전이다. 축법승의 불경 번역은 대승불교의 중국 전파에 큰 힘이 되었고, 불교의 여러 사조가 중국에 전해질 수 있게 촉진하였다. 그중에서도 《정법화경正法華經》, 《광찬반야경光讚般若經》이 가장 유명하다. 《정법화경》은 구마라집이 번역한 《법화경》 이전까지 매우 널리 유행하였고, 일체의 중생이 모두 부처임을 주장하는 경전이다. 또한 현실세계에 중생을 고통에서 해방시킬 광세음光世音, 후대에는 관세음觀世音으로 번역한다 보살의 모습을 서술해 많은 불교 신자의 사랑을 받았다. [4-1]

[4-1] 둔황 장경동 《정법화경》 1권

축법호는 둔황, 주취안 및 톈수이天水 등 지역에서 불경을 번역했다. 이는 하서 불교의 발전에 아주 유리한 조건으로 작용했다. 그가 번역한 불경은 대승불교의 경전이 대부분인데 그의 번역 활동에 힘입어 하서 지역에서 대승불교가 크게 발전했다.

축법승

축법승은 축법호의 유명한 제자 중 한 명이다. 어느 지역 출신인지는 알려지지 않았다.

어려서부터 똑똑했고 축법호를 따라 출가한 뒤 스승이 몹시 귀애했다고 전한다. 축법호는 관중 지역에서 불법을 전하며 불경을 번역할 때 이미 부유한 상태였다. 당시 장안에서 한 사람이 축법호에게 의탁해 불법을 닦고 싶으면서도 그의 인품과 덕행을 잘 몰라서 축법호를 시험해 보기로 했다. 그는 축법호가 머무는 곳에 가서 거짓으로 곤란을 겪고 있다며 20만 냥을 빌려달라고 청했다. 축법호는 아무 말이 없었는데 당시 열세 살이던 축법승이 그의 옆에 서 있다가 말했다.

"스승님께서 아무 말씀도 하지 않으시는 것은 요청에 응하신 겁니다."

그 사람이 돌아간 뒤에 축법승이 스승에게 말했다.

"저 사람의 표정을 보면 돈을 빌리러 온 것 같지 않습니다. 아마도 스승님의 인품을 시험하려는 듯합니다."

다음 날 그 사람은 집안사람 전부를 데리고 축법호에게 와서 불법을 배웠다. 이 일 덕분에 축법호의 명성이 더욱 높아졌다.

나중에 축법승이 서쪽으로 이동하다가 둔황에서 사원을 세우고 널리 제자를 받아들였다. 《고승전高僧傳》에는 그를 이렇게 표현하고 있다.

"도를 위해 몸을 잊고 가르치느라 피곤한 줄을 모르네. 승냥이와 이리도 마음을 고쳐먹고 거친 오랑캐도 예의를 지키는구나. 하서 지역에 대승불교를 전하니 모두 축법승의 공로다."

축법승이 둔황 지역에서 널리 대승불교를 전파하여 둔황 사람들이 대승불교를 신앙했으니 하서 지역에 대승불교를 전한 공로를 따지면 축법승을 빼놓을 수 없다.

구마라집

불교가 동진 시기에 형성된 남북 구역은 북방의 16국은 대부분 불교를 믿었다. 특히 삼진三秦, 오늘날 산시陝西성 일대의 불교는 중국 불교사에서 매우 중요한 지위를 갖는다. 그 대표적인 인물이 바로 석도안혹은 도안이라고도 부른다과 구마라집이다.

북방 불교는 서역의 승려 불도징佛圖澄, 232~348이 후조後趙에서 전파하면서 시작되었다. 불도징은 서진西晉 영가永嘉 4년310년에 낙양에 왔다. 마침 후에 후조의 시조가 되는 석륵石勒, 274~333이 함부로 살육을 벌이던 때였다. 불도징은 석륵을 만나 불법으로 감화시켰다. 그 후로 중주中州, 허난(河南)성의 옛 이름의 각 민족과 백성들이 불교를 믿기 시작했다. 불도징과 같은 시기에 후조에서 불법을 전파한 사람으로 둔황 출신의 단개도單開道가 있다.

후조 뒤를 이어 북방 지역에서 불교가 가장 흥성했던 정권은 전진이다. 전진은 장안에 도읍을 두었고 서역과 왕래하는 요충지를 통치하는 데다 2대 황제인 부견이 불교를 몹시 좋아했다. 부견의 통치기에 북방 불교의 중심인물은 도안이다.

부견은 나중에 서역 구자국에 명승 구마라집이 있다는 이야기를 듣고 장군 여광을 보내 구자국을 정벌하고 구마라집을 데려오라고 명령했다.

구마라집의 조상은 인도 사람이지만 그는 구자국에서 태어났다. 그의 선조는 대대로 천축국天竺國, 인도 재상을 지냈고 아버지 구마라염鳩摩羅炎은 벼슬아치가 되는 것을 피하려 출가했고 동쪽으로 파미르Pamir 고원을 지나 구자국에 왔다. 구자국왕은 구마라염을 환대하며 그를 국사國師로 삼았다.

구자국왕에게 총명하고 아름다운 여동생이 있었는데, 공주가 구마라염에게 첫눈에 반했다. 구자국왕의 강력한 권유를 꺾지 못한 구마라염은 공주와 혼인하고 아들 구마라집을 낳았다. 구마라집을 임신했을 때, 그 어머니인 공주가 평소보다 더 총명하고 지혜로웠다고 한다. 한번은 사원에서 고승이 불경을 강론하는 것을 듣다가 갑자기 천축어를 사용하여 고승과 자유롭게 문답을 나눈 적도 있었다. 그러나 구마라집이 태어난 뒤로는 천축어를 말하지 못했다. 어느 고승은 태중의 아이가 불교의 지자智者여서 이런 현상이 나타나는 것이라고 말했다. 나중에 구마라집의 어머니가 출가하여 불법을 닦고자 했으나 구마라염이 찬성하지 않았다. 애초에 왕의 여동생인 공주를 아내로 맞이하는 바람에 구마라염은 수행하려는 꿈을 접고 다시 속세로 돌아와야 했다. 그런데 그때는 온갖 방법을 써서 자신을 속세에 잡아둔 공주가 남편과 아들을 버려두고 혼자 출가하여 조용한 생활을 누리려 하는 것이다. 이제 구마라염은 더 이상 속세를 벗어나기 어렵게 되었고, 그래서 아내가 출가해 비구니가 되는 것을 허락하지 않았다. 구마라집의 어머니는 어쩔 수 없이 출가하려는 생각을 접었다. 이런 생활이 다시 몇 년 흘러갔다. 구마라집에게 남동생이 생겼다. 출산의 고통을 겪었기 때문인지 구마라집의 어머니가 다시 출가 수행하겠다는 뜻을 비쳤다. 이번에는 단식까지 하면서 굳은 의지를 보였기에 구마라염도 동의할 수밖에 없었다.

구마라집은 일곱 살 때 어머니를 따라 출가했다. 구마라집은 대단히 총명하여 하루에 1천 개의 게송을 외웠다. 1천 개의 게송이면 약 3만 자가 넘는다. 스승이 한 번만 설명해도 완전히 이해했고 보통 사람은 잘 알아차리지 못하는 미묘한 뜻도 명확하게 깨우쳤다. 아홉 살이 되자 어머니를 따라 계빈국罽賓國, 카슈미르 일대에 가서 이름 높은 고승 반두달다槃頭達多에게 소승불교를 배웠다. 당시 이미 총명한 구마라집의 명성이 자자했다. 열두 살에는 어머니와 함께 구자국으로 돌아와 불타야사佛陀耶舍에게 《십송율十誦律》[1]을 배웠고 수리야소마須利耶蘇摩에게 대승불교를 배웠다. 구마라집은 이후 서역 여러 나라에 큰 영향을 미쳤다. [4-2]

건원 20년384년, 부견이 여광을 보내 서역을 정벌했다. 떠나기 직전, 부견은 여광을 불러 당부했다. 구자국을 함락시키면 구마라집을 되도록 빨리 자신에게 보내라는 것이었다. 여광은 구자국을 함락시킨 뒤 구마라집을 붙잡았다. 하지만 불교를 믿지 않았기 때문에 구마라집을 업신여겨 그를 몹시 희롱했다. 그는 구마라집에게 구자국왕의 딸을 아내로 맞으라고 억지를 썼다. 구마라집이 따르지 않자 온갖 방법을 써서 그를 굴복시키려 했다. 구마라집의 의지가 굳건한 것을 보고 마지막에는 구마라집과 왕의 딸을 술에 취하게 만들고는 억지로 한 방에

---

1 10개의 게송으로 된 율이라는 뜻으로 출가자가 지켜야 할 규범을 설명하는 책이다.

[4-2] 키질 석굴 앞에 세워진 구마라집 동상

몰아넣었다. 구마라집은 어쩔 수 없이 파계하고 공주를 아내로 맞았다. 여광은 구마라집을 데리고 돌아가던 길에 양주에 도착해서 부견이 후진 군대에 죽임을 당한 사실을 알게 되었다. 여광은 그대로 양주에 머무르며 나라를 세웠는데, 역사에서 후량이라고 부른다. 여광은 구마라집이 점을 치지 않고도 미래를 내다보는 능력을 갖고 있음을 알고는 그를 군사軍師 참모로 활용했다. [4-3] [4-4]

[4-3] 둔황 구마라집 백마탑(白馬塔)

[4-4] 우웨이 나집탑(羅什塔)

후진 홍시弘始 3년401년, 후진의 왕인 요흥姚興이 양주를 공격해 멸망시키면서 구마라집은 장안으로 가서 불경을 번역하게 된다. 구마라집이 양주에 머문 기간은 16년이나 되었다.

요흥은 구마라집을 몹시 존중했고 의식주를 풍족하게 제공했다. 나중에는 그에게 열 몇 명이나 되는 기녀를 보내고 새로 집을 수리해 그곳에 살게 하는 등 구마라집이 더 이상 불교사원에 묵지 않게 했다. 당시 그의 제자들은 구마라집이 품에 미녀를 껴안고 있는 것을 부러워했다. 그들이 아내를 맞고 자식을 낳고 싶은 마음을 품자 구마라집은 바늘을 삼키고도 아무렇지 않은 모습을 보여준 뒤, 자신과 같은 수준의 신통력을 쌓으면 그렇게 살 수 있다고 했다. 그러자 제자들이 혼인하고 싶다는 생각을 버리고 수행에 집중했다고 한다.

구마라집은 장안에서 대량의 불경을 번역했다. 기록에 따르면 그는 대승불교, 소승불교를 합쳐 불경 35부 294권을 번역했다. 그가 번역한 불경은 문장이 유려해 중국 각지로 널리 전해졌으며, 중국 불교의 종교철학과 교의를 형성하는 데 지대한 공헌을 했다. 동시에 중국 불교에서 계율을 정비하는 데도 많은 영향을 미쳤다. 구마라집의 영향을 받아 후진은 승려를 관리하는 기구를 세우고 승정僧正, 열중悅衆, 승록僧錄 등 승관僧官을 신설했는데, 이 제도가 후대의 승관제도에 모범이 되었다.

구마라집의 제자는 500명이 넘는다. 설법을 들은 제자는 2천 명 이상이다. 그들은 중국 각지로 흩어져 남북조 시기 불교의 흥성과 여러 학파의 발전에 직접적인 영향을 주었다.

담무참

구마라집이 장안에서 불경을 번역하는 동안 하서 지역인 양주에
도 유명한 역경승譯經僧이 있었다. 그가 바로 담무참曇無讖, 385~433이다.

담무참은 원래 인도 중부 출신으로 여섯 살에 아버지를 여의고 사문 달마야
사達摩耶舍를 따라 출가하였다. 처음에는 소승불교와 오명제론五明諸論를 배워 이
에 정통하였다. 나중에 백두선사白頭禪師를 만났는데, 두 사람이 배운 경전이 달
라 종일토록 토론해도 끝이 없었다. 두 사람은 그렇게 100일간 토론했다. 담무참
은 백두선사가 배운 불법이 더욱 경지가 높다는 것을 느꼈다. 백두선사는 자신
이 익힌《열반경》을 담무참에게 전했다. 이때부터 담무참은 대승불교를 배웠다.

담무참의 사촌형은 코끼리를 길들이는 재주가 있었다. 그런데 그의 코끼리가
국왕이 타고 다니는 코끼리를 죽였다. 국왕은 이상할 정도로 화를 내며 담무참
의 사촌형을 죽이라고 명령하면서 가족이든 친척이든 절대 그를 만나서는 안 된
다고 했다. 친척들은 슬퍼하면서도 시신을 수습할 용기를 내지 못했다. 담무참
만이 시신을 거둬 제대로 장례를 치렀다. 국왕은 이 일에 크게 분노하면서 담무
참도 죽이려고 했다. 담무참은 담담하게 말했다.

"폐하는 제 형제가 법을 어겼기에 죽였고, 저는 그가 저의 가까운 형제이기에
장례를 치렀습니다. 이 둘 사이에는 상호간 저촉되는 부분이 없습니다. 그런데
왜 이 일로 진노하며 사람을 죽이려 하십니까?"

국왕은 담무참의 기개가 범상치 않은 것을 보고는 그를 죽이지 않고 궁중에
머물게 했다.

담무참은 주문呪文을 잘 해서 서역 사람들이 그를 대주사大呪師라고 불렀고,
국왕도 그에게 크게 의지했다. 나중에 담무참은《대열반경大涅槃經》,《보살계경菩
薩戒經》,《보살계본菩薩戒本》을 가지고 계빈국에 왔다. 계빈국 사람들은 소승불교
를 믿었고 열반경은 믿지 않았다. 그래서 그는 더 동쪽으로 이동해 구자국에 이

르렀다. 구자국, 선선국을 지나 둔황에 도착했다. 둔황에 머물면서 담무참은 유명한 《보살계본》과 《금광명경金光明經》, 《방등대집경方等大集經》 등 여러 불경을 번역했다. 북량 현시玄始 10년421년에 고장에 도착했다. 고장에 막 왔을 때 그는 자신이 가지고 온 불경을 잃어버릴까 봐 노심초사했다. 그는 잠잘 때도 불경을 베개처럼 베고 잠들었는데 사흘 연속으로 깨면 불경이 바닥에 놓여 있었다. 그는 좀도둑이 방에 들어왔다고 여겼다. 나중에 허공에서 목소리가 들렸다.

"이 불경은 세상 사람들을 속세의 고통에서 해탈하게 도와줄 보물인데 어찌 베개로 쓰느냐?"

그 후로 담무참은 불경을 높은 곳에 올려두고 공경하였다. 그 시기는 북량왕 저거몽손이 통치할 때다. 저거몽손은 불교를 믿었기에 담무참을 존중하고 그에게 의지하는 마음이 컸다. 저거몽손은 담무참에게 불경을 번역해달라고 부탁했다.

북위 황제 탁발도가 담무참이 도술에 뛰어나다는 것을 전해 듣고 사람을 보내 그를 북위로 초청했다. 탁발도는 사자를 보내 담무참을 평성으로 보내지 않으면 양주를 공격하겠다고 을러멨다. 하지만 저거몽손은 담무참이 자신을 떠나는 것을 바라지 않아 탁발도가 여러 차례 사람을 보내 재촉해도 답하지 않았다. 담무참이 이런 모습을 보고는 저거몽손에게 떠나겠다는 뜻을 밝혔다. 서역에 가서 《열반경》의 후반부를 가져오겠다는 명분이었다. 저거몽손은 담무참이 핑계를 대며 자신을 떠난다고 생각해 분노했다. 그는 자객을 보내 서쪽으로 가던 담무참을 살해했다.

담무참의 불경 번역 활동은 주로 둔황과 고장 두 지역에서 진행되었다. 담무참이 번역한 불경은 주로 대승불교의 경전으로, 《열반경》에서 말하는 불법을 상세히 밝혀 설명했다. 그는 중국에서 불교 교리의 한 학파를 개창했기에 특히 중요한 승려이다. [4-5]

[4-5] 둔황사경 담무참 역본 《대반열반경(大般涅槃經)》

법현

　　동진 시대 이후로 서쪽으로 불법을 얻으러 떠나는 사람이 점점 늘었다. 그들은 대부분 깨달음을 얻고 하서 지역으로 돌아왔다. 이들 순례승은 양주 불교의 발전을 촉진했고, 그 중 유명한 인물이 석법현釋法顯, 생몰년 미상이다.

　　석법현의 성씨는 공龔으로 평양平陽군 무양武陽, 오늘날 산시山西성 린펀臨汾 사람이다. 그는 위로 형이 셋 있었는데 모두 어렸을 때 죽었다. 부모님은 그마저 요절할까 봐 세 살 때 절에 보냈다. 법현이 열 살 때 아버지가 돌아가셨다. 숙부는 법현의 어머니가 과부로 힘들게 살아가는 것을 걱정해 법현에게 환속하라고 권했다. 법현은 이미 신앙심이 매우 깊어졌기 때문에 숙부에게 이렇게 말했다.

"저는 아버지가 보내서 출가한 게 아닙니다. 원래부터 속세에서 멀리 떨어져 도를 닦으려고 한 것입니다."

그 말을 들은 숙부가 더는 강요하지 않았다. 법현의 어머니도 얼마 지나지 않아 돌아가셨다. 그는 장례를 치른 뒤 바로 사원으로 돌아갔다. 법현은 순박하고 정이 많았다. 한번은 그가 함께 공부하던 수십 명의 불제자들과 벼를 베는데 가난한 사람이 나타나 그들의 곡식을 빼앗으려고 했다. 다른 사미승은 놀라 그를 뒤쫓으려고 하는데 법현만 그 자리에서 움직이지 않았다. 그는 곡식을 빼앗아간 사람에게 말했다.

"곡식이 필요하면 언제든지 와서 가져가시오! 당신이 지금 가난한 것은 과거에 보시를 하지 않았기 때문인데 또 다시 남의 곡식을 빼앗는다면 내세에는 더 가난해질 겁니다. 저는 그것이 걱정이로군요!"

그는 그렇게 말하고 절로 돌아갔다. 곡식을 빼앗으려던 사람은 법현의 말에 설득되어 곡식을 그냥 두고 떠났다. 이 일로 법현은 절에서 유명해졌다. 스무 살 때, 법현은 대계大戒를 받고 신앙심이 더욱 굳건해져 자신의 행동거지 하나하나에 더욱 엄격해졌다. 그는 불법을 수행하는 과정에서 불교의 계율에 대한 경전이 너무 부족하다고 생각했고 현재의 율장律藏[2]은 승려의 일상적인 행동을 온전히 규범화하지 못한다고 여겼다. 그래서 그는 천축국에 가서 계율을 다룬 불경을 가져오겠다고 결심했다. 후진 홍시 2년400년 봄, 법현은 혜경慧景, 도정道整, 혜응慧應, 혜외慧嵬 등 네 명의 승려와 더불어 장안에서 출발해 서쪽으로 향했다. 길고 험난한 여정 끝에 다음 해 그들은 장예에 도착했다. 그곳에서 지엄智嚴, 혜간慧簡, 승소僧紹, 보운寶雲, 승경僧景이라는 승려 다섯 명을 만나 의기투합했다.

---

2 부처가 제정한 계율을 기록한 문헌을 통틀어 일컬음.

이들은 다시 천축국을 향해 떠났다. 그때가 한여름이어서 우선은 장예에서 여름을 보내기로 했다. 이것이 하좌夏坐, 하안거夏安居라고 하는 것이다. 인도에서 전해진 불교의 특수한 종교행사로, 3개월간 우기雨期가 있는 인도에서 여름 동안 한 곳에 머물면서 수행에 전념하는 것을 이른다. 이런 풍습은 동진 시기에도 여전히 이어졌다. 하좌 이후에 이들 '순례단'은 서쪽으로 계속 여행하여 둔황에 도착했다. 둔황에서 한 달여를 머물며 태수인 이고의 지원을 받아 양관을 통과해 사하沙河, 지금의 바이룽두이(白龍堆)사막를 건넜다. 법현을 비롯한 다섯 명은 먼저 가고 지엄, 보운 등 나머지가 뒤를 따랐다. 사막의 기후는 몹시 건조해 시시때때로 열풍이 불고 유사流沙가 날렸다. 여행자가 유사에 파묻혀 목숨을 잃는 일도 벌어지는 곳이었다. 법현은 나중에 《법현전法顯傳》에서 그때의 모습을 이렇게 기록했다.

"하늘에는 새가 없었고 땅에는 길짐승이 없었다. 시야가 닿는 곳까지 가능한 한 멀리 둘러보며 그곳을 빠져나가려 했지만 어떻게 해야 할지 알 수가 없었다. 죽은 자의 해골만이 유일한 표지판이었다."

그들은 생명의 위험을 무릅쓰고 열일곱 번의 낮과 밤 동안 1,500리를 걸어서 사막을 통과했다.

법현의 일행은 파미르 고원을 넘어 천축국에 도착했다. 그들은 천축국을 두루 여행하고 《마하승기율摩訶僧祇律》, 《미사색율彌沙塞律》, 《장아함경長阿含經》, 《잡아함경雜阿含經》, 《잡장雜藏》 등 중국에는 전해지지 않은 경전을 얻은 뒤 바닷길로 중국에 돌아왔다. 법현은 귀국한 뒤 불경을 번역하는 것 외에 《법현전》불국기佛國記)라고 불리기도 함을 썼다.

이 책은 의희義熙 12년416년에 완성되었는데 1만 3,980자로 된 1권짜리 책이다. 법현이 장안에서 출발해 인도 중부에 도착해서 불경을 구하기까지 모든 여정을 담고 있다. 이 책 속에는 32개국과 나라를 알 수 없는 도시 이름들이 등장한다.

책 속에는 법현이 천축국에 가는 동안 지나간 대략적인 경로와 어느 지역에서 얼마나 머물렀는지 등이 기록되어 있다. 오늘날 중국의 신장 자치구와 중앙아시아 각국이 5세기 초 어떤 상황이었는지 거리, 방위, 산천, 기후, 인구, 언어, 풍속, 물산, 정치, 종교 등을 알려주는 귀중한 자료다. 특히 불교의 사원과 유적, 승려 수, 각지의 불교 전설 등이 수집되어 있다. 이 책은 중국인이 장안에서 서역을 경유해 인도에 육로로 도착한 여정과 해로로 중국에 돌아온 여정이 기록된 가장 오래된 자료이기도 하다. 책에 기록된 서역의 여러 나라들은 지금은 이미 멸망했고 역사 기록도 희귀하다. 이 책은 이들 서역 국가들의 역사적 변천을 연구하는 데 특히 소중한 자료여서 중국뿐 아니라 전 세계 학자들이 중요하게 여긴다. 19세기 이래 프랑스어, 영어, 일본어 등으로 번역되었으며 이 책을 연구한 수많은 전문서적이 출간되었다.

하서 석굴 사원의 창건

위에 소개한 고승 외에도 하서 지역에는 불경을 번역하고 교리를 전파한 뛰어난 승려가 여럿 있다. 담마밀다曇摩蜜多, 석현고釋玄高, 석법성釋法成 등이다. 도안이 《양토이경록涼土異經錄》에 기록한 바에 따르면, 양주에서 번역된 불경이 59부 79권이다. 그만큼 양주의 역경 활동이 역사가 길고 활발했음을 알 수 있다. 하서 지역에서 활동한 승려들은 많은 불교 서적을 번역했고 불교 교리와 계율의 발전에 기여했으며, 사원과 석굴 사원 등의 건설을 촉진했다. 또한 정권을 세운 할거 세력이 대부분 불교를 숭앙하여 이곳의 불교가 흥성할 수 있었다.

《석노지釋老志》에 이런 기록이 있다.

"양주는 장궤전량의 시조 이후로 불교를 믿었고 둔황은 서역과 바로 연결된다. 불도와 속세가 공존하여 마을마다 탑과 절이 많다."

축법호가 둔황에 절을 지었던 것처럼 축법호의 제자 축법승도 둔황에 절을 짓고 정착했다. 담마밀다도 유사를 피해 둔황에 들어와서 빈 터에 절을 지었다. 나무를 심고 넓은 뜰을 만들며 건물과 연못 등을 세웠는데 엄격하고 깨끗했다. 제자가 되겠다는 자들이 몰려들어 매우 흥성하였다.

불교가 발전하면서 하서에서 농동隴東, 오늘날 간쑤성 일대까지 많은 불교 석굴 사원이 세워졌다. 맥적산麥積山 석굴은 대략 서진 시기에 짓기 시작했다. 병령사는 서진 건홍建弘 원년420년의 기록이 남아 있다. [4-6] 막고굴은 전진 건원 2년366년에 착굴했다.

하서 지역에서 석굴 사원이 많이 지어진 데는 북량의 왕 저거몽손의 영향을 빼놓을 수 없다.

저거몽손은 대대로 흉노에서 좌저거左沮渠 부사部帥를 지냈고, 관직을 따서 성씨를 삼았다. 흉노족의 한 갈래인 노수호 부족의 수령이었으며 후량 정권을 따랐다. 나중에 큰아버지인 저거라구沮渠羅仇와 저거국죽沮渠麴粥이 후량왕 여광에게 살해되자 다른 여러 부족과 연합하여 군사를 일으켰고, 이들을 데리고 북량의 단업에게 귀순했다. 그때는 북량이 막 건국했을 때라 나라의 기틀이 공고하지 못했다. 게다가 단업은 그릇이 크지 않아 저거몽손을 의심하고 싫어하였다. 이에 저거몽손은 단업을 죽이고 왕위에 올랐다.

북량은 막 세워진 나라였고, 후량, 남량, 서량 등 사면을 강한 이웃나라와 경계를 맞대고 있어 국가의 형세가 위험했다. 정권을 안정시키기 위해 저거몽손은 한족 인재를 중용하여 정무를 맡기고, 이를 기초로 내정을 정돈했다. 연이은 전쟁으로 전답을 돌보지 못하고 양식 등 물자가 부족한 상황을 해결하는 것이 급선무였다. 이에 조세를 낮추고 노역을 줄이는 정책을 펼쳐 백성들이 농사에 전념할 수 있게 했다. 동시에 형벌을 완화하고 기근을 구휼하고 실정한 관리를 색출해 엄벌하는 등 관료제 정비에 힘썼다. 또한 농업과 양잠업을 장려하고 유학을 제창했다. 저거몽손이 펼친 정책으로 북량은 정치, 경제, 문화 등 다방면에서

[4-6] 병령사 서진 제169굴 내부

[4-7] 북량의 석탑들(둔황시박물관 소장)

동시기의 하서 지역 정권인 후량, 서량, 남량 등에 비해 현저히 강성해졌다. 북량은 430년이 되기 전에 하서주랑 전역을 통일했다. 북량의 영토는 동쪽으로는 금성金城, 오늘날 란저우蘭州에 이르고 서쪽으로는 둔황을 포함하며, 그 세력은 파미르 고원까지 미쳤다.

저거몽손은 하서 문화의 발전에 지울 수 없는 공헌을 했다. 특히 그는 불교의 보급에 큰 역할을 했다. 저거몽손이 재위하는 동안 천제산天梯山 석굴, 문수산文殊山 석굴, 마제사馬蹄寺 석굴이 연이어 건설을 시작했다. 그 밖에도 금탑사 석굴과 막고굴 제272굴, 제275굴 등이 창건되는 등 하서 문화의 보물로 자리 잡는다. [4-7] [4-8] 또한 그중 어떤 석굴은 저거몽손의 가묘家廟로 쓰였다. 저거몽손은 양

[4-8] 막고굴 제275굴 북쪽 벽 공양인

주에서 남쪽으로 100리 떨어진 곳에 다섯 좌의 불상을 세웠다. 돌을 깎아 만든 것도 있고 나무를 조각한 것도 있어 다양했다. 또한 자신의 어머니를 기리기 위해 석상을 세우기도 했다. [4-9] 북위가 북량을 멸망시킨 후, 양주 지역의 승려들이 대거 북위의 도읍으로 이주했다. 이주한 승려들이 너무 많아 그 수를 줄여야 할 정도였다. 북위 초기에는 불교가 흥성하지 않았는데, 당시 불교가 어느 정도 발전한 지역은 서북쪽의 양주와 동북쪽의 연燕 정도다. 나중에 북위의 불교 발전에 중요한 역할을 하는 현고玄高, 담요曇曜, 사현師賢 등의 고승은 양주에서 건너간 사람들이었다. 당시 양주의 불교가 얼마나 발전했는지 잘 알 수 있는 근거라고 하겠다.

[4-9] 마제사 석굴군 전경 모습(북량의 저거씨 정권이 초기에 활동했던 린쑹산)

　실크로드 둔황에서 막고굴의 숨은 역사를 보다

5

막고굴의 창건

둔황은 간쑤성의 하서주랑에서 가장 서쪽에 위치한 도시로 고비 사막에 자리 잡고 있다. 막고굴의 지리적 환경은 더욱 독특하다. 당취안허^{宕泉河} 물줄기가 이 지역을 둘로 나눈다. 동쪽은 수백 평방킬로미터에 걸쳐 면면히 늘어진 싼웨이산^{三危山}이다. 이 산은 암적색으로 산의 몸체는 풀 한 포기 없이 암석이 그대로 드러나 있다. 산 정상에 올라 동쪽을 바라보면 겹겹이 이어진 산줄기가 오르락내리락 하며 끝없이 이어진다. 마치 발아래 검붉은 불길의 바다가 일렁이는 듯하다. 당취안허 서쪽에는 유명한 밍사산^{鳴沙山}이 있다. 사구^{沙丘}가 산처럼 높게 쌓여 형성된 곳이다. 모래알갱이가 세밀해서 산의 몸체가 구불구불 이어져 있다. 현존하는 막고굴은 당취안허의 물길이 침식한 밍사산의 사력암질^{砂礫岩質} 벼랑에 판 석굴들이다.

막고굴은 현재 700여 개의 석굴이 남아 있다. 그중 벽화와 채색 소조상 등이 있는 굴은 492개다. 막고굴은 크게 남쪽 구역과 북쪽 구역으로 나뉘는데,

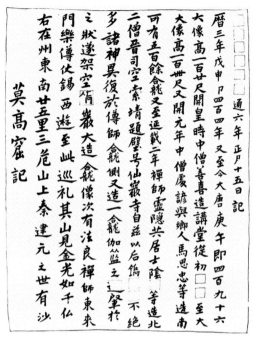

曆三年戊申卯四百四年又至今大唐庚午卽四百九十六
六像高一百廿尺開皇時中僧善喜造講堂從初□□至大
大像高一百卅尺又開元年中僧慶諺與鄉人馬思忠等造南
可有五百餘龕龍又至延載二年禪師靈隱共居士陰□等造北
二僧晉司空索靖題壁号仙巖寺自茲以后僧□□□□不絕
多有神異復於僧師龕側又造一龕伽藍之□肇於
之狀遂架空其□巖大造龕像次有法良禪師東來
門樂傳仗錫西遊至此巡礼其山見金光如千仏
右在州東南廿五里三危山上秦建元□世有沙
通六年正戊十五日記

莫高窟記

[5-1] 막고굴 제156굴 전실 서쪽 벽에 새겨진 〈막고굴기(莫高窟記)〉 제기(題記) 모사본

남쪽에는 모든 석굴에 벽화와 소조상이 있고, 북쪽에는 몇몇 개별 석굴에 벽화 등이 있는 것을 제외하고는 대부분 승려가 살았던 주거용 굴이거나 수행을 위한 참선용 굴, 승려의 입적 후 시신을 매장한 예굴瘞窟이다.

둔황 막고굴이 처음 창건된 연대에 대해 최초로 나타나는 기록은 성력聖曆 원년698년 5월 14일의 〈이군막고굴불감비李君莫高窟佛龕碑〉다. [5-1] 비문에는 이렇게 기록되어 있다. 전진 건원 2년366년, 법호가 낙준樂僔인 승려가 있었는데 불법을 믿고 이행하는 데 몹시 경건하고 정성스러웠다. 그는 엄격하게 계율을 지키며 불법을 깨우쳤다. 깨달음을 얻은 뒤에는 세상을 주유하며 불법을 전했다. 어느 날, 그는 둔황 싼웨이산에 와서 강가의 벼랑에 1만 장丈[1]의 금빛 광채가 어리는

---

1 1장이 약 3.33미터다.

것을 보았다. 광채 속에는 수없이 많은 불상들이 번쩍번쩍 빛을 발하고 있었다. 그는 이것이 부처가 준 계시라고 여겼다. 그로부터 그 벼랑에 사다리를 대고 불상이 들어앉은 형상의 굴을 파기 시작했다. 부처에게 공양하기 위함이었다. 이어서 법호가 법량法良인 승려도 이곳에 도착했다. 낙준법사가 만든 석굴을 보고는 낙준굴의 옆에 다른 석굴을 팠다. 막고굴은 그렇게 시작되었다. 당나라 때에 이르면 벼랑에 석굴 수가 1천 개를 넘어섰다. 막고굴이 그 시절에 얼마나 번성했는지를 잘 알 수 있다. [5-2]

과학적으로 생각하면 낙준법사가 본 금빛 광채와 천불상은 자연 현상으로 인한 환각이었을 것이다. 이런 자연 현상은 싼웨이산에서 지금도 찾아볼 수 있다. 싼웨이산은 풍화 작용으로 침습되고 남은 산이라 산 위에 풀도 나무도 없다. 암석은 암적색으로 석영과 운모 등 광물질이 많이 함유되어 있다. 노을빛을 받으면 반사되어 금색으로 빛을 발할 때가 있다. 물론 1천 년도 더 전에 살았던 낙준법사는 이런 자연 현상을 이해하지 못했고, 자신이 본 광채를 부처의 힘으로 돌렸다. 어떤 학자는 낙준법사가 좌선을 하다가 금빛 광채라는 환각을 본 것으로 여긴다. 당시의 좌선은 불교 승려의 필수 행위였다. 또한 기본적으로 평생 유지해야 하는 습관이었다. 승려들은 좌선을 할 때 종종 환각을 보았고, 환각은 대부분 부처의 형상을 보는 것이었다. 낙준법사가 천불상을 본 것도 이런 상황이었을지 모른다.

낙준과 법량이 처음 석굴을 만든 것은 실질적으로 볼 때 부처에 공양한다는 목적 외에도 선정禪定, 참선하여 삼매경에 이름에 들기 위함이기도 했다. 선정은 불법 수행의 한 방법으로, 지금도 승려들에게는 중요하게 여겨진다. 선禪은 범어 '자나'의 음역어 선나禪那 의 준말이다. 그 뜻은 정려靜慮, 고요한 사유로 제심일처制心一處, 마음을 하나로 집중함, 사유관수思維觀修, 생각을 들여다보고 잘못을 바로잡음한다는 의미가 있다. 선은 또한 '선정'의 준말이기도 하다. 선정은 선과 범어 '삼마지'의 음역어인 정定을 합친 것

[5-2] 노을이 비치는 싼웨이산

이다. 인도에서 선정은 오래된 수행법이었다. 일찍이 불교가 성립되기 전부터 성행했다. 석가모니가 불교를 세운 뒤 계^戒, 정^定, 혜^慧를 불교의 기본 공부로 삼았는데, 모든 불교도들이 반드시 수행해야 하는 근본적인 내용이다. 불교가 중국에 전해진 뒤 여러 종파가 생겼지만 선정과 선관^{禪觀, 좌선하여 진리를 주시함}을 기본 수행으로 삼는 것은 변하지 않았다. 초기불교는 더욱 참선 수행을 중시했다.

어떤 승려들은 참선 수행을 주된 활동으로 한다. 그들은 복잡한 세상에서 멀리 떨어진 외딴 곳을 선택해 참선을 하는데, 주로 깊은 산 속의 동굴이 참선 수행의 장소로 애호되었다. 많은 승려들은 참선 중에 부처와 교감했다고 말한다. 막고굴의 초기 석굴들이 벼랑의 중간쯤에 위치하는 것이 아마도 이런 점을 고려한 때문으로 보인다. 북위 시대에 만들어진 제268굴, 제272굴, 제275굴과 서위^{西魏, 535~556} 시대에 만들어진 제249굴, 제285굴이 모두 그런 위치에 있다.

막고굴 중 현존하는 가장 오래된 석굴은 북량 시대에 창건되었다. 현재 세 개의 굴이 남아 있는데, 둔황연구원의 번호 체계에 따르면 제268굴(제267굴부터 제271굴까지는 사실상 한 조의 석굴로 본다), 제272굴, 제275굴이다. 남쪽 구역 동굴 중에서 중단의 세 번째 층에 위치하며, 북량 시대에 만든 세 굴이라고 해서 북량삼굴^{北涼三窟}이라고 부른다. 석굴의 형태로 보면 세 개의 석굴은 각각 특색이 있고 형식이 일치하지 않는다.

제268굴의 평면도를 보면, 장방형이고 반듯한 천장에는 평기^{平棋, 바둑판 장식} 형식으로 조각했다. 서쪽 벽(정면의 뒤 벽)에는 첨미원권형^{尖楣圓券形} 감실[2]이 만들어져 있다. 감실 내에는 교각^{交脚, 걸터앉아 두 다리를 교차시킨 자세} 불상이 있다. [5-3]

감실 아래에는 공양한 사람의 얼굴이 그려져 있는데 두 번에 걸쳐 수정한 흔적이 있다. 제일 위에 덧그린 그림은 북위 때 그림이다. 그 그림 아래에 다른 사람의 초상화가 그려져 있는 것이 북위 시대의 그림이 벗겨지면서 드러났다. 빨간

---

2 감실은 위가 둥근 원공형이지만 감실 위에 가로로 덧대는 감미(龕楣)는 끝이 뾰족한 형태다.

[5-3] 막고굴 제268굴 주실 내부

옷을 입고 있고 얼굴을 알아보기 어렵다. 덮인 그림이 그려진 시기는 알 수 없다.

제268굴 남쪽과 북쪽의 벽에도 각기 두 개씩 대칭하는 형태로 작은 감실이 만들어져 있다. 이들이 석굴 번호 제267굴, 제269굴(남벽), 제270굴, 제271굴(북벽)이다. 제268굴과 한 조인 석굴로 제268굴에 딸린 선굴禪窟이다. 이 네 개의 석굴은 규모가 작아 한 사람이 앉을 정도밖에 되지 않는다. 승려가 좌선 수행을 하던 장소로 짐작된다. 학자들은 이 석굴이 낙준법사가 썼던 참선용 석굴로 추측한다. [5-4]

제272굴은 제268굴의 북쪽에 가까이 붙어 있다. 대략 정사각형이고 남북의 넓이가 3.1미터, 동서의 깊이는 2.7미터다. [5-5] 석굴 천장은 아치형에 가깝고 중심에는 사각으로 짜 올린 조정藻井³ 형식으로 도드라지게 빚어놓았다. 서쪽 벽은 바닥과 가까운 쪽에 아치형 감실을 만들었는데, 감실 내에 불상이 하나 조각되어 있다. 높이가 1.38미터이고 손은 둘 다 사라졌다. 머리와 목 부분은 나중에 새로 만들어 수리를 했다. 오른쪽 어깨를 드러내는 형식의 가사를 입고 네모난 자리 위에 앉은 자세다. 광배光背⁴에는 머리 부분에 부처의 화신을, 몸 부분에서 천인天人을 그렸는데 각각 다른 자세로 춤을 추고 있다. 북쪽 벽에는 천불도를 그렸다. 천불도 가운데에 가로 0.78미터, 세로 0.75미터의 크기로 설법도를 그려 넣었다. 설법도는 부처와 두 명의 보살, 네 명의 제자로 구성되었는데, 부처는 결가부좌 자세로 수미좌須彌座 위에 앉아 있다. 남쪽 벽에도 천불도 중간에 가로 0.7미터, 세로 0.75미터의 설법도가 들어가 있다. 역시 부처와 두 명의 보살, 네 명의 제자로 구성되며, 부처는 결가부좌 자세로 사자좌獅子座 위에 앉아 있다. 두

---

3 천정(天井)은 우물 정(井) 자 형태로 만든 천장 건축 형식을 말한다. 이런 천정 양식에 화려한 무늬를 넣은 것을 조정(藻井)이라 하는데, 대개 마름[藻] 무늬를 많이 썼기 때문이다. 조정은 장식적인 천정의 총칭이기도 하다. 큰 정 자 위에 계속 작은 정 자를 쌓으면서 천장 중심으로 갈수록 깊어져 최종적으로는 일종의 궁륭(아치) 형태처럼 만들기도 한다.
4 광배(光背)는 신성한 존재로서의 위대함과 초월성을 상징한다. 광배는 머리의 두광(頭光), 몸에서 발산하는 신광(身光), 그리고 두광과 신광을 포함하여 몸 전체를 감싸는 거신광(擧身光) 또는 전신광(全身光)이 있다.

[5-4] 북량 시기의 세 석굴 평면도

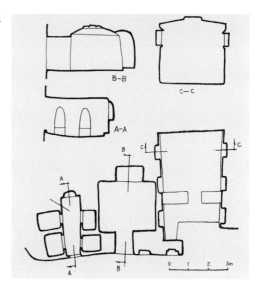

[5-5] 막고굴 제272굴 주실 내부

점의 설법도와 감실 내의 불상을 종합해 보면 과거, 현재, 미래의 삼세불을 표현했음을 알 수 있다. 이 석굴은 주로 승려가 예불을 드리던 용도였다.

제275굴은 제272굴 북쪽에 가까이 붙어 있다. 세로로 긴 장방형이며 남북의 폭은 3.34미터, 동서의 깊이는 5.5미터다. [5-6] 천장은 완만한 시옷자 형태다. 서쪽 벽에는 감실이 없고 다리를 교차하고 앉은 보살상이 세워져 있다. 보살상의 높이는 3.4미터로, 북량삼굴 중에서 가장 큰 소조상이다. 보살의 머리에는 삼주화불관三珠化佛冠을 썼고 목에는 영락瓔珞, 구슬 목걸이을 걸었다. 어깨에 큰 천을 덮고 아래에는 주름이 잡힌 치마를 입었다. 오른손은 훼손되었지만 왼손은 무릎 위에 얹혀 있다. 손 모양을 보면 여원인與願印[5]을 맺고 있는 듯하다. 보살은 쌍사자좌 위에 앉아 있다. 이 보살상을 두고 미륵보살彌勒菩薩이라는 사람도 있고 성불하기 전의 석가보살釋迦菩薩, 전륜왕轉輪王이라는 사람도 있다. 남쪽 벽에는 상부에 감실 세 개를 만들었다. 서쪽부터 동쪽으로 처음 두 개의 감실은 감실 바깥이 집 모양인 궐형감闕形龕이다. 감실 내에 하나씩 교각보살상이 안치되어 있다. 세 번째 감실은 감실 바깥이 두 그루의 나무로 만들어진 쌍수감雙樹龕인데, 사유보살思惟菩薩 상이 하나 앉아 있다. 세 개의 불감 아래에 석가모니의 생애를 다룬 불전 중 '출유사문' 장면이 그려져 있다. 북쪽 벽 상부에는 역시 불감 세 개가 만들어져 있고, 남쪽 벽과 동일하게 조성되었다. 불감 아래에는 비릉갈리왕毗楞竭梨王 본생, 건니파왕虔尼婆王 본생, 시비왕屍毗王 본생, 쾌목왕快目王 본생, 월광왕月光王 본생 등 다섯 개의 본생 이야기가 그려져 있다. 비릉갈리왕과 월광왕 본생 이야기를 간략히 소개하면 다음과 같다.

비릉갈리왕 이야기는 이러하다. 고대 인도에 비릉갈리라는 이름의 왕이 있었다. 비릉갈리왕은 불교를 신봉하였는데, 불법의 진리를 얻기 위해 온 나라에 포고령을 내렸다. 자신에게 진경묘법眞經妙法을 강설해 주는 사람이 있다면 그의 모

---

5 모든 중생의 소원을 만족시킨다는 뜻의 수인. 오른손의 다섯 손가락을 펴서 밖으로 향하여 드리운 모양이다.

[5-6] 막고굴 제275굴 주실 내부

든 소원을 들어주겠다는 내용이었다. 포고령을 보고 노도차勞度叉라는 바라문이 찾아와 왕궁 문 앞에서 "내가 강설할 수 있다"고 외쳤다. 비릉갈리왕은 기뻐하며 직접 노도차를 궁전 안으로 안내하고 상좌에 앉혔다. 노도차는 이렇게 말했다.

"나의 불법은 오랫동안 힘들게 배우고 익힌 것입니다. 그것을 들으려면 내 요구를 하나 들어주어야 합니다. 몸에 1천 개의 못을 박으십시오."

비릉갈리왕은 바로 알겠다고 대답했다. 그는 신하를 보내 온 세상에 7일 후 비릉갈리왕의 몸에 1천 개의 못을 박을 것임을 알리도록 했다. 이 소식을 들은 백성들은 왕궁 앞에 모여 눈물을 흘리면서 왕을 말렸다.

"나는 과거의 무수한 전생을 거치며 중생을 위해 여러 차례 목숨을 바쳤다. 하지만 이것들은 모두 불법을 구하기 위함이 아니었다. 이번에 몸에 1천 개의 못을 박는 일은 진리를 구하기 위함이니 내가 부처가 되고 나면 그대들을 모두 고해苦海에서 해탈하도록 할 것이다. 그러니 나를 막지 말라."

신화와 백성들이 아무 말도 하지 못했다. 노도차는 설법을 마친 후 비릉갈리왕의 몸에 1천 개의 못을 박았다. 백성들이 바닥에 엎드려 통곡했다. 울음소리가 하늘에 닿아 천신들도 비릉갈리왕의 헌신에 감동을 받았다. 천주신인 제석천이 비릉갈리왕 앞에 나타나 물었다.

"이렇게 고통을 감내하면서 못으로 신체를 해하는 것을 후회하지 않는가?"

"불법을 얻기 위해 못을 박겠다고 한 것이니 후회하지 않습니다. 나의 마음에 거짓이 없다면 못이 박힌 육신이 곧바로 아물 것입니다."

그 말이 떨어지자마자 비릉갈리왕의 상처가 씻은 듯이 나았다.

제275굴 그림은 못을 박는 그 순간을 묘사하고 있다. 비릉갈리왕이 바닥에 앉아 있고, 한 사람이 그의 몸에 박힌 못에 망치질을 하는 모습이다. [5-7]

월광왕 이야기는 이러하다. 월광국은 꽤 큰 나라였다. 월광국의 왕은 베푸는 것을 좋아하였는데, 한 번은 궁전에 앉아 있다가 돌연히 삶과 죽음, 윤회에

[5-7] 막고굴 제275굴 북쪽 벽 〈비릉갈리왕본생고사화〉

대해 생각하게 되었다. 이번 생에 선행을 쌓지 않으면 다음 생에 복을 받지 못하니, 지금 최대한 공덕을 펴야한다는 생각이 든 것이다. 그래서 월광왕은 왕궁에 비축된 모든 진귀한 보물을 꺼내어 성문 앞에 쌓고서 신하와 백성들에게 필요한 것은 무엇이든 가져가라고 했다. 월광국 백성은 물론 주변 다른 나라에서도 월광왕의 공덕을 칭송하고 그의 인품에 감탄했다. 월광국 옆에 작은 나라가 하나 있었는데, 비마사나毗摩斯那라는 왕이 다스렸다. 그는 월광왕의 명성을 시기했다. 월광왕을 없애지 않으면 세상에 자신을 기억해 주는 사람이 없을 것 같았다. 그래서 그는 자기 나라의 악인들을 불러다 석 달간 융숭하게 대접한 뒤 월광왕을 죽여달라고 부탁했다. 그러나 그들조차도 월광왕을 존경했기 때문에 그의 부탁을 받아들이는 사람이 없었다. 비마사나왕은 아예 포고령을 내려 월광왕을 죽이는 사람에게 나라의 반을 떼어주고 딸을 시집보내겠다고 알렸다. 그때 노도차라는 바라문이 와서 자신이 월광왕을 죽이겠다고 나섰다. 이때 월광국에서는 여러 가지 불길한 징조가 계속 나타나던 중이었다. 노도차는 월광왕의 궁전 앞에 와서 외쳤다.

"월광왕의 덕행을 듣고 멀리서 찾아왔습니다. 당신이 무엇이든 보시한다고 하던데, 나에게도 보시를 해 주십시오."

월광왕이 기뻐하며 대답했다.

"무엇을 원합니까? 당신이 무엇을 원하든 보시하겠습니다."

"신체를 보시하는 것은 큰 복으로 보답 받을 수 있습니다. 나는 당신의 머리를 얻고 싶어서 멀리서 왔습니다. 그러니 약속을 지키십시오."

월광왕은 7일 후에 머리를 내어주겠다고 대답했다.

월광국 대신들이 온갖 보물을 들고 가서 왕의 머리와 바꾸자고 설득했지만 노도차는 듣지 않았다. 7일 후, 월광왕은 노도차와 함께 궁전의 후원으로 향했다. 노도차는 왕을 나무 아래에 무릎 꿇리고, 머리를 나무 둥치에 비끄러맸다. 노도차가 몇 번이나 왕의 목을 자르려 했지만 잘리지 않았다. 나무의 신이 노도차를 막고 있었기 때문이었다. 그러자 월광왕이 말했다.

"나는 전생부터 999개의 머리를 보시했습니다. 이번에 머리를 또 보시하면 1천 개를 채워 공덕이 완전해집니다. 그러니 나의 보시를 막지 마십시오."

노도차가 다시 목을 베었다. 이번에는 왕의 머리가 툭 떨어졌다. 세상의 모든 신들이 비통해했다. 비마사나왕은 소식을 듣고 너무 기쁜 나머지 심장이 터져 죽었다. 노도차도 돌아가던 길에 비명횡사했다.

석굴의 벽화에는 월광왕이 의자에 앉아 있고, 그의 앞에 한 사람이 한쪽 무릎을 꿇고서 쟁반에 머리 세 개를 얹어서 왕에게 바치는 모습이 그려져 있다. [5-8]

북량삼굴의 실용적 기능은 명확하다. 당시 승려들이 참선과 관상觀像을 수행 방식으로 삼은 것과 관련이 깊다. 어떤 학자들은 북량삼굴이 크게 보아 하나라고 여긴다. 석굴에 그려진 월광왕 본생 이야기 등은 수도자에게 불법을 진심으로 믿고 몸을 버리고 도를 얻는 것이 최종적인 단계임을 가르친다.

북량삼굴은 선굴과 전당굴殿堂窟, 두 가지 형식으로 구성되어 있다. 참선을 하는 장소와 예불을 드리고 강설을 하는 장소가 하나로 합쳐져 있는 것이다. 건축 양식은 인도 불교 건축과 중국의 전통 건축 양식이 결합되었다. 채색 소조상은 대부분 단체상이 아니라 개인상이다. 불상의 옷은 장식적인 무늬가 많고 얇은 천에 신체가 비쳐 보이는 느낌이다. 벽화의 내용은 천불도, 설법도, 부처의 화생, 본생, 불전 고사, 다양한 무늬, 석굴 공양인의 초상 등이다. 석굴 내의 주제가 되는 내용은 당시 중국 북부 지역에서 유행하던 미륵신앙의 교리가 대부분이다. 그림 속 인물은 건장하고 훈염법暈染法⁶으로 입체감을 살렸다. 인물의 모습은 황토색 선으로 밑그림을 그린 뒤 채색을 하고, 채색이 끝나면 짙은 철선으로 형태를 정돈했다. 선묘가 섬세하고도 힘이 있다. 서역인과 한족의 얼굴형이 모두 드러난다. 예술적 양식은 인도와 서역이 중심이지만 중원 지역의 분위기도 섞여 있다.

---

6 움푹한 곳은 붓질을 거듭하고 도드라진 부분은 붓질을 덜하여 명암을 표현하는 그림 기법.

[5-8] 막고굴 제275굴 북쪽 벽 〈월광왕본생고사화〉

6

동양왕과 건평공

　　동양왕東陽王 원영元榮, ?~541?과 건평공建平公 우의于義, 533~583는 막고굴 창건사에서 매우 중요한 인물이다. 북조北朝 시대 선후로 과주자사瓜州刺史를 지낸 두 사람은 둔황 불교사에서 "낙준, 법량은 종파를 발전시켰다면 건평, 동양은 유적을 널리 알렸다"는 평가를 받으며 "자사인 건평공과 동양왕이 각각 큰 석굴을 창건했다"고들 말한다. 둔황 석굴의 전승과 발전에 큰 공헌을 한 것이다.

동양왕 원영과 서위 시대의 둔황

　　북위가 둔황에 군진軍鎭을 설치하고 주취안군, 장예군, 진창수晉昌戌 등을 총괄하여 통치하게 했다. 영지는 전에 없이 확장되었고 하서 지역 서단의 정치 중심은 주취안에서 둔황으로 이동했다. 북위 초기, 둔황은 서북 변경의 유목민족 유연과 서남 변경의 토욕혼吐谷渾 사이에 끼어 있었다. 유연은 둔황을 여러 차례 공격했고 한 번은 둔황을 완전히 포위했다. 유연의 공격은 돈황진장敦煌鎭將 위다후尉多侯, 악락생樂洛生 등에 의해 격퇴되었지만 변경 지역의 형세는 위기 상황이었다. 중앙의 조정은 둔황을 포기하고 후퇴하여 양주를 지키려는 생각도 있었다. 급사중給事中 한중韓中이 그 의견에 극구 반대하며 둔황은 서역 경영의 기지이자 북위의 서쪽 대문과 같다고 주장했다. 둔황을 포기하는 것은 북위의 통치에 더 위협이 된다는 의견이었다. 효문제는 진도대장鎭都大將을 보내 둔황을 지킬 수 있었다. 이때 인산陰山산 남북쪽에 거주하던 투르크계 유목민족 고차高車가 점점 강대해지면서 유연과 맞서기 시작했다. 유연은 북위와 고차 사이에서 협공을 받으면서 쇠락했다. 둔황 변경의 위기도 점차 완화되었다. 효명제孝明帝, 재위 515~528 효창孝昌 연간525~528에 둔황진에 과주瓜州를 따로 설립하면서 둔황의 영지가 축소되었다. 군사적 위치도 하락해 지역 세력 판도도 달라졌다. 둔황의 통제력을 높이기 위해 황족인 원영元榮이 과주자사로 부임했다. 그는 아들 원강元康, 딸 원법영元法英, 사위 등계언鄧季彦을 데리고 둔황에 왔다. 원영은 원태영元太榮이라고도 불리는데, 북위 두 번째 황제인 명원제明元帝의 4대손이다. 효창 원년525년에 사지절使持節, 산기상시散騎常侍, 도독령서제군사都督領西諸軍事, 차기대장군車騎大將軍, 개부의동삼사開府儀同三司의 신분으로 둔황에 부임했다. 영안永安 2년529년에는 효장제孝莊帝, 재위 528~530가 동양왕에 봉했다.

동양왕이 둔황을 통치할 때는 북위 왕조가 분열하던 혼란기였다. 북방 변경은 6진의 난이 일어났고 관롱關隴 지역의 저, 강, 호胡 등 여러 부족에서 병사를 일으켜 6진의 난에 호응했다. 6진의 난, 관롱의 난 등 무장봉기는 8년간 지속되면서 북부 지역의 넓은 땅을 지배했으며 북위 왕조의 통치 기반을 뒤흔들었다. 반란 중에 계호부契胡部 추장 이주영爾朱榮, 493~530을 우두머리로 한 북쪽 호족의 세력이 커졌다. 통치계급 내부에서 권력투쟁과 이권 다툼이 점점 심해지면서 효명제의 모후인 호태후胡太后가 독단적으로 효명제를 독살해 조정대신의 불만을 샀다. 이주영은 이를 빌미로 원자유元子攸를 황제효장제로 추대한 뒤 낙양을 함락했다. 그는 호태후를 황하에 던지고, 조정대신 2천여 명을 학살했는데, 이를 역사에서는 '하음河陰의 변'이라고 부른다. 이후 효장제가 이주영을 살해하고 이주영의 조카 이주조爾朱兆가 효장제를 살해하는 등 국면이 더욱 혼란하였다. 이주조가 권력을 잡은 후 지방의 무장세력은 분분히 할거했다. 각지의 반란을 진압하러 다닌 고흠高歡, 496~547, 우문태宇文泰, 507~556 양대 군사집단은 이 틈을 타 세력을 키웠다. 534년, 고흠과 우문태 사이의 갈등이 심화되면서 각각 괴뢰황제를 추대하여 북위가 동위東魏, 534~550와 서위西魏, 535~556로 분열되었다. 둔황은 서위 정권의 통치를 받았다. 동양왕 원영은 계속해서 과주자사로 유임하였다.

관롱 반란 중에 하서의 양주에서도 반란이 있었다. 원영은 황실 종친의 신분으로 독자적으로 둔황을 지키며 영호정令狐整, 513~573을 주부主簿로 삼고 탕구장군蕩寇將軍을 더해 주었다. 영호씨는 둔황의 세력 큰 호족으로, 대대로 '서쪽 땅의 왕'이라고 불리던 집안이었다. 영호정의 증조부와 조부는 군수를 지냈고, 아버지 영호규令狐虯는 과주사마瓜州司馬, 돈황군수敦煌郡守, 영주자사郢州刺史를 역임했다. 영호정은 침착하고 지모가 있어 원영의 마음에 들었다. 효무제가 서쪽으로 천도하면서 농우와 하서 지역이 소란해졌다. 동양왕은 영호정의 협조를 받아 변경을 지키고 백성의 안전을 모도했다. 이렇게 현지 호족의 지원을 받았기에 둔황은 중원의 전란 중에도 안정을 유지하고 경제적으로도 계속해서 발전할 수 있었다.

북위는 불교를 국교로 삼았던 왕조다. 통치자는 대부분 불교 신자였다. 원영역시 불심이 깊어서 불교를 크게 진작시켰다. 그는 석굴을 만들고 불상을 세웠을 뿐 아니라 불경을 대량으로 필사하여 부처와 천왕天王에게 나라와 백성을 보우해달라고 기원하였다. [6-1]

둔황에서 발견된 서적 유물 중 원영이 필사하고 제기題記를 쓴 경전이 12점, 원영과 관련이 있는 경전이 3점으로 전부 15점이다. 원영이 필사한 불경은 종류

[6-1] 동양왕 원영의 사경(寫經)

가 다양하고 수량도 많았다. 필사하고 제기를 쓴 것으로 《인왕반야바라밀경仁王般若波羅蜜經》 300부, 《무량수경無量壽經》, 《대반열반경》, 《현우경賢愚經》, 《대운경大雲經》, 《법화경》, 《관불삼매경觀佛三昧經》, 《조지祖持》, 《금광명경》, 《유마힐경維摩詰經》, 《약사경藥師經》 각 1부씩 합이 100권이다. 원영은 불사에도 열심히 참여했는데, 자기 자신을 비롯해 막료와 친지들과 더불어 불경을 대거 필사하는 한편, 전문적으로 경전을 필사하는 사경생寫經生을 고용했다. 원영은 불경 필사로 보시하는 것 외에도 물질적인 보시도 아끼지 않아 대규모 법회를 열었다. 또는 자기 자신을 사원에 바친 뒤, 돈을 내고 되찾아오는 방식을 써서 사원에 기부를 했다. 동양왕 원영의 은혜가 미치지 않는 곳이 없었고, 그렇게 기부한 재물은 다시 경전을 제작하는 데 쓰였다.

원영이 직접 필사하여 공양한 불경은 모두 범천왕梵天王, 제석천왕帝釋天王, 비사문천왕毗沙門天王 등에게 공덕으로 올렸다. 천왕은 불교의 수호신이다. 원영은 천황의 수호가 전란을 멈추고 천자天子의 시대를 중흥시켜 원씨의 북위 왕조가 영원히 이어지기를 기원했다.

동양왕을 따라 둔황에 온 관리 윤파尹波가 동양왕을 위해 필사한 불경에 담은 소원은 더욱 명확하다. 그는 "나라가 하루 빨리 정돈되어 병사와 수레가 갑주를 벗고 쉬며, 군마가 정원으로 돌아오고 무기를 농사짓는 데 사용"하기를 바랐다. 또한 동양왕이 복을 누리며 평안하고 지금의 영토를 잘 지키다가 곧 수도로 돌아가기를 기원했다. 이주조, 고흠이 권력을 장악하고, 호침胡琛, 만사축노萬俟醜奴가 일으킨 관롱의 난이 가장 혼란할 때가 원영이 가장 성실히 불경을 필사한 때였다. 대부분 제기가 붙어 있는 필사본 불경은 영안永安 3년530년부터 영희永熙 2년533년에 필사한 것이다. 이때는 원영의 말년으로 나이가 들어 병이 잦았다. 바깥의 정세는 혼란한데 병으로 인한 고통이 더해진 원영은 더욱 더 부처에게 의지했다. 그는 불교의 낙원정토에서 마음의 평화를 얻고자 했다. 원영은 서위 대통大統 8년542년에 임지인 둔황에서 세상을 떠났다. 둔황의 호족 가문들이 모두 그의 아들 원강을 다음 과주자사로 추대했는데, 원영의 사위인 돈황태수 등계언이 원강을 죽이고 스스로 과주자사가 되었다. [6-2] 이 일은 둔황 호족과 백성의 강력한 불만을 샀다. 서위 왕조에서 신휘申徽를 보내 둔황의 반란을 평정했다. 신휘는 영호정, 장목張穆 등 현지 유력 인사의 내부 호응을 얻어 등계언을 생포해 조정으로 돌아갔다. 우문태는 영호정을 도독都督으로 삼아 둔황의 군대를 통솔하게 했다.

대통 12년, 서위는 성경成慶을 과주자사로 임명했다. 그러나 1년도 되지 않아 둔황 사람인 장보張保가 성경을 살해하고 자신이 과주자사가 되었다. 진창晉昌 사람인 여흥呂興은 군수 곽사郭肆를 살해하고 장보에게 동조했다. 그들은 양주자사

[6-2] 원법영이 필사한 경전의 제기

인 우문중화宇文仲和와 연합해 서위 조정에 반기를 들었다. 하서 지역에 전란이 시작되었다. 영호정은 옥문군玉門郡에 들어가 군사를 모집하고 장보를 토벌하려 했다. 우선 여흥을 공격해 죽인 뒤 의병을 이끌고 둔황을 공격했다. 장보는 둔황을 버리고 달아나 토욕혼에 투항했다. 장보의 반란을 평정한 뒤, 조정에서 임명한 새로운 과주자사가 오기 전, 영호정은 사람들이 자신을 과주자사로 추대하려는 것을 거절하고 페르시아에 사절로 다녀온 적이 있는 사신단 우두머리인 장도의張道義를 추천해 조정이 보낸 신휘를 새로운 과주자사로 보낼 때까지 과주의 정무를 부탁했다. 원영이 사망하고 신휘가 신임 과주자사로 올 때까지 5년간 영호정을 중심으로 한 둔황 호족은 지역의 정세를 완전히 안정시켰으며 서위의 통일을 수호하고 왕조가 둔황에서 갖는 통치력을 보장하기 위해 적극적으로 노력했다.

원영의 가족은 북위의 종실이며 북위, 서위 시대에 조정의 신임을 받았다. 원영의 아버지인 원범元範은 사지절, 도독진옹경량익오주제군사都督秦雍涇涼益五州諸軍事, 개부의동삼사開府儀同三司, 위대장군옹주자사衛大將軍雍州刺史의 신분으로 장안에서 활약했고, 백부인 원비元조는 양주에 버티고 있었다. 조카 원량은 장안진도대장옹주자사長安鎭都大將雍州刺史였고, 조카손자[侄孫] 원정元靜은 장액태수, 조카증손자 원균지元均之는 평서장군과주자사平西將軍瓜州刺史로 추증되었다. 원영의 일족 5대가 서부 지역에서 중요한 직책을 역임하며 하서 지역의 안정과 발전에 큰 공헌을 했다.

동양왕굴

막고굴에 현존하는 서위 시대 석굴은 11개다. 이 시기 석굴은 양식과 제도가 모두 갖춰져 있다. 석굴 안에 탑으로 조성된 기둥이 세워져 있는 중심탑주굴中心塔柱窟은 제288굴, 제246굴, 제432굴이다. 굴의 형태는 중심탑주에 시옷자 지붕이 걸쳐져 있고, 기둥의 사면에 위아래로 감실을 파고 석가모니의 선정, 고행, 항마, 설법 등의 장면을 표현한 불상을 모셨다. 남쪽과 북쪽의 벽 상층에도 궐형감을 만들고 교각보살상을 안치해 도솔천兜率天을 상징했다. 북위 때 창건된 제259굴은 중심탑주굴과 전당굴 사이의 과도기적 석굴 형태를 보인다. 중심 기둥이 직접 서쪽 벽과 이어져 있고, 기둥 정면에 감실을 파고 석가모니와 다보불多寶佛이 나란히 앉아 설법하는 이불병좌설법상二佛並坐說法像을 모셨다. 남쪽과 북쪽 벽에는 각각 네 개씩 감실을 파고 선정불禪定佛을 모셨다. 이렇듯 서위 시대 및 그 후기의 석굴은 정면 벽에 감실을 파고 다신불상을 공양하는 전당식 석굴로 가는 과도기적 형태라고 하겠다.

선굴은 제285굴이 대표적이다. 전당굴 혹은 복두정굴覆門頂窟이라고 부른다. 복두정굴은 사다리꼴의 지붕 또는 천장을 가진 굴을 말한다. 평면은 대부분 정방형이다. 정면의 감실에는 불상을 모시고, 석굴 내부 공간이 넓다. 여러 신도들이 모여 불경 강설을 듣거나 불상을 바라보며 수행할 수 있다. 연대가 가장 빠른 석굴은 북량 때 만들어진 제272굴이다. 서위 전당굴은 제249굴, 제247굴이 있다. 그리고 감형굴龕形窟이 있는데, 면적이 좁고 감상龕像이 없다. 참선수행과 관상을 위한 석굴이다.

선정관상禪定觀像은 이 시기 불교의 주요 사상이었다. 서위 초기에 착굴한 제249굴은 복두형 전당굴이다. 굴 천장의 서쪽 경사면에 제석천왕이 거주하는 수미산과 산 정상의 희견성喜見城이 그려져 있다. 수미산의 양 옆에는 뇌공雷公, 풍신風神, 우사雨師, 주작朱雀, 우인羽人 등 한족 문화의 전통적인 소재를 그렸다. 남쪽과 북쪽 벽에는 중국 전통 신화 전설 속에 나오는 동왕공東王公과 서왕모西王母를 그려서 불교의 제석천과 그 부인인 제석천비帝釋天妃를 표현했다. [6-3] [6-4]

예술 양식으로 볼 때 서역의 요철화법凹凸畫法과 옛날 유생儒生들의 옷차림인 헐렁한 옷과 넓은 띠, 맑고 깨끗한 얼굴형이나 신선처럼 가볍게 나풀거리는 모습 등 중원 예술의 기법도 함께 나타난다. 중국 전통 신화 속 인물이 묘실 벽화에서 석굴 벽화로 진출한 것이다. 이는 불교예술에 새로운 내용을 더해 주었다. 복식에서는 큰 관과 높은 신발, 헐렁한 옷과 넓은 띠를 입은 한족 복식이 보살상에서 나타나기 시작했다. 이처럼 중원 문화의 영향이 확연히 드러나는 점을 볼 때 동양왕이 중원에서 이런 문화적 영향을 가져왔다는 연상이 가능하다. 그러나 이 석굴은 명백히 제석천왕에게 공양하는 것으로, 동양왕이 대량의 불경을 필사하여 제석천왕에게 바쳤던 것과 관련 있다고 생각된다. 어떤 학자들은 이 석굴이 바로 동양왕굴東陽王窟이 아닌가 추측한다.

제285굴은 대통 4년538년에서 5년539년 사이의 내용이 담긴 방제榜題. 벽에 붙이는 글가 있어서 막고굴 초기 석굴 중에서는 유일하게 연도를 알 수 있는 석굴이다. 원영의 통치 말기에 착굴했기에 이 석굴을 동양왕굴이라고 보는 학자도 있다. [6-5] 제285굴은 선굴이다. 주실 서쪽 벽에 세 개의 감실을 팠고, 남쪽과 북쪽 벽에 각

[6-3] 막고굴 제249굴 내부

[6-4] 막고굴 제249굴 천장 남쪽 경사면의 서왕모

[6-5] 막고굴 제285굴 내부

각 네 개씩 참선실을 만들었다. 승려가 참선 수행을 하는 용도다. 석굴 천장은 복두형覆[*]形이고 황제 등이 사용하던 화려한 무늬를 수놓은 양산인 화개華蓋처럼 장식 무늬 천정을 꾸몄다. 네 개의 천장 경사면에는 중국 전통 도상과 불교 문양이 결합되어 의인화된 초기 천상도를 만들었다. [6-6] 서쪽 벽에는 힌두교의 신이 그려져 있다. 남쪽과 동북쪽 벽에는 모두 불교 제재의 도상들이다. 남벽 상단에는 막고굴에서 처음으로 500명의 강도가 부처가 된 이야기를 그렸다. 남벽 중단에는 '화발제化跋提 장자長者와 누이의 인연 이야기'와 '사나운 물소 인연 이야기'가 있는데, 막고굴에서는 하나뿐인 내용이다. 네 개의 참선실 사이에는 어린 사미승이 계율을 지키기 위해 자살한 이야기가 그려져 있다. 제285굴은 중국과 서역 예술의 기법이 융합해 불교, 힌두교, 중국 전통 신화의 제재가 완벽하게 결합된 석굴이다. 중국과 서역의 서로 다른 심미적 사상이 서로 판이하게 다른 두 가지 예술양식이 적절히 융합되어 독특한 미적 성취를 만들었다.

동양왕은 둔황을 17년간 다스렸다. 〈이군막고굴불감비〉에 적힌 대로 동양왕은 큰 굴을 하나 만들었다. 이 기간 동안 착굴한 석굴은 많든 적든 동양왕이 참여했거나 그의 지원을 받았을 것이다. 서위 시대의 석굴에 중원 왕조의 분위기가 남아 있는 것도 동양왕이 둔황에 미친 영향력을 떠올리게 한다.

건평공 우의와 북주 시대의 둔황

북주는 우문태의 셋째 아들인 우문각宇文覺이 557년에 서위의 황제로부터 선양을 받고 제위에 올라 세운 나라다. 북주는 건국 후 빠르게 주변을 통일하고 내정을 다지고 경제와 군사 등 방면으로 다양한 개혁 정책을 실시했다. 호적제도를 실시하고 조세를 체계적으로 거둬 조정의 수입을 확보했으며 균

[6-6] 막고굴 제285굴 천장 동쪽 경사면

전제^{均田制1}를 시행해 국가 경제를 개선했다. 부병제도^{府兵制度2}를 통해 국력을 길렀다. 북주의 무제$^{武帝, 재위\ 560\sim578}$는 불교를 억압했고, 이로 인해 어느 정도 사원이 토지를 대규모로 불법 점유하는 일을 억제하였다. 많은 승려가 환속해 조정에서 실시하는 부병제의 부족한 정남 인원을 충원했다. 북주는 적극적으로 서역을 경영하려 했으므로 실크로드는 다시금 번영기를 맞았다. 여러 개혁 정책을 거치면서 북주의 국력이 강해졌고, 577년에는 북제$^{北齊, 550\sim577}$를 멸망시켜 북방 지역을 통일했다.

북주 시대에 둔황의 호족 영호씨, 경조$^{京兆, 오늘날\ 시안}$의 명문 귀족 위씨^{韋氏}, 농서의 이현^{李賢}, 건평공 우의 등으로 이어지면서 둔황을 다스렸다. 둔황 사회는 안정적이었고 경제는 발달했으며 불교가 번성했다.

우의는 자를 자공^{慈恭}이라 하고 선조는 지금의 산시^{山西}성 일대인 대^{代} 땅에 살았다. 아버지 우근^{于謹}은 북위 효문제를 따라 중원에 들어왔다. 관직이 태사^{太師}까지 올랐다. 나중에 온 집안이 경조 지역으로 이주했으며 뤄양^{洛陽}을 본적지로 삼았다.

우의는 선비족 출신으로, 본래 8대 공신 가문 중 하나인 물뉴우^{勿忸于}씨다. 효문제는 선비족이 세운 북위를 한족화하는 개혁을 단행했고, 그때 선비족 성씨인 물뉴우씨를 한족의 성인 우씨로 바꾸게 했다.^{3}

우의는 어려서부터 침착하고 지조가 있었으며, 뜻이 굳고 배움을 좋아했다. 서위 대통 말년에 가문의 혜택으로 조정에 출사해 직각장군^{直閣將軍}으로 부임했다. 북주 효민제$^{孝閔帝, 우문각}$ 때 안무태수^{安武太守}로 승진했다. 재임 기간 중 덕정으로 백성을 다스렸고 혹형을 쓰지 않았다. 한번은 백성들 사이에서 재산 분쟁이 났다. 장선안^{張善安}과 왕숙아^{王叔兒}는 재산을 두고 다투며 관아에까지 왔다. 우의

---

1 토지의 사유를 제한하여 겸병(兼倂)을 막고, 국가 소유의 토지를 분급하는 제도.
2 병농일치(兵農一致)의 군사제도.
3 효문제는 자신의 성인 탁발씨도 원씨로 바꾸었다.

는 자신이 백성들을 올바로 교화하지 못했으니 태수직을 제대로 수행하지 못한 것이라 자책했다. 그는 자신의 사재를 털어 분쟁이 일어난 재물의 두 배를 두 사람에게 물어주었으며 서로 화목하게 지낼 것을 당부했다. 장선안과 왕숙아는 부끄러워하면서 다른 지방으로 떠났다. 이 일로 인해 안무군의 풍기가 바로 섰으며, 조정은 덕행으로 백성들을 승복케 한 우의를 건평공에 봉한다. 우씨 집안이 건평공의 작위를 받은 것은 우의의 조부인 우제于提부터다. 우의의 아버지 우근의 공적이 뛰어났기 때문에 조부부터 추증하여 건평공으로 봉하고, 이후로도 건평공 작위를 세습해 당나라 초기까지 우의의 손자 우영녕于永寧, 증손자 우원조于元祚가 작위를 이어받았다.

북주의 명제明帝, 재위 557~560, 무제武帝, 재위 560~578 시기에 우의는 줄곧 지방 관직을 맡아 소주자사邵州刺史, 과주자사, 서연주자사西兗州刺史를 역임했다. 선제宣帝, 재위 578~579 때, 통치계급 내부는 황음무도하고 정치가 부패했으며 형벌이 느슨해졌고 사회계급, 민족 간의 갈등이 심화했다. 우의가 상소를 올려 폐단을 신랄하게 지적했는데, 이 일이 권력을 쥐고 있던 대신 정역鄭譯, 유방劉昉의 분노를 샀다. 그들은 우의가 자신들에게 대적하려는 의도가 있다고 여기고 선제에게 우의를 참소했다. 선제는 그들의 말만 듣고 크게 노해 우의에게 조정을 비방했다는 죄를 물었다. 어정대부御正大夫 안지의顔之儀가 나서서 선제를 설득해서 겨우 죄를 면할 수 있었다. 580년, 선제가 병사하고 여덟 살의 정제靜帝, 재위 579~581가 즉위했다. 외척인 양견楊堅, 541~604이 대승상大丞相의 신분으로 조정과 군부를 장악했다. 이때 익주총관益州總管 왕겸王謙이 반란을 일으켰는데, 양견이 고영高潁에게 군대를 이끌 만한 인재를 천거해달라고 했다. 고영이 우의를 추천했지만 유방이 반대했다. 결국 양견은 양예梁睿를 원수元帥로, 우의를 행정총관行軍總管으로 삼아 왕겸을 토벌하도록 했다. 우의는 왕겸을 무찌르고 반란을 평정했다. 우의는 여러 차례 군공을 세워 동주총관潼州總管에 봉해졌고 조정에서 재물과 노비를 하사했다. 1년 후, 우의는 병에 걸려 관직을 사임하고 수도로 돌아왔다. 개황^{開皇} 3년_{583년}, 쉰 살에 병으로 세상을 떠났다.

우씨 집안은 스스로 북위 조정에 출사했고 서위, 북주를 거쳐 수나라, 당나라 초기까지 대대로 관리를 지냈다. 수나라 말부터 당나라 초까지 한 가문에서 10명의 대장군을 배출했다고 하여 명망이 드높았다. 《수서^{隋書}》〈우의전^{于義傳}〉에 기록된 것을 보면 우의의 집안에 대해 이렇게 기록하고 있다.

"형 익^翼은 태위^{太尉}, 동생 지^智와 형의 아들 중문^{仲文}은 상주국^{上柱國}에 올랐다. 대장군 이상의 지위에 오른 사람이 10여 명이니, 귀척^{貴戚}이라고 일컬어졌다."

우의의 동생 우지^{于智}는 선제 때 양주총관^{涼州總管}, 대사공^{大司空}을 수여받았다. 우의의 아들 우선도^{于宣道}는 당나라 초에 사지절도독량숙감과사오주제군사^{使持節都督涼肅甘瓜沙五州諸軍事}, 양주자사로 추승되었고, 손자인 우지녕^{于志寧}은 돈황군공^{敦煌郡公}에 봉해졌다. 우씨 일족은 중앙 왕조의 신임을 얻었고 오랫동안 지방관을 지냈기 때문에 지방 호족과도 깊은 관계를 맺었다. 조정과 하서 지역 양쪽에서 큰 영향력을 가졌기 때문에 조정을 대신해 하서 지역을 다스리기에 최적의 조건이었다.

건평공굴

우의가 과주자사를 지낸 때는 보정^{保定} 5년_{565년}에서 건덕^{建德} 5년_{576년}까지다. 그때는 여전히 둔황에서 석굴을 파고 불상을 만드는 전통이 활발할 때로, 우의가 막고굴에 큰 석굴을 하나 만들었다는 기록이 전해진다. 우의가 둔황에서 불교를 지원하고 석굴을 만들고 있던 때, 북주의 무제는 건덕 3년_{574년}부터 불교를 억압하고 금지하는 정책을 펼치기 시작했다. 무제가 불교를 금지하려는 의지는 상당히 강했고, 전국에 포고령을 내렸기 때문에 둔황의 불교 역시 어느 정도는 영향을 받았다. 과주성 동쪽에 있던 아육왕사阿育王寺와 사주성의 대승사大乘寺는 이 시기에 훼손되었다. 그러나 이런 정책은 무제의 재위 기간 마지막 4년간 벌어진 일인데다 과주는 수도에서 멀리 떨어져 있어서 둔황 불교에 미치는 영향이 크지는 않았다. 둔황에서 석굴을 만드는 전통은 완전히 끊어지지 않았다. 또한 건평공이 만들었다는 석굴은 아마도 그때에 이미 완공된 상황일 것이다.

막고굴에 현존하는 북주 시대 석굴은 열여섯 개다. 이들 석굴의 규모와 예술적 수준 등을 종합적으로 살펴보면, 많은 학자들이 건평공이 만들었다는 석굴이 제428굴이라고 생각한다. [6-7] 제428굴의 공양인 초상화는 거의 2천 명이다. 그 중에 "진창군(과주) 사문 비구 경선慶仙 공양"이라는 기록이 있다. 경선이라는 비구는 둔황의 서적 유물 S. 2935호에도 등장한다. 경선은 천화天和 4년569년에 영휘사永暉寺에서 《대비구니갈마경大比丘尼羯磨經》을 필사하고 그 제기에 등장한다. 경선이라는 비구가 둔황에서 활동한 시기는 건평공이 과주자사로 있던 때와 일치한다.

북주 시대의 둔황 막고굴 예술은 다음과 같은 특징을 지닌다. 불교는 이전 시대에 강조하던 정좌 수행에서 벗어나 불교의 진리를 배우고 연구하며 설법을 듣는 데 치중하기 시작했다. 이 시기에는 참선 수행을 위해 만든 선굴은 더 이상 나타나지 않는다. 석굴 안에 불상을 모신 기둥을 넣고 부처의 모습을 바라보기 위한 중심탑주굴도 숫자가 줄었다. 대신 설법회를 열기에 적합한 전당굴이 대거 나타난다. 불상은 부처와 보살 둘, 제자 둘로 이뤄진 조합이 주류가 되었다. 벽화에도 이런 조합으로 설법도가 많이 나타난다. 불경 속 인연 이야기를 소재로 한 그림인 고사화故事畵도 크게 늘었다. 유교적인 충효사상이 불교의 본생 이야기 속에 나타나기도 한다. 대표적인 작품이 제296굴의 〈미묘비구니인연微妙

[6-7] 막고굴 제428굴 내부

比丘尼緣〉,〈선사태자입해인연善事太子入海因緣〉,〈수사제본생須闍提本生〉, 제299굴의〈섬자본생睒子本生〉, 제428굴의〈수달나태자본생須達拏太子本生〉,〈독각선인본생獨角仙人本生〉,〈범지적화추명인연梵志摘花墜命因緣〉 등이다. 표현 양식도 다양해졌다. 그림의 구도상 요凹 자 형, 파도 형, 지之 자 형, S자 형 등의 서사구조가 나타난다. 고사화는 사면의 벽 외에도 시옷자 모양의 천장 경사면 등에도 보인다. 공양인의 초상화도 전보다 훨씬 많아졌는데, 이는 북주 시대에 여러 사람이 단체로 불사에 참여하는 것이 성행했음을 알 수 있다.

제428굴은 막고굴에서 가장 큰 중심탑주굴이다. 또한 현존하는 막고굴 석굴 중 천불도의 부처가 가장 많은 석굴이기도 하다. 북쪽, 남쪽, 서쪽의 세 벽은 상단에 다섯줄로 1,485명의 부처가 있다. 또한 이 석굴은 막고굴에서 공양인 초상이 가장 많은 굴이기도 하다. 삼면의 벽 하단에 1,198명의 공양인이 그려져 있다. [6-8] 서쪽 벽면에는〈석가다보이불병좌도〉,〈열반도〉,〈오분법신탑五分法身塔〉이 그려져 있고, 남쪽 벽면에는〈노사나법계도盧舍那法界圖〉가 있다. 불교의 인연고사, 본생고사 등을 그린 그림은 동쪽의 석굴 문 양쪽에 있고, 남쪽 벽의 측면에는 살타태자본생薩埵太子本生 이야기가 그려져 있다. 비어 있는 곳에는 독각선인본생, 범지적화추사인연梵志摘花墜死因緣 이야기가 그려져 있는데, 이들 그림은 막고굴 벽화

[6-8] 막고굴 제428굴 중심탑주 북면의 공양인 초상

중에서 이 소재를 다룬 유일한 그림이다. 북쪽 벽의 측면에는 수달나태자본생 이야기가 그려져 있는데 막고굴은 물론 중국에서 면적이 가장 큰 본생고사화다.

제428굴은 면적이 넓고 벽화나 불상의 제재가 다양하다. 구도는 엄숙하며 (남의 선행에 기꺼이 참여하는) 공양인이 아주 많은 것을 볼 때 석굴의 주인이 가진 사회적 지위를 느낄 수 있다. 공양인 초상 중에는 승려, 여승이 절반이 넘는다. 이는 북주 시대 둔황 불교의 번창함을 느낄 수 있는 한편, 당시 출가인의 진짜 모습을 살펴볼 수 있다. 인물의 모습은 중원 예술 양식처럼 신체가 가늘고

깨끗한 인상의 얼굴과 서역의 풍만한 모습이 융합되어 흔히 '얼굴형이 짧지만 아름답다[面短而艶][4]'는 인물화적 특징을 보인다. 인도의 요철법과 중국화의 훈염법을 결합해 새로운 훈염법이 나타난다. 제428굴의 불교 이야기 속 인물불국 인물, 즉 인도인은 대부분 서역의 화풍을 따랐다. 얼굴 부분에서 채색이 산화된 후 코, 눈, 턱 등이 하얗게 변하는 경우가 많은데 이는 더욱 강렬한 입체감을 준다. [6-9] 고사화는 중원의 예술 양식을 따라서 불국 인물들을 서역의 기법으로 표현한 것과 비교된다. 동양과 서양의 예술 양식이 점차 융합하고 있는 모습을 알 수 있다.

[6-9] 막고굴 제428굴 노사나불

---

4 이전에는 미인도에서 얼굴이 길쭉한 타원형 얼굴이 많았다.

7

수 양제의 서순(西巡)

중국 전설 중에 주나라 목왕(穆王)이 천하를 주유하는 이야기가 있다. 주나라 목왕은 여덟 마리 준마가 끄는 신비한 마차를 타고 구름과 안개를 몰고 다니면서 세상을 여행했다. 그는 곤륜산에서 꿈에 그리던 서왕모를 만난다. 사서에는 진시황(秦始皇)이 즉위 후 27년(서기전 220년), 중국을 통일한 다음 해에 농서 지역을 순시했다고 기록되어 있다. 중국 역사에서 최초로 중국 서부를 순시한 황제는 수나라의 양제(煬帝, 재위 604~618)다. 그의 족적은 하서주랑의 장예까지 이르렀다.

서순의 이유

수나라가 건국될 때의 중국 서쪽 변경지역은 몹시 혼란한 상태였다. 돌궐, 토욕혼 등 이민족이 계속 국경 근처를 침략했다. 돌궐이 동쪽과 서쪽으로 분열한 뒤에는 동돌궐이 몽골 초원을 다스리면서 수나라와 비교적 온건한 관계를 유지했다. 서돌궐은 지금의 신장 자치구를 횡으로 가로지르는 톈산天山산을 근처와 중앙아시아를 손아귀에 넣었다. 서돌궐은 서역의 넓은 땅의 패주로 자리 잡았다. 토욕혼은 지금의 칭하이青海성 대부분과 난장南疆, 신장 자치구에서 톈산 이남 지역을 장악했다. 서돌궐과 토욕혼은 북쪽과 남쪽에 버티고서 두 세력권 사이에 낀 동양과 서양의 교류 통로인 실크로드를 통제했다. 한나라 때 이후로 하서주랑 일대는 중국과 외부 지역이 무역을 하는 요충지였다. 중국의 비단, 도자기, 찻잎 등이 하서주랑, 신장 등을 통해 멀리 대하, 안식, 대진大秦, 로마 및 지중해 연안까지 전해졌다. 외국의 상인도 이곳을 통해 물자를 중원으로 운반했다. 서부 변경의 혼란을 해결하는 것은 서역과의 관계를 더 강화하는 일이자 실크로드 통행을 더욱 편안하고 순조롭게 만들며 상품 무역을 발달하게 하는 일이었다. 수나라는 서역 경영을 중요하게 생각했다.

수 양제는 사례종사司隷從事 두행만杜行滿과 운기위雲騎尉 이욱李昱을 사절로 삼아 서역에 보냈다. 두행만은 중앙아시아의 소무구성국昭武九姓國, 트란스옥시아나Transoxiana라고 불리는 시르다리야 강과 아무다리야 강 사이 지역에 도착할 때까지 서역 모든 나라에서 환대받았다. 그는 그곳에서 불경, 마노배瑪瑙杯, 마노석 잔, 화서모火鼠毛, 사자 가죽, 오색염 등의 물건과 미녀들을 받아 수나라로 돌아왔다. 이욱은 페르시아까지 방문했다. 나라 간의 우호적인 사절 방문에 맞게 페르시아의 왕도 사신을 보내 수나라에 조공하고 답방을 했다. 당시 서역의 여러 나라 상인들은 하서주랑의 감주甘州, 오늘날 장예에서 상품 교역을 했다. 수 양제는 전문적으로 황문시랑黃門侍郎 배구裴矩, 557~627를 감주에 보내 무역을 관리감독하게 했다. 배구는 감주, 양주, 사주오늘날 둔황에 가서 외국 상인을 만나 그들을 장안, 뤄양에 데려가서 무역 활동을 하는 데 힘썼다. 배구는 서역의 각 민족 상인을 중원으로 데려가는 한편, 그들에게 각지 상인의 상황에 대해 질문했다. 서역의 마흔네 개 나라의 산천, 도로, 풍속, 성씨, 복식, 물산, 사회제도 등도 상세히 탐문했다. 이를 바탕으로 나중에 그림과 글이 함께 수록된 책 《서역도기西域圖記》 세 권을 쓰기도 했다.

《서역도기》의 서문에서 서역으로 가는 세 가지 길을 상세히 설명하고 있다.

"둔황에서 서해西海까지 가는 길은 세 군데가 있는데 각기 요충지가 다르다. 우선 북도北道, 신북도新北道라고도 함는 이오伊吾에서 출발해 포류해蒲類海와 철륵부鐵勒部, 오늘날 바리쿤호巴裏坤湖 일대, 돌궐가한突厥可汗, 쇄엽碎葉이라고도 하며 오늘날 톡모크을 지나 북류하北流河, 오늘날 시르다리야 강를 건너 서해지중해에 이른다. 중도中道는 고창高昌, 옌치焉耆, 구자龜茲, 소륵疏勒, 총령葱岭, 파미르 고원을 지나 발한跋汗, 오늘날 우즈베키스탄 페르가나 분지에 이르고 이어서 강국康國, 오늘날 우즈베키스탄 사마르칸트, 안국安國, 오늘날 우즈베키스탄 부하라, 파사波斯, 페르시아를 거쳐 서해에 도착한다. 남도南道는 선선鄯善, 우전于闐, 갈반타羯盤陀, 오늘날 아프가니스탄 타슈쿠르간를 거쳐 총령을 넘고, 토화라吐火羅, 토하리스탄 또는 박트리아 지역, 힌두쿠시 산맥과 아무다리야 강 사이, 염달厭怛, 오늘날 아프가니스탄 북부, 범연帆延, 오늘날 아프가니스탄 바미안을 지나 북바라문北婆羅門, 오늘날 파키스탄에서 서해인도양에 닿는다. (……) 이오, 고창, 선선은 서역에 가는 문호이고, 이 길이 모두 둔황으로 통하니 교통의 요충지다."

이것은 중국의 역사서에서 가장 오래되고 가장 체계적인 실크로드 여정에 대한 기록이다. 이 기록에서 당시 둔황이 중국과 서역 사이의 무역에서 중추적인 역할을 했음을 알 수 있다.

배구는 《서역도기》를 수 양제에게 바쳤고, 양제는 큰 관심을 보였다. 그는 매일같이 배구를 불러 실크로드를 따라 이어져 있는 서역 각국의 상황을 질문했다. 그리하여 수 양제는 만반의 준비를 갖춘 뒤 진시황, 한 무제를 본보기로 삼아 서역을 순시하기로 마음을 먹었다.

서순의 과정

대업大業 5년609년, 수 양제는 군대와 문무백관, 후궁과 승려, 도사, 악사 등 수십만 명을 데리고 수도 장안을 위풍당당하게 출발했다. 행군의 노선은 대부분 위수渭水, 오늘날 웨이허渭河강를 따라 서행했다. 부풍扶風, 지금의 산시陝西성 평샹鳳翔을 지나 룽산隴山산을 넘고 천수군天水郡, 오늘날 텐수이시에 닿았다. 이어 농서隴西를 지나서 적도狄道, 오늘날 간쑤성 린타오臨洮현에 도착했다. 타오허洮河강을 건너 서쪽으로 가면 임진관臨津關, 적석관積石關이라고도 하며 오늘날 간쑤성 병령사 석굴 서쪽에 이르고, 황하黃河 서쪽에는 서평군西平郡, 오늘날 칭하이성 러두樂都현이다. 다시 이리저리 서행을 계속하여 장녕곡長寧谷, 오늘날 칭하이성 시닝西寧시 베이찬北川에 도착한 다음 북쪽으로 성령星嶺 고개를 넘어 비파협琵琶峽, 오늘날 칭하이성 먼위안門源을 지나 천신만고 끝에 치렌산祁連山, 기련산의 대투발곡大門拔谷, 칭하이성과 간쑤성 사이의 좁고 험한 계곡 통로을 통과했다. 드디어 서순 일행은 장예에 도착했다. [7-1]

수 양제는 서순 과정에서 거쳐 간 지역에 다양한 이야기를 남겼다. 서순 중, 수 양제는 토욕혼이 장악한 땅에 들어섰다. 황제의 순행을 호휘하는 대군이 치렌산과 다퉁산大通山 사이의 좁고 긴 지대에서 여러 차례 꽤 큰 규모의 전투를 치렀다. 토욕혼은 일부 포로가 되거나 부족을 버리고 달아났으며 무기를 버리고 투항하기도 했다. 수 양제가 토욕혼과의 전투에서 큰 승리를 거두면서 수나라 변경과 실크로드의 위협이 사라졌다. 수 양제는 번화현番和縣, 오늘날 융창永昌현에서 서상사瑞相寺에서 예불을 하고 절 이름을 감통사感通寺로 바꾸었다. 또한 서순 행렬이 대투발곡을 지날 때는 음력 6월이었는데, 기후가 갑자기 변화해 기온이 뚝 떨어졌다. 중원에서 온 행렬은 한파를 대비하지 못해 사람과 말이 여럿 동사했다. 그 중에는 수 양제를 따라 순행을 나온 친누나 악평공주樂平公主, 북주 선제의 황후이기도 함 양려화楊麗華도 있었다. 치렌산 산줄기에 있는 볜두커우扁都口 풍경여행구에 나지막한 흙 언덕이 있는데, 그곳이 바로 양려화의 무덤이라는 말이 전해온

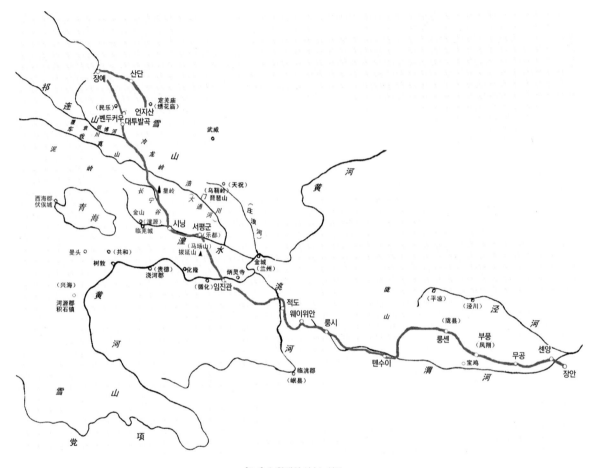

[7-1] 수 양제의 서순노선도

다. 그곳 사람들은 다들 황후마마의 무덤이라는 뜻으로 '낭랑분娘娘墳'이라고 부른다.

서늘한 가을바람 부는데, 유유히 만 리 길을 간다

만 리 길 어디로 가는가, 사막을 가로질러 장성(長城)이 놓였구나

장성이 어찌 나의 지혜일까, 옛 성현이 지으신 것이지

만세(萬世)를 위한 계책을 세워, 수많은 백성을 편안하게 하셨네

내 어찌 백성 위해 애태움을 마다하고, 도읍에서 베개를 높이 베고 지내랴

북하(北河)에서 군대를 이끌고, 천 리를 군기로 덮는다

산과 강이 나타났다 사라지고, 평원이 아득히 멀리 이어지네

징을 쳐서 행군을 멈추고, 북을 울려 병사를 격려하며

수레 1천 대와 기병 1만 명을 움직여, 장성굴(長城窟)에서 말에게 물을 먹인다

가을 저녁 장성 바깥에 구름이 일고, 관산(關山)의 달은 안개에 흐린데

척후병의 말이 급히 달려와, 하늘 향해 봉화를 올린다

장성의 병사에 물으니, 선우(單于)가 조정에 들어와 배알한다 하네

천산(天山)까지 혼탁한 기운이 맑아지고, 새벽빛이 고궐(高闕)을 비추네

병사들이 무장을 풀고 돌아가니, 먼 나라들을 평정했도다

술을 마시며 개선을 고하고, 종묘에 공을 돌리네.

肅肅秋風起, 悠悠行萬裏

萬裏何所行, 橫漠築長城

豈合小子智, 先聖之所營

樹茲萬世策, 安此億兆生

詎敢憚焦思, 高枕于上京

北河見武節, 千裏卷戎旌

山川互出沒, 原野窮超忽

撞金止行陣, 鳴鼓興士卒

千乘萬旗動, 飮馬長城窟

秋昏塞外雲, 霧暗關山月

緣巖驛馬上, 乘空烽火發

借問長城侯, 單于入朝謁

濁氣靜天山, 晨光照高闕

釋兵仍振旅, 要荒事萬擧

飮至告言旋, 功歸淸廟前

　　이 시는 수 양제가 서순 여정 중에 쓴 시 〈음마장성굴행飮馬長城窟行〉이다. 만리 길 여정의 어려움과 토욕혼을 정벌해야 했던 필요성을 설명하고 변경을 정돈하겠다는 결심, 서순을 순조롭게 마치고 수도로 돌아가기를 바라는 마음을 담았다. 후세 사람들은 이 시를 기운이 강대하고 위풍당당하다고 평가한다. 수 양제는 중국 문학사에서 중요한 위치를 차지하는 인물로, 그의 시사詩詞 작품은 후대에 높은 평가를 받았다.

언지산과 만국박람회

　　오늘날 간쑤성 산단현에 있는 다황산大黃山의 옛 이름은 언지산焉支山이다. 중국어로는 발음이 같지만 한자는 다른 연지산胭脂山으로도 불린다. 이 산은 물과 풀이 풍부하게 자라는 천연의 목장이자 하서주랑 지역의 군사적 교통 요지였다. 한나라의 곽거병이 흉노를 정벌할 때도 언지산 북쪽에 곽성霍城을 만들고 군대를 주둔시켰다. 곽거병은 큰 승리를 거두고 흉노 세력을 하서 지역에서 멀리 몰아냈다. 사서에는 "표기장군 곽거병이 1만 기병을 데리고 농서 지역에서 나가 언지산 너머 1천 리 넘게 정벌했다"고 기록되어 있다.

그 후 흉노족은 애통해하면서 이런 노래가 유행했다고 한다.

"언지산을 잃으니 내 아내가 아름답지 않고, 치롄산을 잃으니 내 가축이 번식하지 못하네."

언지산에 풍선초風仙草 또는 연지초胭脂草라는 식물이 자라는데, 상등의 염료라고 한다. 흉노족의 여인들은 이 식물로 옷감에 물을 들여 알록달록한 의복으로 치장을 했다. 막고굴의 벽화는 대부분 광물성 안료로 그렸지만 식물성 안료도 많이 사용했다. 그중에서 언지초駕支草를 정제해 만든 안료도 있다. 치롄산은 항상 만년설이 녹은 물이 풍부하고, 넓은 초원이 있어서 말을 방목하는 데 최적의 조건이다. 흉노의 기병은 용맹하기로 이름이 높았는데 군마의 방목지를 잃어버린 뒤로 세력이 크게 쇠락했다.

수 양제는 장예에 도착한 뒤 언지산에 올랐다. 고창의 왕 국백아麴伯雅와 왕자 국문태麴文泰, 이오의 지방관 토둔설吐屯設, 그리고 서역 27개국의 사신이 와서 수 양제를 접견했다. 각국의 상인도 장예에 운집했다. 우웨이와 장예의 백성들도 멋지게 차려입고 길가에 나와 서순 행렬을 영접했다. 수십 리 길 위에 사람과 수레, 말 등이 꽉 차 장관을 이뤘다. 20여 개 나라에서 상인들이 모여들어 이 지역에서 국제적인 상품 교역의 장이 열리기도 했다. 그래서 수 양제의 서순 행렬이 장예에 도착한 뒤의 모습을 '만국박람회'로 지칭하기도 한다. 이런 만국박람회의 모습은 6일간 지속되었다. 온갖 상품의 교역회가 끝난 뒤 수 양제는 다시 토욕혼이 지배하던 땅에 서해西海, 하원河源, 선선鄯善, 차말且末의 네 개 군을 설치하고 그 아래 여덟 현을 두었다. 역사상 최초로 현재 칭하이성 일대의 영토가 중원 왕조의 행정구역으로 편입된 것이다. 이어 이오의 토둔설 등이 수 양제에게 서역 수천 리의 영토를 바치며 충성을 맹세했다. 수 양제는 이오에도 군을 설치해 이 지역에 총 다섯 개의 군이 만들어졌다. 이로부터 수나라의 서부 지역에 대한 통제력이 강화되었다.

대업 4년부터 5년^{608~609년} 동안 수 양제는 옥문도행대장군^{玉門道行大將軍} 설세웅^{薛世雄}을 이오로 보내 성곽을 건설하게 했다. 이때 배구를 함께 보냈다. 배구는 이 오에 도착한 후 서역 여러 국가에 소식을 전했다. 서역 상인들이 중원까지 들어 가서 상품을 교역하기는 너무 길이 머니, 이오에 새로 성을 쌓고 교역 중심지로 삼겠다는 것이었다. 이 계획은 현지 백성들의 지지를 받았다. 설세웅이 새로 지 은 성곽은 한나라 때 세운 구 성곽의 동쪽에 위치했다. 새로 지은 성에는 병사가 1천여 명 정도 주둔했다. 그들은 평소에는 농사를 짓는 둔전병으로 활동했다.

당 태종^{太宗. 재위 626~649} 이세민^{李世民}이 돌궐인들에게 '천가한^{天可汗}'이라는 칭호 를 받은 사실은 잘 알려져 있다. 잘 알려져 있지는 않지만 수 양제는 당 태종보 다 앞서 돌궐로부터 '성인가한^{聖人可汗}'이라는 칭호를 받았다. 사실 수나라 개황^開 ^皇 연간^{581~600년}에 왕조를 개창한 문제 양견 역시 성인가한이라고 칭해졌다. 이 는 수나라에 신하로서 섬기겠다는 표현이므로, 당시 수 왕조의 강대함을 잘 알 수 있다.

연주문과 고창악으로 살펴본 수 왕조의 문화 융합

사서에 페르시아 국왕이 수 양제에게 페르시아의 비단옷을 헌상 했다고 기록되어 있다. 수 양제는 무척 기뻐하며 그것을 왕궁의 숙련된 장인 하 조^{何稠}에게 주면서 비단옷을 본따서 페르시아 복식을 만들라고 명했다. 하조가 만든 페르시아 옷은 헌상된 옷보다 옷감의 질이나 색채, 무늬 등에서 모두 원래 의 것보다 나았다. 막고굴 제427굴의 주실^{主室} 북쪽 벽에 협시보살^{脅侍菩薩}[1]을 보

---

1 본존불(本尊佛)을 좌우에서 보좌하는 보살. 문수보살과 보현보살은 석가모니불을, 관세음보살과 대세지보살은 아 미타불을, 일광보살과 월광보살은 약사여래를 보좌한다.

면 구슬을 연결한 것처럼 보이는 무늬[連珠紋]가 있는 장포를 입고 있다. [7-2] 제 420굴 불감 내에 그려진 보살의 긴 치마에는 구슬이 둥글게 연결된 장식 무늬 안에 수렵하는 장면이 그려진 연주수렵문[連珠狩獵紋]이 나타난다. [7-3] 제402굴, 제 425굴에서는 구슬 장식 무늬 안에 날개 달린 말이 그려진 연주익마문[連珠翼馬紋], 제401굴에서는 구슬 장식 무늬 안에 연꽃을 그린 연주연화문[連珠蓮花紋], 제277굴 에는 구슬 장식 무늬 안에 날개달린 말이 마주보고 있는 연주유익대마문[環珠有翼 對馬紋]이 나타난다. 옷의 문양으로 볼 때, 수나라 때의 석굴에서는 이국적인 정취 가 짙다. 이런 페르시아 비단의 장식 무늬가 나타나는 것은 수 양제의 서역 경영 과 대외무역 장려 정책, 이국 문화와의 활발한 교류, 실크로드 등의 요인과 필연 적 관계가 있다.

[7-2] 막고굴 제427굴 주실 북쪽 벽 동편, 협시보살의 옷 무늬

[7-3] 막고굴 제420굴 보살 의복의 연주수렵문

연주문은 페르시아 사산 왕조 시기의 전형적인 문양 가운데 하나다. 동진 시기에 중국의 신장 위구르 자치구에 전파되었고, 수당 시대에 와서는 완전히 중국화하여 전형적인 장식 무늬로 자리 잡았다. 둔황에 있는 수당 시대 석굴은 이처럼 대담한 이국적 색채를 잘 보여준다. 연주문의 특징은 이어지는 구슬 모양으로 동그라미나 사각형, 마름모 혹은 그 밖의 모양으로 중심이 되는 주제 무늬를 둘러싸는 형태다. 서기전에는 서아시아 및 그보다 더 서쪽의 지역에서 금화나 은화 위에 이런 연주문을 새기고 그 중앙에는 국왕의 초상을 넣었다. 그 후 연주문의 사용 범위는 점차 확장되어 도자기나 직물 등에도 자주 출현했다. 연주문은 둥근 구슬 모양으로 태양, 세계, 풍년, 생명, 그리고 불교의 염주를 상징한다고들 한다.

수 왕조 대업 6년^{610년}, 서역 각국이 승리하여 돌아가는 수 양제를 축하하며 많은 국왕과 왕자가 직접 장안에 가서 선물을 바쳤다. 그때 고창국에서 악사와 무희를 데려와 장안에서 기예를 펼쳤다. 그들이 보여준 〈성명악곡^{聖明樂曲}〉 연주와 춤에 장안 사람들이 열광했다. 수 양제는 궁정악단에 명령해 〈성명악곡〉을 수련하게 했는데, 이때부터 고창국의 음악, 즉 고창악^{高昌樂}이 중원에 전파되었다. 당 태종은 고창국의 반란을 진압한 뒤 그곳의 예술가들을 대거 수도 장안으로 데려왔고, 궁중 음악에서 원래 있던 아홉 가지 음악 중 문강악^{文康樂}을 없애고 고창악과 연악^{燕樂}을 만들었다. 당나라 때의 궁중 음악은 연악, 청상악^{清商樂}, 서량악^{西涼樂}, 천축악^{天竺樂}, 고려악^{高麗樂}, 구자악^{龜玆樂}, 안국악^{安國樂}, 소륵악^{疏勒樂}, 강국악^{康國樂}, 고창악의 10부가 되었다.

《구당서^{舊唐書}》〈음악지^{音樂志}〉에는 이렇게 기재되어 있다.

"두 사람이 춤을 추는데, 흰 비단 저고리를 입고 붉은 가죽신을 신으며 이마를 붉게 칠한다. 악기는 답석고^{答臘鼓} 하나, 요고^{腰鼓} 하나, 계루고^{雞婁鼓} 하나, 갈고^{羯鼓} 하나, 소^簫 둘, 횡적^{橫笛} 둘, 필율^{篳篥} 둘, 비파^{琵琶} 둘, 오현비파^{五弦琵琶} 둘,

동각銅角 하나, 공후箜篌 하나를 쓴다."

고창악의 악사와 무희는 모두 본토인 고창국의 복식을 입어야 하고, 악기 중에 동각은 고창 지방에서 쓰는 취주악기吹奏樂器, 바람을 불어넣어 소리 내는 악기다. 소와 요고는 중원의 악기이고 나머지는 다 인도, 페르시아 등에서 건너온 악기다. 고창악은 다양한 나라에서 서로 성질이 다른 음악적 특성을 폭넓게 받아들여 장점을 취합한 것이 특징이라 중원 사람들의 사랑을 받았다.

《수서》〈음악지〉에 당시의 모습이 이렇게 묘사되어 있다.

"두 기둥 사이에 밧줄을 매었는데, 그 너비가 수 장丈이다. 무희 두 사람이 각각 줄 위를 걷다가 가운데서 만나면 어깨를 스치며 지나간다. 음악과 춤이 끊이지 않고, 수레바퀴, 돌절구, 큰 옹기 등을 가지고 재주를 부린다. 또 두 사람이 장대를 들고 있는데, 그 위에서 춤을 추면서 별안간 뛰어오르거나 자리를 바꾼다."

지금 우리는 막고굴의 벽화에서 당시 유행하던 예술의 흔적을 찾아볼 수 있다. 각종 춤과 노래, 기예가 펼쳐진다. 막고굴 제361굴(남쪽 벽 동편), 제9굴(서쪽 벽), 제85굴(천장의 동쪽 경사면), 제156굴(천장의 동쪽 경사면), 제61굴(남쪽 벽) 등에서 고대의 '백희百戱' 중의 동지橦技. 나무 막대기 위에서 기예를 부리는 것가 그려져 있고, 북위 시기에 만든 제251굴(천장)이나 서위 시기에 만든 제249굴(천장 동쪽 경사면) 등에는 도립倒立. 물구나무 기예이 그려져 있다.

수나라 때 막고굴의 창건과 불상 조성 활동

수 양제의 서쪽 순행으로 서부 변경이 안정되었다. 실크로드도 완전히 통행에 순조로웠고 하서주랑에서 장안과 뤄양까지 상단과 사절들이 끊임없이 오고갔다. 수나라와 서역의 교류, 실크로드의 무역은 새로운 번영기를 맞았다. 실크로드의 무역은 문화 교류도 촉진했다. 실크로드의 주요 거점인 둔황의 막고굴도 석굴 창건의 황금기를 맞이했다. 수 왕조는 37년이라는 짧은 시간 존속했지만 이 시기에 창건된 막고굴의 석굴은 101개에 달한다. 북조 시대의 석굴을 수리한 것이 5개다. 이중에서 벽화와 불상 등이 완벽하게 남아 있는 석굴이 80개에 가깝다. 매년 2개 넘는 석굴을 만들었다는 이야기이니, 이처럼 착굴 공사가 밀집되었던 시대는 수나라 때가 유일하다. [7-4]

수나라 문제와 양제는 모두 불교를 숭상했고, 불교의 석굴 사원 창건, 불상 제조, 불경 필사, 탑 창건 등의 활동에 적극적이었다. 이는 불교가 중국에서 전국적으로 발전하는 데 큰 영향을 미쳤다. 수 문제는 어느 비구니 암자에서 태어났다. 어렸을 때는 지선智仙이라는 비구니가 길렀다. 그의 아명인 나연羅延은 불교의 호법신인 금강金剛이라는 의미다. 그는 어렸을 때부터 불교와 깊은 관련이 있었기 때문에 그의 정신세계에 불교가 큰 부분을 차지한다. 나중에 황제가 된 뒤에도 종종 이렇게 말했다.

"지금 얻은 모든 것은 부처께서 내게 주신 것이다."

문제는 온 마음을 다해 불교를 신앙하였고, 후세 사람들이 그를 '전륜성왕轉輪聖王'이라고 불렀다.

수 양제 양광楊廣은 어렸을 때 수계하고 고승을 모시고 《법화경》을 배웠다. 그는 태자로 책봉된 뒤에는 수도 장안에서 일엄사日嚴寺를 짓는 큰 공사를 벌였다. 그 후 일엄사에 온 나라의 고승을 불러 모아(북부 지역에서는 법현法顯, 언종彦琮, 혜상慧常 등, 남부 지역에서는 지탈智脫, 법징法澄, 도장道莊, 길장吉藏 등) 불법을 전파하고 불경 번역 작업에도 많은 지원을 했다. 즉위 후에는 뤄양의 상림원上林苑에 번역관翻譯館이라는 기관을 만들어 불경의 번역 및 정리 작업을 진행하도록 했다. 수 양제가 혼자서 필사한 《법화경》만 1천 부였다고 한다.

양제는 후세에 '주지보살住持菩薩'이라고 불렸으며, 그의 어머니는 수계하고 '묘

[7-4] 막고굴 제276굴 북쪽 벽 보살상

선보살^{妙善菩薩}'로 불렸다. 수나라 37년간 세워진 탑이 5천 기, 불상은 수만 좌이다. 전문적으로 직업 승려인 사람이 50여 만 명에 달했다. 둔황 막고굴의 장경동^{藏經洞}에서 발견된 불경 중에는 수나라의 황족이 직접 필사한 것이 있을 정도다. 그만큼 수나라 때 하서의 경영에 관심이 많았고, 불교가 번영했다는 것을 알 수 있다. 막고굴도 석가모니의 사리를 나누어 받았는데, 숭교사^{崇教寺}에 탑을 세우고 그 안에 사리를 모셨다. 나라의 최고 통치자의 지원을 받으면서 막고굴의 창건 활동도 전에 없는 규모로 확장되었다. 수나라 때 막고굴에는 일종의 거꾸로 세운 수미산을 중심 기둥으로 하는 중심탑주굴이 출현했다. 중심탑주굴이라는 형식은 같지만 이전 시기의 석굴과는 외형이 크게 다르고 특별하다. 제302굴, 제303굴은 모두 이런 형태로 지어진 석굴이다. [7-5] 석굴의 주실 중앙에 하단에 네모난 모양의 큰 단을 세우고, 단 위에 뒤집힌 수미산 모양으로 탑주를 세워 석굴 천장을 받친다. 중심 기둥 앞부분의 천장은 시옷자 모양의 경사 지붕이고, 중심 기둥 뒤의 천장은 편평하다. 이런 형태가 중심탑주굴의 진정한 의미를 더 잘 대표하는지도 모른다.

석가모니는 80세라는 고령에 세상을 주유하던 중에 병을 얻었다. 석가모니는 쿠시나가르 성 바깥의 강가에 밀집한 사라수^{沙羅樹} 숲에 도착했을 때 체력이 떨어진 것을 느끼고 두 그루의 사라수 사이에 누웠다. 머리는 북쪽으로 두고 오른팔을 베고 옆으로 누운 자세였다. 제자들은 석가모니가 열반에 들 것을 예감했다. 석가모니는 제자들을 위로하면서 이렇게 말했다.

"부처는 영원하고, 불법은 끝이 없다. 내가 떠나더라도 너희는 법을 스승으로 삼아 계속 정진하여라."

그 말을 마친 뒤 석가모니는 곧 열반에 드셨다. 석가모니는 생전에 제사와 우상숭배를 반대했다. 그가 창시한 불교는 자신을 스스로 구원하는 종교다. 사회와 인생의 고통 속에서 정신적인 해탈을 이루고 더 높은 경지의 자신으로 수양

[7-5] 막고굴 제303굴 내부

하여 스스로 구원하는 것이다. 불교에서는 자아의 수양과 완전성을 추구한다. 그러므로 우상이나 신이 와서 행복을 줄 필요가 없다. 이는 석가모니의 유언에 서도 알 수 있다. 처음에 석가모니의 제자들은 그가 생전에 썼던 물건이나 사리, 불탑, 보리수, 법륜, 석가모니의 족인足印 등을 두고 예배하면서 그를 기념하고 그리워했다. 그러나 후세의 불제자들은 끊임없이 석가모니를 우상화·신격화했고, 우상 숭배가 출현했다. 그리스의 조각예술이 동쪽으로 전해져 인도에 영향을 미치고, 불경에는 '불상을 경배하면 복을 받는다'는 등의 내용이 추가된 후부터 불교에서는 불상을 만드는 일이 대규모로 벌어지게 된다. 불탑에 예배하는 것은 초기불교의 비교적 원시적인 종교적 기념 행사였으나 이 의식이 이어지면서 나중에는 불경에도 '불탑을 경배하면 무상한 공덕을 쌓는 것'이라는 내용이 들어갔다. 신도들이 탑을 돌면서 예불하는 것이 일종의 고정된 의식으로 만들어졌다. 나중에는 탑을 석굴 구조 건축에 응용했다. 인도는 서기전 1~2세기에 이미 지제굴支提窟이 나타난다. 지제굴은 승려들이 불교 경전을 공부하고 강설하는 곳으로, 초기 양식의 중심탑주굴이다. 중국에 전파된 뒤에는 인도의 원형 탑주가 사각형의 탑주로 변형되었지만 기능은 똑같았다. 이와 같은 탑주굴은 탑을 오른쪽 방향으로 돌면서 탑 내부에 봉안된 불상을 바라보는 입탑관상入塔觀像 수행을 하기 위한 장소였으며, 실질적으로는 예불 및 석가모니 부처를 기리는 용도로 쓰였다.

수나라 때의 불상 제작은 이전 시대의 규모를 훨씬 뛰어넘는다. 하나의 굴에 통상 대형 불단을 설치하는데, 불단 하나에 여러 좌의 불상을 둔다. 제427굴, 제420굴, 제244굴, 제419굴은 모두 이 시기의 대표적인 석굴이다. [7-6] 제427굴에 들어가면 바로 보이는 것이 거대한 불상 세 좌부처와 두 보살가 보인다. 불상은 보는 이에게 심리적으로 강렬한 충격을 주며, 거대한 불상을 통해 자신의 보잘것없음을 느끼게 된다. 불상의 시선에서 몸을 피해 남쪽이나 북쪽으로 움직여도

[7-6] 막고굴 제420굴 내부

남쪽 벽이나 북쪽 벽에도 마찬가지로 거대한 불상 세 좌가 엄숙하게 내려다보고 있다. 석굴에 온 참배자는 어디로도 피할 곳이 없음을 깨닫고 공손하게 부처 앞에 무릎을 꿇고 자신에게 평안과 행복을 주십사 기원할 수밖에 없다.

우리가 복덕을 비는 동시에 천천히 고개를 들고 부처를 올려다볼 때에, 그 때는 자애로운 부처와 온화하고 선량한 보살의 표정이 드러난다. 그들의 시선과 참배자의 시선이 마주치고, 참배자의 마음속에는 비할 데 없는 따뜻한 감정이 차오르는 것이다. 부처와 보살의 커다란 머리, 넓은 어깨, 편안한 가슴은 참배자에게 신뢰감과 편안함을 준다. 시각적 차이로 인해 참배자는 부처와 보살의 다리가 좀 짧다거나, 소박하고 두툼한 옷자락이 몸에 딱 붙어서 배가 볼록 나온 것은 인식하지 못한다. 참배자의 눈에 비친 부처와 보살은 속세의 인간이 바라는 소망을 모두 만족시켜 줄 듯하다. 무릎을 꿇고 고개를 쳐든 자세에서 바라본 부처와 보살은 아름다울 뿐 아니라 친근한 미소를 띤 것처럼 보인다. 부처의 왼손은 앞으로 뻗어 여원인與願印을 맺고 있는데, 참배자에게 내면의 고통과 불만을 모두 하소연하라고 격려하는 듯하다. 오른손은 다섯 손가락을 가지런히 펴고 손바닥을 밖으로 하여 어깨 높이까지 올린 시무외인施無畏印을 취하는데, 이는 참배자의 고통을 곧바로 없애준다는 의미를 담고 있다.

사면을 둘러싼 벽이나 천장의 네 경사면은 황금빛과 푸른빛이 휘황찬란하다. 수많은 부처가 질서 있게 늘어서 있는 천불도는 마치 아름다운 벽지를 바른 것 같다. 천불도 속의 부처는 크기가 작고 참배자의 위치에서는 거리도 멀다. 또한 빽빽하게 배치되어 있어서 참배자는 벽면의 천불도에 대해 멀고 은근한 느낌을 받는다. 반대로 천불도 덕분에 눈앞의 불상과의 거리는 훨씬 가깝게 느껴진다. 참배자는 시야 내에 가장 중심이 되는 위치에 불상이 자리 잡고, 그 주변을 빽빽하게 둘러싼 천불도를 보면서 세상에는 어디에나 부처와 불법이 있음을 느낄 것이다. 이는 참배자에게 빛나는 깨달음의 길을 가리켜 보여주는 듯하다. 게다가 부처는 한낱 인간도 수행을 하면 될 수 있다. 누구나 굳은 신앙심을 가지고 있으면 부처가 될 가능성은 열려 있다. 천장 경사면 바로 아래에는 벽면을 빙 둘러서 하늘을 나는 비천상, 악기를 연주하는 모습, 꽃을 뿌리는 모습 등이 그려져 있다. 훨훨 나는 비천상의 모습에서는 속도감이 느껴지고, 아름다운 장면이 화려한 색채로 그려져 있어서 보는 사람이 감탄하지 않을 수 없다. [7-7]

제419굴에 나타나는 석가모니의 대제자 가섭迦葉을 살펴보자. 몹시 생동감 있고 곧 살아 움직일 듯하다. 얼굴에는 주름이 가득하고 근육은 편안하게 풀려 있다. 두 눈이 깊숙하고 치아는 빠지고 깨어져 온전하지 않다. 갈비뼈가 도드라진 모습을 보면 영양실조 같다는 생각이 든다. 왼손으로는 바리때를 붙잡았고, 오른손은 주먹을 쥐고 있다. 가섭이 입은 가사는 부처나 또 다른 제자 아난阿難처럼 번쩍번쩍 빛나는 옷이 아니라 칙칙한 색조다. 전반적으로 가섭은 오랫동안 풍파를 겪으면서 수행하여 지혜를 얻은 승려의 모습이다. 가섭은 인도의 바라문 가정에서 태어나 석가모니가 깨달음을 얻은 후 3년이 되었을 때 불교에 귀의해 그의 제자가 되었다. 가섭은 석가모니의 10대 제자 중 두타행頭陀行을 수행하는 것으로 잘 알려진 사람이다. 두타행이란 불교 승려의 수행방법 중 하나로 세속의 모든 욕심과 번뇌를 떨쳐버린다는 의미다. 이런 수행은 열두 가지 엄격한 수행의 규칙을 지켜야 한다. 물욕을 극히 억제해야 한다. 주된 규칙은 항상 도보로 이동하고 교통수단을 타지 않으며, 걸식하여 먹되 매일 점심 한 끼만 먹고 배불리 먹으면 안 된다. 옷은 헌옷, 남이 버린 옷 등을 기워서 입고, 속세에서 멀리 떨어진 조용한 곳에서 머문다. 평소 휴식할 때도 집이 아니라 하늘이 드러나는 곳을 선택해야 하며 앉기만 하고 누워서는 안 된다. [7-8]

그래서 두타행을 하는 사람을 일반적으로 고행승苦行僧이라 한다. 석가모니도 초기에는 두타행을 했으나 나중에 고행을 포기하였다. 가섭은 이를 계속한 것이다. 그래서 제419굴에 만들어진 가섭의 조소상은 그의 행적과 정신을 잘 반영하

[7-7] 막고굴 제427굴 주실 내부

실크로드 둔황에서 막고굴의 숨은 역사를 보다

[7-8] 막고굴 제419굴 불감 내부 가섭상

고 있다고 하겠다. 부처가 열반에 들기 전에 의발을 가섭에게 전하면서 56억 7천
만 년이 지나 미래의 부처인 미륵불로서 인간 세상에 올 것이라고 말했다. 가섭
이 손에 들고 있는 바리때는 석가모니의 의발일 수도 있고, 두타행을 해야 하니
걸식할 때 썼던 것일 수도 있다. 석가모니의 의발이라면 부처 옆에 서 있는 가섭
의 신분과 지위에 더 걸맞을 것이다.

8
현장법사,
서쪽으로 가다

당 태종 정관貞觀 원년627년 음력 8월의 어느 날, 수도 장안 거리에 사람들이 무리 지어 움직이고 있다. 그들은 가족을 데리고 주변 지역으로 사방팔방 떠나는 중이다. 그 중에 기골이 장대하고 비범한 인상의 승려가 사람들 틈에 섞여 서쪽으로 향했다. 이 승려의 속명은 진위陳褘이고 법호는 현장玄奘, 600~664이다. 수 문제 때인 개황 20년600년에 낙주洛州 구씨현緱氏縣 유선향遊仙鄕 진하촌陳河村에서 태어났다오늘날 허난성 옌스偃師 현 허우스緱氏 진 천허陳河촌. 그곳의 명문가인 진씨 집안의 막내였다. 당나라 때의 승려였기 때문에 후세 사람들은 그를 '당승唐僧'이라고 부른다. 또한 그가 불교의 경전에 정통한 점을 존경하여 '삼장법사三藏法師'라고 부르기도 한다.

그 해에 장안 주변은 가을 서리가 심해 흉년이 들었다. 조정에서 승려들에게도 수확이 풍성한 지역으로 옮겨가라고 명령이 내려왔다. 28세의 현장은 그때 서쪽으로 불법을 얻으러 가는 여행을 시작했다.

현장은 어렸을 때부터 총명하고 공부를 좋아했다. 관직을 사임하고 집에 머물던 아버지 진혜陳惠에게 유학 경전을 배웠다. 여덟 살 때, 아버지가 그에게 《효경孝經》을 가르쳤는데 증자曾子가 자리를 피한 대목에 와서 현장이 옷깃을 가다듬고서 자리에서 일어나 엄숙하게 섰다. 아버지가 의아하게 왜 그러느냐고 물었다.

"증자는 스승의 가르침을 받을 때 앉지 않고 일어서서 질문하고 답을 구했습니다. 저는 지금 아버지께 가르침을 받는데 어찌 그대로 앉아 있겠습니까?"

현장이 어려서부터 보통 이상으로 총명했음을 알 수 있는 대목이다.

현장이 열 살 정도 되었을 때, 부모님 두 분이 병으로 돌아가셨다. 현장은 출가한 형 장첩長捷법사를 따라 뤄양의 정토사淨土寺에서 살게 되었고, 그때부터 불경을 배우게 되었다. 열세 살이 되던 해, 수 양제가 인재 발굴에 뛰어났던 정선과鄭善果, 569~629를 뤄양에 보냈다. 재능 있는 승려를 뽑기 위함이었다. 현장은 아직 나이가 차지 못해 관아 문 앞에 서서 기다렸다. 시험이 끝난 뒤 정선과가 관아를 나오다가 생김새가 비범한 소년이 문 앞에 서 있는 것을 보고 무엇을 하느냐고 물었다.

"여래의 업적을 계승하고 불법을 널리 빛내고 싶습니다."

정선과는 그를 무척 마음에 들어하여 규정을 깨고 현장을 뽑았다. 그가 다른 관리에게 현장을 뽑은 이유를 이렇게 설명했다.

"경서를 줄줄 외우는 것은 쉽다. 하지만 타고난 그릇이 큰 것은 찾기 어렵다. 저 아이를 계도한다면 장래에 불문佛門의 큰사람이 될 것이다."

현장은 불경연구를 위해 쓰촨四川, 후베이湖北, 허난, 산시陝西 등 여러 지역을 여행하면서 뛰어난 고승을 찾아뵙고 가르침을 구했다. 그는 마치 굶주린 사람이 음식을 찾듯 불법을 배우려는 의지가 강했다. 스물한 살이 되던 해, 현장은 청두成都에서 구족계具足戒를 받고 당나라 조정에서 발급하는 도첩度牒, 승려 증명서을 갖게 되었다. 이는 곧 국가에 등록된 정식 승려가 된 것이다. 현장이 불경을 배우러 이곳저곳을 다니는 동안, 그의 배움이 깊어질수록 당시 한문으로 번역된 불경의 의미를 놓고 서로 많은 논쟁이 있었다. 이 때문에 현장은 천축국에 가서 진경眞景을 가져와야겠다는 생각이 싹텄다. 현장이 다시 장안으로 돌아왔을 때, 인도의 고승 바라빈가라밀다라波羅頻迦羅蜜多羅가 마침 장안에 와서 설법을 하는 것을 들었다. 현장은 그의 설법에 매료되었고, 서쪽으로 가서 불법을 얻겠다는 결심이 확고해졌다. 그는 동료들과 합심해 조정에 표를 올려 서행을 허가해달라고 요청했다. 하지만 비준을 받지 못했다. 다른 사람들은 다 포기했지만 현장은 결심을 꺾지 않았다. 그는 흉년이 들어 장안을 벗어나는 유민流民 무리에 끼어 장안을 빠져나가 자신의 서행길을 시작했다.

정관 원년627년부터 19년646년까지 현장은 20년간 홀로 5만 리를 걸었다. 서역, 중앙아시아를 거쳐 인도에 갈 때까지 130개 나라를 지났다. 수많은 고난을 겪었고 목숨을 잃을 뻔한 사고도 부지기수였다. 그가 불경을 가지러 서행한 여정은 다음과 같다.

장안시안 → 진주秦州, 톈수이 → 란저우蘭州 → 양주우웨이 → 과주주취안 → 옥문관 → 이오하미 → 고창투루판 → 아기니阿耆尼, 신장 옌치 회족자치현 → 굴지屈支, 신장 쿠처庫車 → 발록가跋祿迦, 신장 아커쑤阿克蘇 → 릉산凌山, 무쑤얼링穆蘇爾嶺 → 대청지大淸池, 키르기스스탄 이식쿨호 → 소엽수성素葉水城, 쇄엽성碎葉城이라고도 불림, 키르기스스탄 톡모크 서남부 → 삽말건국颯林建國, 혹은 강국康國, 우즈베키스탄 사마르칸트 → 소무구성국 및 기타 4∼5개 소국 → 갈상나국羯霜那國, 혹은 사국史國, 현 우즈베키스탄 경내, 옛 명칭은 쿠사나국 → 철문鐵門, 우즈베키스탄 남부 산간 지대 → 도화라국覩貨邏國, 전한 시대의 대하국 → 대설산大雪山, 힌두쿠시 산맥 → 범연나국梵衍那國, 아프가니스탄 바미안 → 백사와성白沙瓦城, 파키스탄 페사와르 → 인도. [8-1]

현장이 막 양주에 도착했을 때, 어떤 사람이 양주의 최고 관리인 도독 이대량李大亮에게 밀고했다.

"장안에서 온 승려가 있는데 국경을 넘어 서방 국가로 가려고 한다. 무슨 의

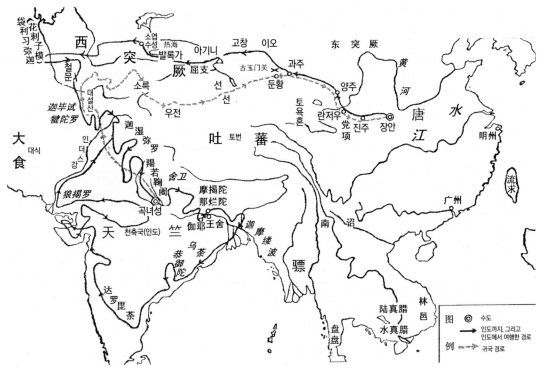

[8-1] 현장의 인도 방문 노선도

도로 출국하는지 알 수 없다."

현장은 이대량의 심문을 받았고, 현장을 억지로 장안으로 돌려보내려 했다. 그때는 당나라가 건국한 지 오래되지 않아 변경 지역이 안정되지 않은 상태였다. 조정에서는 대량의 인구가 외부로 빠져나가는 것을 두려워했기 때문에 대외적으로 폐쇄정책을 펴고 있었다. 하서 지역에서 유명한 혜위慧威 법사가 몰래 도와주었다. 혜위법사는 자신의 제자를 보내 현장이 서쪽으로 가는 길을 호송하도록 했다. 그들은 밤을 틈타 몰래 과주까지 갔다. 과주에 이르러 현장은 사실을 잘 몰랐던 과주자사 독고달獨孤達의 보시까지 받았다.

현장은 과주에 도착해 출관을 준비했다. 몰래 가장 빠른 길을 알아보는 한편, 관리들이 찾아내지 못할 경로를 탐색했다. 하지만 경로마다 관문 검색이 많아 어느 길을 선택하든 죽음의 함정이 도사리고 있었다. [8-2] 현장은 과주에서 한 달여 머물렀다. 좋은 계획도 세우지 못한 채, 그를 따라 과주까지 온 말도 이때 죽었다. 그는 더욱 절망에 빠졌다. 현장이 속수무책일 때, 하서 각지에 현장의 수배령이 떨어졌다. 그가 장안으로 돌아가기는커녕 과주에 숨어 들어갔다는 사실을 알게 된 것이다. 수배령을 받은 과주의 관리 이창李昌은 신실한 불교도였다. 그는 서쪽으로 가려는 현장의 정신에 감동을 받았다. 그는 현장 앞에서 수배령을 찢어버리고는 더 큰 문제가 생기기 전에 현장에게 하루 빨리 서행을 시작하라고 권했다.

수배령이 내려졌으니 둔황의 관문 수색이 더욱 엄격해졌을 거라고 생각한 현장은 북쪽으로 강을 건너 둔황성을 돌아서 지나가기로 마음을 먹었다. 현장은 과주에서 직접 수계하여 거둔 제자 석반타石槃陀와 함께 깊은 밤 강물에 들어갔다. 수심이 깊고 유속이 빨랐다. 하지만 강물을 따라 가면서 보니 10리 바깥에 있는 옥문관이 흐릿하게 보이기 시작했다. 현장과 석반타는 1장 정도 넓이가 되는 사주를 발견했다. 석반타가 나무를 베어 다리처럼 만들어서 사주로 건너갔고, 모래와 풀로 덮은 뒤 몸을 숨기고 움직였다.

강을 건너는 데 성공한 두 사람은 그날 밤 강가에서 노숙했다. 밤이 깊어지자 현장은 이상한 느낌에 잠을 깼다. 한 사람이 칼을 들고 몰래 다가오는 것이 보였다. 그러나 그 사람은 잠시 머뭇거리더니 몸을 돌려 가버렸다. 그런데 이런 일이 몇 번 반복되었다. 현장이 유심히 보니 그 사람은 놀랍게도 제자 석반타였다. 현장이 칼을 들고 죽이려 한 이유를 캐물었다. 석반타의 이야기인즉슨, 물을 보충하려면 어쩔 수 없이 봉수대 아래로 가야 한다. 다섯 개의 봉수대에는 낮이나 밤이나 지키는 파수 군졸이 있는데 들키지 않고 지나가는 것은 불가능

[8-2] 둔황의 봉수대 유적

에 가깝다. 봉수대에서 붙잡히지 않더라도 사막에 가면 오로지 죽음뿐이다. 현장은 그 말을 듣고는 어쩔 수 없이 석반타를 집으로 돌려보냈다.

석반타가 떠난 후, 현장에게는 늙고 쇠약한 말 한 마리만 남았다. 그는 낮에는 숨어 있다가 밤에만 길을 재촉했다. 고비 사막은 낮에는 뜨거운 열풍이 불고 밤에는 칼날 같은 한기가 공격한다. 물이 부족한 지역이라 주변에 생명이 없다. 간혹 말라죽은 나무를 발견하지만, 그 나무조차도 죽은 지 1천 년이 되었을지 모른다.

옥문관을 지난 뒤, 현장은 첫 번째 봉수대 근처로 숨어들었다.

깊은 밤, 그는 조용히 물을 뜨러 갔다. 휙 소리와 함께 화살 하나가 날아들었다. 화살은 현장의 무릎을 거의 꿰뚫을 뻔했다. 화살 하나가 더 날아왔다. 현장은 급히 소리를 질렀다.

"나는 경성 장안에서 온 승려입니다! 활을 쏘지 마십시오!"

현장은 첫 번째 봉수대의 군졸에게 붙잡혔다. 그곳의 교위인 왕상王祥은 믿음이 깊은 불교도였다. 그는 현장의 이야기를 듣고 감동하여 그를 융숭하게 대접했을 뿐 아니라 여러 가지 여행에 필요한 물품을 보시했다. 또한 현장에게 두 번째, 세 번째 봉수대를 지나치고 네 번째 봉수대에 가서 자신의 친척인 왕백롱王伯隴을 찾으라고 일렀다. 며칠 후, 현장은 네 번째 봉수대에 도착했다. 낮에는 근처에 숨어 기다리다가 밤에 몰래 가서 물을 뜨려고 했다. 현장은 왕백롱이 자신의 말을 믿어주지 않을까 봐 걱정이 되었던 것이다. 그러나 물을 뜨던 현장은 또다시 화살의 마중을 받는다. 그는 급히 자신의 신분을 밝히고 왕백롱에게 왕상의 이야기를 전한다. 왕백롱은 현장을 풀어주면서 다섯 번째 봉수대의 대장은 친하지 않은 사람이고 꼬장꼬장하여 말이 통하지 않으니 가지 않는 게 좋다고 알려주었다. 왕백롱은 야마천野馬泉에 가서 물을 보충하라고 귀띔하면서 커다란 가죽 물주머니를 선물했다. [8-3]

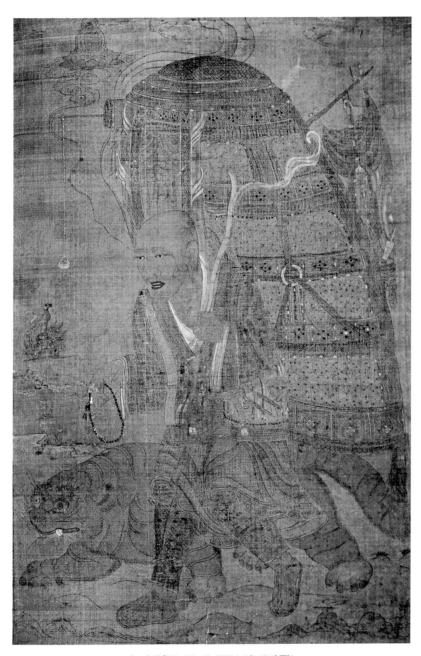

[8-3] 둔황의 비단그림 〈행각승도(行脚僧圖)〉

다섯 봉수대를 무사히 지난 현장의 앞에 인적이라고는 없는 모래사막이 펼쳐졌다. 이곳에서는 위험이 꼬리에 꼬리를 물고 찾아온다. 길도 없고 방향을 분간할 수도 없으며 걷기도 쉽지 않다. 모래 외에는 백골만 눈에 들어오는 지옥 같은 곳이다. 밤에는 도깨비불이 깜빡거린다. 이 모든 것이 과거의 위험이 지금의 위험과 꼭 같다는 것을 말해 주는 것 같았다. 특히 무서운 일은 현장이 물을 마시다 실수로 물주머니를 엎은 일이었다. 모래 위에 흘러내린 물은 순식간에 사라져 흔적도 남지 않았다. 사막에서 물 없이 이동한다는 것은 한 발짝씩 죽음을 향해 가는 것이나 다름이 없다. 이번에야말로 현장은 동요했다. 그는 말머리를 돌리고 온 길을 되짚어 물을 구할 수 있는 곳으로 돌아가려 했다. 그렇게 몇 리를 더 걷다가, 현장은 다시 결심을 굳게 하고는 서쪽으로 방향을 되잡았다.

배고픔, 피로, 더위와 추위가 교차하는 날씨는 그의 정신을 어지럽혔다. 온갖 요괴가 나타나 그의 주위를 빙글빙글 도는 것 같았다. 사막의 날씨는 잠깐 사이에 천변만화한다. 시커먼 구름이 몰려오고 모래알이 미친 듯이 날리는가 하면 다음 순간에는 청명한 하늘에서 뜨거운 태양빛이 작열한다. 그러나 현장은 서쪽으로 발걸음을 옮겼다. 그의 마음속에는 오로지 하나의 신념만이 그를 지탱하고 있었다.

"거짓된 경전을 없애고 진짜 경전을 얻으리라. 천축에 가지 않고서는 절대 동쪽으로 돌아가지 않겠다."

종교적 신앙심에서 나온 정신력으로, 그는 《심경心經》을 외면서 관세음보살의 보호를 기원했다. 네 번의 낮과 다섯 번의 밤이 지나는 동안 물 한 방울도 마시지 못한 현장은 체력이 소진되어 사막에 쓰러졌다. 현장은 깨어난 뒤 관세음보살에게 물었다.

"이 여행을 나선 이유는 재물을 바라서도 아니고, 명예를 바라서도 아닙니다. 오직 불법을 얻고자 함입니다. 바라건대 대자대비한 보살께서 고난에서 구해 주십시오."

다섯째 날 저녁에 기적이 일어났다. 하늘에서 시원한 바람이 불어 현장은 정신을 차렸다. 깨어나기 전 현장은 꿈을 꾸었다. 꿈속에서 키가 수 장丈에 이르는 악신을 만났는데 손에는 기다란 창을 들고 있었다. 악신이 창을 휘두르며 현장에게 물었다.

"왜 길을 가지 않고 여기 누워 있느냐?"

현장은 억지로 일어서서 말등에 올랐다. 다시 몇 리를 가는데, 말이 갑자기 멈춰서 주변을 둘러보았다. 무슨 냄새라도 맡는 듯이 코를 벌름거리고 있었다. 그 순간 말이 이상할 정도로 흥분하더니 힘을 내어 달리기 시작했다. 말이 향하는 곳에 풀이 무성히 자란 샘이 있었다. 늙고 쇠약한 말이 현장을 야마천에 데려간 것이다. 현장과 말은 절망에서 벗어날 수 있었다.

이틀 후, 현장은 기적처럼 막하연적莫賀延磧 사막오늘날 하순哈順 사막, 신장 위구르 자치구와 간쑤성 경계 지역에 위치한 고비 사막을 일컫는다을 벗어나 이오에 도착했다. 이오에서 짧게 휴식하고 여장을 다시 정비한 현장은 다시 여행을 시작해 고창국에 도착했다. 고창국왕 국문태麴文泰는 매우 신실한 불교도였다. 그는 궁중에서 예의를 다해 현장을 대접했고, 현장이 고창국에 오래 머물면서 고창국의 대법사가 되어주기를 바랐다. 하지만 현장은 죽음으로써 왕의 청을 거절했다. 단식까지 하는 현장의 결심이 왕 국문태를 설득시켰다. 국문태는 현장이 서쪽으로 떠나는 것에 동의하면서 대신 그와 의형제를 맺고 싶다고 청했다. 현장은 고창국에 한 달간 머물면서 매일 국왕, 왕비, 여러 대신들과 불경을 논하며 시간을 보냈다. 떠나기 직전, 국문태는 현장에게 많은 금은보화와 옷 등을 선물하면서 20여 명의 시종과 길잡이, 30필의 준마를 준비해 주었다. 또한 앞으로 지나가게 될 24개국 국왕에게 보내는 편지도 써주었다. 자신의 동생인 현장을 잘 돌봐달라는 내용이었다.

고창국을 떠나 구자국에 이른 현장은 매우 융숭한 대접을 받았다. 구자국의 고승인 목차국다木叉鞠多와 불법을 논쟁했는데, 대승불교를 믿는 현장이 소승불교를 믿는 목차국다를 이겼다. 구자국을 떠난 뒤 현장은 가슴이 서늘해지는 위험한 상황과 웃음을 머금게 되는 일화를 여럿 경험한다. 2천여 명의 돌궐인으로 구성된 도적떼에게 둘러싸였는데, 현장이 가진 재물을 어떻게 나눌 것이냐를 두고 그들 사이에 싸움이 붙었다. 싸움이 점점 격렬해지더니 그들은 점점 현장 일행에게서 멀어졌고, 그 틈을 타 현장은 멀리 달아날 수 있었다.

서쪽으로 600리를 더 가서 발록가에 도착해 하루를 쉬었다. 다시 300리를 더 가서 작은 사막을 건너 릉산 산자락에 도착했다. 해발 7,000미터가 넘는 만년 설산인 릉산을 넘으면서 현장의 시종들 중 30~40퍼센트가 동사했다. 7일이 지난 후 현장은 천신만고 끝에 그 죽음의 땅을 벗어날 수 있었다. 다시 서쪽으로 400~500리를 더 가니 대청지가 나왔다. 다시 서쪽으로 500리를 걸었다. 이번에 닿은 곳은 쇄엽성으로, 당나라 때의 대시인 이백李白의 고향이다. 그 후 삽말건국, 네댓 개의 작은 나라를 거쳐 갈상나국에 도착했다. 현 우즈베키스탄 남부의 산 입구를 이르는 이름인 철문을 지나면 도화라국, 활국活國, 현 아프가니스탄 쿤두스, 박갈국縛喝國, 옛 대하국의 수도이자 당시 소왕사성小王舍城으로 불렸던 곳을 거쳤다. 박갈국을 떠나 남쪽으로 내려가서 계직국揭職國, 현 아프가니스탄에 들어갔다. 현장은 아프가니스탄에서 범연나국을 들러 잘 알려진 바미안 대불을 참배하고 그 밖에 유명한 사원을 살펴보았다.

현장은 고향에서 1만 리나 멀리 떨어진 가필시국迦畢試國, 현 아프가니스탄 카불에 질자가람質子伽藍이라는 사원을 참배했다. 사원의 승려는 질자가람을 만든 사람이 한나라 때 건너온 중원 사람이라고 가르쳐 주었다. 이 사원은 '사락가沙落迦'라고도 불리는데, 서역어로 뤄양을 의미한다는 것이었다. 고향인 뤄양과 관련된 사원에 온 현장은 눈물을 글썽이며 감격했다. 여기서부터 현장은 동쪽으로 계속 여행하여 마지막으로 옛 인도의 북부인 남파국濫波國에 도착했다.

인도 북부에 들어선 현장은 남파국에 이어 두 번째로 게라갈국揭羅喝國에 갔다. 현장은 이곳에서 불정골佛頂骨[1] 및 다른 석가모니 유물과 불영굴佛影窟[2]을 참배했다. 그 다음으로는 간다라 지방에 갔는데, 그때는 이미 그곳 사람들이 불교를 믿지 않을 때라 사원이 황폐해져 있었다. 왕족은 대가 끊어졌고 성도 텅 비어 적막했다. 주민 수도 적었다.

천축국에서 현장은 쉬지 않고 석가모니의 유적지를 돌아다녔고 여러 고승을 방문했다. 가습미라국迦濕彌羅國에서는 2년간 머무르면서 70여 세의 승칭僧稱 법사에게 《구사론俱舍論》, 《순정장론順正章論》, 《인명因明》[3], 《성명聲明》[4] 등을 배웠다. 네 번째 불교 경전 결집에서 확정한 30만 경론을 전부 배운 것이다.

현장이 불법을 구하는 여정은 예측불가의 위험으로 가득했다. 배고픔을 견디며 사막을 건너고 설산을 넘는 것 외에도 시시때때로 도적떼가 출몰했다. 현장의 험난한 불경 취득기는 소설 《서유기西遊記》에서 당승이 겪는 81번의 겁난에 비해 덜하다고 말할 수 없을 정도다. 그는 책가국磔迦國에서 50여 명의 강도에게 포위되었다. 재물을 몽땅 빼앗은 뒤에는 일행을 전부 죽여 입막음을 하려고 했다. 다행히 현지 주민이 도움을 주어 겨우 목숨만 건졌다. 그때 일행들은 겁을 먹고 어찌할 바를 몰랐는데 현장은 씩 웃으면서 이렇게 말했다.

"인간에게 제일 귀한 것은 생명이다. 생명을 잃지 않았으니 두려워할 게 뭐가 있단 말인가? 옷이나 재물 따위를 잃어버렸다고 고민하지 마라!"

가장 위험했던 순간은 아야목거국阿耶穆佉國으로 향하는 길에 현장 일행은 80여 명으로 늘어났는데 배를 타고 갠지스강을 따라 내려가기로 했다. 강변에는 빽빽이 나무가 서 있고 그 뒤에서 몇 십 척의 배가 쏜살같이 미끄러져 나왔다.

---

1 부처의 머리 유골.
2 석가모니가 사나운 독룡을 제도하고 이 용을 위해 굴에 그림자를 남겨두었다고 한다.
3 고대 인도의 논리학 서적.
4 언어 및 문자학 서적.

강도들은 일행을 강가에 내리라고 강요했다. 그들은 모든 재물을 거둔 뒤 옷을 다 벗으라고 명령했다. 강도는 금세 일행 중에서도 준수한 외모를 가진 현장을 눈여겨보았다. 그들은 인도의 두르가 여신을 섬겼는데, 매년 가을에 잘생긴 남자를 잡아와서 신에게 바치는 습성이 있었다. 제사 물품을 고른 다음 강도들은 제사 준비에 들어갔다. 현장을 잘 씻기고 한쪽 옆에는 제단을 만들었다. 강도들은 현장의 설득이나 다른 일행의 애원을 못들은 척했다. 현장은 이번에야말로 겁난을 피할 수 없겠다고 생각했다. 그는 눈을 감고 미륵불의 이름을 외면서 입적할 마음의 준비를 했다. 강도들이 현장을 제단에 눕히고 칼로 목을 막 그으려는 찰나, 갑자기 시커먼 바람이 불어오고 나무가 꺾이며 강물이 용솟음쳤다. 몇몇 배들은 뒤집어지기까지 했다. 강도들은 이런 갑작스러운 상황에 깜짝 놀랐다. 두르가 신을 믿는 이교도들은 이것이 신의 계시라고 생각했다. 강도들은 현장이 어째서 이렇게 신성하냐고 물었고, 일행들이 현장에 대해 사실대로 이야기해 주었다. 강도들은 당장 현장을 풀어주고 고개를 숙이며 사죄했다.

이 일이 있기 전에 현장은 말토라국株兎羅國, 겁비타국劫比他國, 갈야국사국羯若鞠闍國에 갔다. 갈야국사국에서 대승불교를 적극적으로 장려하는 인도의 명군 계일왕戒日王을 만났다. 강도들의 제사 겁난 이후 현장은 다시 쉼 없이 인도를 돌아다녔다. 교상미국憍賞彌國으로 배움을 청하러 갔다가 그 다음에는 달가비라위국達迦毗羅衛國에 가서 석가모니의 탄생지인 룸비니 동산 등 유적지를 참배했다. 그 후 동쪽으로 700리 이동하여 쿠시나가르에서 석가모니의 열반 성지를 참배했다. 다시 바라닐사국婆羅疵斯國에 가서 석가모니가 초기에 설법했던 녹야원을 살펴보고 비사리성毗舍離城에 가서 불교 제2차 집결지를 탐방했다.

이런 모든 구법의 여행 과정 중에 마갈타국摩竭陀國의 나란타사那爛陀寺가 현장에게 가장 큰 영향을 주었다. 머물며 공부한 시간도 가장 길었다. 현장은 100세를 넘긴 나란타사의 주지 계현戒賢법사에게 1년 5개월 《유가사지론瑜伽師地論》을 배웠다. 나란타사는 당시 인도 불교의 중심지로 가장 명망 높은 학부이기도 했다. 인도의 모든 고승들이 운집하는 곳으로 1만 명의 학도와 1,500명의 법사들이 머물렀다. 나란타사의 이름은 중국, 일본, 한국 등에서도 유학생이 올 정도로 잘 알려졌다. 정관 8년635년부터 12년639년까지 현장은 나란타사에서 5년간 머무르며 공부했고, 수십 개 인도 도시국가를 여행했다.

현장의 배움은 점점 더 많은 사람의 존경을 받았으며, 계일왕의 신임도 두터워졌다. 642년, 계일왕은 수도인 곡녀성曲女城에서 전에 없던 대규모의 변론회를 열었다. 18개국의 국왕이 직접 참관하고, 인도 전역에서 3천 명의 고승이 모였다. 바라문 등 다른 종교에서도 참가자가 2천여 명이었다. 나란타사에서도 1천여 명의 학도를 보냈다. 18일 후, 현장은 변론회의 최종 승자가 되었다. 그의 뛰어난 변론, 박학다식함에 대승불교에서는 '마하야나제바摩訶耶那提婆'(대승천大乘天), 소승불교에서는 '목차제바木叉提婆'(해탈천解脫天)라고 존칭했다. 대승불교와 소승불교에서 이런 칭호는 고승에게 지고무상의 존칭이다. 이로부터 현장법사의 명성이 인도 전역에 퍼졌다.

18년 후, 현장은 석가모니 진신사리와 금은으로 만든 불상, 600여 부의 범어 경전을 가지고 동쪽을 향해 귀환길에 올랐다. 계일왕은 현장법사를 만류하기 위해 100곳의 사원을 짓겠다는 약속을 했지만 현장의 귀국 결심을 꺾지 못했다.

정관 15년641년, 42세의 현장은 곡녀성을 출발해 귀로에 올랐다. 인더스강을 건너다 물난리를 만나 인도에서 중국으로 가져가려던 기이한 식물들의 씨앗과 50권의 불경을 잃었다. 현장은 파키스탄 북부를 통해 지나가는 길을 잡아 파미르 고원을 넘어 동쪽으로 향했다. 정관 18년644년, 현장은 우전국에 도착했다. 그는 우전에서 7~8개월을 기다려서야 당 태종의 답장을 받았다.

"법사가 인도를 다녀와 이번에 귀환했음을 전해 듣고 비할 데 없는 기쁨을 느끼노라. 속히 귀환하여 짐을 만나도록 하라. (……) 둔황의 지방관이 법사를 맞이하도록 하고……."

현장이 장안에 돌아왔을 때는 정관 19년645년, 현장의 나이 46세였다. 장안 사람들이 거리마다 잔뜩 나와서 현장의 얼굴을 보려고 아등바등했다. 너무 사람이 몰려서 행렬의 속도가 늦어지고 심지어는 사람이 인파에 깔리는 사고도 벌어졌다.

정관 22년648년 당 태종은 현장을 위해 자은사慈恩寺를 짓고 그를 주지로 삼았다. 이곳은 홍복사弘福寺 외에 현장이 불경 번역 및 거주했던 주요 장소다. 영휘永徽 3년652년, 현장은 인도에서 힘들게 가져온 진귀한 불경이 화재로 소실될까 두려워하여 당 태종에게 자은사 서쪽에 탑을 세우고 그곳에 경전을 보관하겠다고 표를 올렸다. 당 태종이 허락했다. 황제의 허락이 떨어지자 14일 만에 탑이 완성되었다. 자은사탑은 주로 범어 경전과 석가모니 사리, 불상 등이 봉안되었다. 하지만 이 탑은 30년 후에 무너진다. 이때가 마침 무측천이 권력을 잡았을 때였는데, 다시 자은사탑을 세웠다. 탑은 10층으로 하고 정식 명칭을 대안탑大雁塔이라고 했다. [8-4] 탑의 남쪽에는 당 태종 이세민이 쓴 〈대당삼장성교서大唐三藏聖敎序〉, 당 고종高宗 이치李治, 재위 649~683가 쓴 〈대당삼장성교서기大唐三藏聖敎序記〉를 새긴 비석 두 개가 세워져 있다. 당시의 대서예가 저수량褚遂良, 596~658이 글씨를 썼는데 필체가 수려하여 당나라 때의 유명한 비석으로 꼽힌다.

대안탑이라는 이름에도 감동적인 이야기가 전해진다. 현장이 인도에서 불법을 공부할 때, 한 번은 석가모니의 족적을 따라 어느 산에 있는 사원을 참배했다. 그 사원의 이름은 '비둘기'라는 뜻이었다. 석가모니가 이 사원에서 사람들에게 설법을 했는데 하룻밤 내내 설법을 그치지 않았다. 그때 새 잡는 사람이 그날 밤새 새를 쫓았으나 한 마리도 잡지 못하자 원망을 석가모니에게 돌렸다.

"당신이 밤새 설법을 하는 바람에 산의 새가 다 도망가서 내가 한 마리도 못 잡았소! 당신 때문에 내 가족이 다 굶게 생겼으니 어떻게 할 거요?"

[8-4] 시안의 대안탑

석가모니가 평온하게 대답했다.

"화낼 필요 없소이다. 내가 당신에게 먹을 것을 주겠소. 우선 횃불을 하나 피워주시오."

새 잡는 사람이 횃불을 피우자 석가모니가 몸을 흔들어 비둘기로 변해서 횃불로 뛰어들었다. 새 잡는 사람은 잘 익은 비둘기 고기를 가지고 집에 돌아가서 가족들과 나눠 먹었다. 나중에 그 비둘기가 석가모니가 변신한 화신이었음을 알게 된 그는 감동하고 후회하는 마음이 생겨서 불문에 귀의했다. 그래서 이곳에 후세 사람들이 '비둘기'라는 이름을 가진 사원을 지은 것이다.

이 산의 동쪽에는 탑이 한 기 있는데, 그 탑의 이름은 '기러기[大雁]'라고 했다. 이 탑에 얽힌 이야기는 다음과 같다. 과거에 이 지역은 소승불교를 믿었고, 승려도 세 가지 깨끗한 고기 삼정육三淨肉는 먹어도 되었다. 한동안 고기를 먹지 못한 승려가 하늘을 바라보며 말했다.

"대자대비하신 보살이여, 절에 고기가 끊어진 지 오래되었습니다. 이 사실을 알고 계신가요?"

그때 하늘에 기러기 한 떼가 날아가고 있었는데, 승려의 말이 끝나자마자 무리를 이끌고 가던 기러기가 땅에 툭 떨어져 죽었다. 승려는 깜짝 놀라 이 이야기를 다른 사람에게 전했다. 사람들은 부처가 사원 사람들의 욕심을 지적한 것이라고 생각했고, 후회하는 마음이 생겼다. 그래서 그들은 기러기를 잘 묻어주고, 탑을 세워 기렸다. 또한 그 절에서는 더 이상 육식을 하지 않고 대승불교를 믿게 되었다고 한다.

현장은 홍복사, 자은사, 옥화사 玉華寺, 오늘날 산시陝西성 옌안延安 근처에서 19년간 불경 번역 작업에 매달렸다. 그가 번역한 경전은 47부 1,335권이나 된다. 또한 자신의 여정을 담은 책《대당서역기 大唐西域記》12권을 써서 후세 사람들에게 전했다. 인도의 역사학자가 이런 말을 한 적이 있다.

"마우리아 왕조 서기전 320~서기후 180 이후의 인도 역사 기록에서 중국어로 된 기록은 매우 중요한 의미를 갖는다. 현장, 법현 등의 중국 여행가들은 고대 인도에 대한 진귀한 기록을 남겼다. 중국어로 된 자료를 활용하지 않고 인도 역사를 연구하는 것은 불가능하다."

루쉰 魯迅, 1881~1936도 자신의 글 〈중국인은 자신감을 잃었는가 中國人失掉自信力了嗎〉에서 이렇게 쓴 적이 있다.

"우리는 고대로부터 고생스럽게 일하고, 온 힘을 다해 일하고, 백성을 위해 사명을 다하고, 몸을 바쳐 구도했다. (……) 이것이 중국의 중추이다."

현장이 인도에서 가져온 불경은 번역한 후 당나라 때와 그 이후의 둔황 벽화에 심대한 영향을 끼쳤다. 성당^{盛唐} 시대에 만든 막고굴 제148굴의 '약사경변^{藥師經變}'과 그 이후 시대에 제작된 여러 '약사경변', 제148굴의 '천청문경변^{天請問經變}'[8-5]과 역시 제148굴의 '불공견색관음경변^{不空羂索觀音經變}', 만당^{晚唐} 시대에 만든 제14굴의 '십일면관음경변^{十一面觀音經變}' 등은 현장이 번역한 불경의 내용에 의해 제작된 것이다. 둔황 장경동에서 현장이 번역한 《약사유리광여래본원공덕경^{藥師琉璃光如來本願功德經}》, 《천청문경^{天請問經}》, 《불공견색신주심경^{不空羂索神呪心經}》, 《십일면신주심경^{十一面神呪心經}》 등이 출토된 바 있다. 심지어 둔황본의 《대당서역기》 3질도 나왔다. [8-6]

현장은 불경을 가지러 가는 길에 과주에서 한 달여를 머물렀고 과주자사 독고달 및 관아의 관리 이창 등에게 도움을 받았다. 나이든 이민족 노인 한 명이 그에게 늙은 말 한 마리를 주기도 했다. 이 말이 사막을 지날 때 현장에게 샘을 찾아준 말이다. 제자 석반타 역시 이민족이었는데, 그는 현장이 몰래 강을 건널 때 길잡이 역할을 톡톡히 했다. 그래서 현장의 서행길은 과주 사람들에게 깊은 인상을 남겼다.

과주 경내에 위치한 유림굴^{楡林窟}과 동천불동^{東千佛洞}에는 여섯 점의 〈당승취경도^{唐僧取經圖}〉가 있다. 모두 서하^{西夏, 1038~1227} 시대에 제작된 석굴로, 명나라 사람인 오승은^{吳承恩, 1500?~1582?}이 《서유기》를 쓰기 300년 전이다. 여섯 점의 벽화는 한 가지 공통점이 있는데, 당승(현장)과 손오공, 백마만 나올 뿐 저팔계와 사오정은 나오지 않는다는 점이다.

유림굴 제2굴의 벽화는 주실 서쪽 벽의 북편, 〈수월관음도^{水月觀音圖}〉[5] 아래에

---

5 관음보살의 33가지 모습 중 하나로, 관음보살이 물에 비친 달을 내려다보는 그림을 일컫는다.

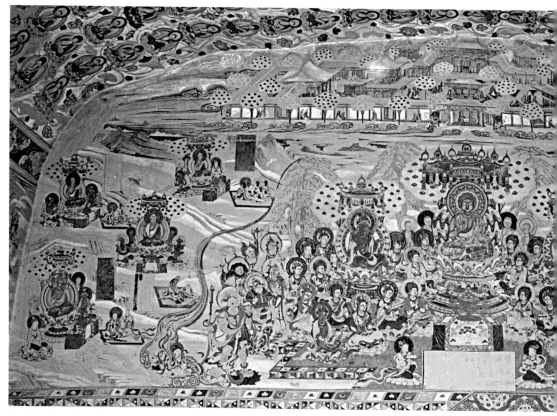

[8-5] 막고굴 제148굴 〈천청문경변〉

있다. 화면 속에는 젊고 잘 생긴 한족 승려가 보인다. 가사를 입고 머리카락을
다 깎은 민머리이며 합장을 하고 강물을 바라보면서 강가에 서 있는 모습이다.
강물 표면에는 물결이 일렁이고 달빛이 은은하게 비치는 고요한 순간이다. 젊은
승려가 바로 현장이다. 그의 뒤에는 원숭이를 닮은 외모에 머리카락을 풀어헤치

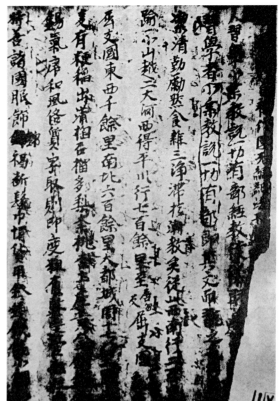

[8-6] 둔황 문서 S.2695Va 《대당서역기》

고 이마에 금테를 찬 남자가 보인다. 승복이 아니라 일반적인 속인의 복장을 입었다. 오른손을 이마에 대고 빛을 가리는 동작을 보면 멀리 뭔가를 쳐다보는 중인 듯하다. 왼손은 머리만 살짝 드러나 있는 백마의 고삐를 쥐고 있다. 이 사람이 바로 손오공이다. 스승과 제자 두 사람은 물가에서 관음보살을 향해 인사를

드리는 모습이다. [8-7]

유림굴 제3굴에는 두 점이 있다. 한 점은 서쪽 벽에 있는 〈보현변普賢變〉 그림의 남쪽에 위치해 있는데, 격류가 흐르는 강가에 먼지를 뒤집어 쓴 현장이 서 있다. 민머리에 가사를 입고 발에는 짚신을 신었다. 두 손을 모아 합장하면서 허리를 굽히는 자세를 보면 무언가 기도하는 듯하다. 그 뒤로 손오공이 속인 복식으로 이빨을 드러낸 채 하늘을 쳐다보고 있다. 역시 손을 모아 기도를 하고 있다. 손오공 옆에는 백마가 세 다리는 땅에 대고 한 다리는 살짝 앞으로 뻗은 채 서 있다. 말도 고개를 쳐들고 있는데, 멀리서 쉬지 않고 달려오다가 막 멈춘 모양새다. 말등에는 안장이 놓였고, 안장 위에는 연꽃과 불경 보따리가 보인다. 불경 보따리에서는 찬란한 빛이 새어나온다. 동쪽 벽의 북측에는 〈십일면천수관음변十一面千手觀音變〉이 그려져 있는데, 그 아래에도 현장과 관련된 그림이 한 점 더 있다. 청년 현장이 두 손을 합장한 채 성심으로 기도를 올린다. 손오공은 원

[8-7] 유림굴 제2굴 〈현장취경도〉

승이 얼굴에 긴 머리카락을 어깨까지 기르고 끈을 맨 속인 복장이다. 손오공의 허리에 불경 보따리가 매어져 있다. 오른손에 쥔 봉을 오른쪽 몸에 기대듯 걸쳐 놓았고, 봉 끄트머리에 불경이 든 상자를 매달았다. 왼손을 펼쳐서 이마에 대고 빛을 가리면서 멀리 바라보는 자세다. [8-8]

유림굴 제29굴에도 한 점이 있다. 북쪽 벽의 동측에 있으며 〈수월관음도〉 아래에 위치한다. 역시 현장, 손오공, 빈 안장을 얹은 백마만 그려져 있다.

[8-8] 유림굴 제3굴 〈현장취경도〉

동천불동의 제2굴에는 두 점이 있다. 남쪽 벽의 〈현장취경도〉는 현장이 가사를 입고 두 손을 합장했다. 산을 등지고 물살이 빠른 강이 앞에 놓였다. 손오공은 원숭이 얼굴로, 머리카락을 풀어헤치고 금테를 썼다. 입을 벌리고 이빨을 드러내고 있는데, 왼손은 이마에 대고 멀리 바라보는 자세를 취하며 오른손은 백마의 고삐를 쥐었다. 북쪽 측벽에 있는 그림은 현장이 가사를 입고 허리를 굽혀 예를 취하는 모습이다. 손오공은 한 손에 봉을, 다른 손에 백마의 고삐를 잡고 있다. 백마의 안장은 비어 있고, 옆에 얌전히 서 있다.

실제 역사 기록에서 현상은 과주에서 이창의 도움을 받아 풀려난 뒤, 조급한 마음에 과주의 한 사원에 가서 예불하면서 기도를 올렸다. 이 사원에는 출가한 이민족 승려 달마達摩가 있었는데, 현장이 기도를 하기 전날 밤에 꿈을 꾸었다. 꿈속에서 얼굴이 흰 한족 승려가 연꽃을 타고 서쪽으로 가는 모습을 보았다. 달마는 예불하는 현장을 보고는 깜짝 놀라 말문이 막혔다. 꿈속에서 본 한족 승려가 아닌가! 달마는 곧 자신의 꿈 이야기를 현장에게 들려주었다. 이때 또 한 사람의 이민족이 들어오더니 예불은 하지 않고 현장 주변을 두세 바퀴 돌았다. 현장은 그 사람이 이상하다고 생각해서 어떻게 왔는지 연유를 물었다. 그 이민족 남자가 대답했다.

"나는 석반타라고 합니다. 거사가 되고 싶어서 누군가 수계를 해 줄 사람을 찾습니다."

현장은 석반타를 찬찬히 살펴본 뒤, 자신이 마침 필요로 하는 사람이라고 생각했다. 이곳의 이민족 사람은 이민족과 한족의 복식을 뒤섞어 입는 경우가 많고 주변 지리에도 밝은 사람이기 때문이었다. 석반타는 출가하여 거사가 되고자 하니 수행에도 뜻이 있다. 그래서 현장은 석반타에게 길잡이를 부탁했다. 석반타는 바로 승낙했다.

출발하던 날 저녁, 석반타는 또 다른 나이든 이민족 남자를 한 명 데려왔다.

이민족 노인은 늙고 쇠약해진 붉은 털의 말 한 마리와 함께였다. 노인은 현장에게 말했다.

"법사가 새로 산 말은 너무 젊어서 힘든 길을 가기에는 적합하지 않소. 이 말은 늙고 몸도 말랐지만 이오에서 과주까지 열다섯 번이나 오간 적이 있는 말이라오. 불경을 가지러 가는 임무를 잘 해낼 거요."

그래서 현장과 노인은 서로 말을 맞바꾸었다.

위에 설명한 여섯 점의 취경도는 수월관음 옆에 그려졌거나 격류가 흐르는 강가를 배경으로 한다. 이는 현장이 서행을 하면서 산 넘고 물 건너는 힘든 여정을 거쳤음을 의미한다. 취경도 속 현장은 모두 민머리에 출가인의 복장을 했지만 손오공은 속인 복장에다 외모가 원숭이를 닮았다. 뺨에도 원숭이처럼 수염이 숭숭 났고 머리카락도 길게 길렀다. 또한 모든 그림에 백마가 함께 그려져 있다. 이민족 사람은 일반적으로 수염과 머리카락을 기르는 편이고, 생리적으로 뺨에 원숭이 같은 구레나룻이 잘 자란다. 민간설화에 "당승이 불경을 가지러 갈 때 호손猢猻[6]이 그를 도왔다"는 말이 전해지는데, '호손'이 혹시 '호승胡僧, 이민족 승려'의 발음이 변해서 전해진 것일지도 모른다. 사료에는 석반타의 외모에 대해 자세한 설명이 없다. 하지만 둔황 과주 지역에 남아 있는 벽화에서 손오공의 모습을 보면 석반타의 모습을 추측할 수 있다. 현장과 석반타는 깊은 밤 강을 건너 달아나기로 했다. 물살이 빠르고 깊이를 알 수 없어서 강폭이 1장 정도 되는 지점을 찾아서 나무를 꺾어 다리처럼 이용해서 건너갔다. 석반타는 거사였기 때문에 속인의 차림을 했다. 거사는 불교도의 일종이지만 그 등급이 낮은 편으로 승려와 같이 엄격한 계율을 지키지 않아도 되었다. 거사는 집에서 수행을 하거나 혼인하여 아내와 자식을 둘 수도 있었다. 그래서 복식 역시 가사를 입지 않았다.

불교는 거사에 대해 가장 기본적인 다섯 가지 계율만 지키도록 한다. 첫째,

---

6 두 글자 모두 원숭이라는 뜻.

살생을 하지 않는다(개미 같은 미물도 밟지 않도록 조심해야 한다). 둘째, 도둑질하지 않는다(훔치는 것과 빼앗는 것이 모두 포함된다). 셋째, 사통하지 않는다(아내와 잠자리를 하는 것 외에 정당하지 않은 남녀관계는 모두 금지된다). 넷째, 망언을 하지 않는다(말을 할 때는 근거가 있어야 하며 거짓을 말해서는 안 된다). 다섯째, 술을 마시지 않는다(술을 마시면 네 번째 계율을 어기기 쉬우므로 술을 금해야 한다).

초당初唐 시대에 만들어진 막고굴 제323굴은 불교사적과 계율을 소재로 한 그림이 집중적으로 배치되어 있는 굴이다. 주실 남쪽과 북쪽의 두 벽면은 불교사적도가 가득 그려져 있고, 북쪽 벽은 석가모니가 옷을 빤 샘과 옷을 말린 바위에 대한 이야기를 그림으로 표현했는데 이 사적은 모두 현장이 쓴《대당서역기》에 기록되어 있는 이야기들이다.

동쪽 벽의 남측과 북측의 하단에는 계율도가 그려져 있다. 문자로 규정한 계율을 그림으로 풀어 설명하는 것이다. 그중 동쪽 벽 북측의 계율도는 1925년 미국인 랭던 워너Landon Warner, 1881~1955가 뜯어가는 바람에 훼손되었다. 둔황 벽화 중에는 석가모니와 같은 시대를 살았던 유명한 거사 유마힐維摩詰의 형상을 그린 그림이 많다.

석반타가 나무를 베어서 다리 삼아 강을 건넜다는 것을 보면 그가 날카로운 도구를 갖고 있었음을 알 수 있다. 그러나 벽화 속의 손오공은 불교에서 쓰는 석장錫杖을 들고 있다. 마르고 나이든 말도 나이든 이민족 노인의 말에 따르면 길을 잘 안다고 했는데, 사막에서 샘을 찾아낸 것을 보면 확실히 일리가 있는 말이었던 듯하다.

18년 후, 경전과 불상, 사리 등을 잔뜩 싣고 현장이 둔황, 과주를 거쳐 장안으로 돌아왔을 때, 이 공로는 일부분 과주 사람들이 위험을 무릅쓰고 현장을 도와주었던 데 돌려야 한다. 둔황과 과주 사람들은 현장이 장안에서 황제의 신임을 받고 세상의 존경을 얻는 것을 보고 뿌듯함과 기쁨을 느끼지 않았을까.

현장법사와 과주 사람들 사이의 이런 인연은 둔황, 과주 지역에 널리 알려졌을 게 뻔하다. 마지막에는 화가들의 귀에도 들어가서 벽화 속에 나타나게 되었으리라. 이 역시 과주의 유림굴, 동천불동에서 〈당승취경도〉가 여러 점 발견되는 요인이다. 또한 둔황의 벽화 중에도 여러 차례 취경도가 그려졌다.

최근 산시山西성 지산稷山현의 청룡사靑龍寺 북쪽에 있는 대전 남벽에서 새롭게 〈당승취경도〉가 한 점 발견되었다. 당승, 손오공, 백마 외에도 사오정이 그려져 있는 그림이다. 당승과 사오정은 앞뒤로 서 있는데 두 사람은 승복을 입고 민머리로 합장을 하고 멀리 바라보고 있다. 그 뒤에 서 있는 손오공은 두 눈이 움푹하고 입술이 툭 튀어나왔으며 이마가 넓은 것이 원숭이를 닮은 모습이며 한 손에 백마의 고삐를 쥐었다. 백마의 등에는 연꽃이 얹혀 있는데, 연꽃 안에 경전을 담은 보따리가 빛을 뿌리며 담겨 있다. 이 그림은 원나라 말기에서 명나라 초기에 그린 것이다. 오승은의 《서유기》보다는 100년이 앞선다.

현장이 서행과 귀환 과정에서 거쳐갔던 장예의 대불사大佛寺는 석가모니의 열반 모습을 거대한 불상으로 만들었다. 불상 뒤편의 벽 남측에 〈당승취경도〉가 그려져 있는데, 손오공이 천궁에서 소란을 부리는 장면이나 활인삼과가 열리는 나무, 화운동에서 싸우는 장면, 화염산이 길을 막는 장면 등이 그려져 있다. 손오공, 저팔계, 사오정이 사용하는 무기 등은 《서유기》와 조금씩 차이가 있지만 이야기의 대략적인 내용은 《서유기》와 일치한다. 이 벽화는 역사 속의 당승취경 이야기가 《서유기》라는 소설로 변화해가는 과정을 살펴볼 수 있는 자료라고 하겠다.

과주의 당승취경도부터 지산현의 취경도, 장예 대불사의 취경도까지, 그림으로 보는 '서유기'가 석굴 사원의 벽화에서 어떻게 변화, 발전했는지 그 과정을 잘 보여준다.

9
무측천과 대불

    수당 이래로 불교는 중국에서 광범위하게 전파되었다. 사원이 숲을 이루고 석굴도 늘어났다. 이와 같은 불교의 번영은 제왕이 불교를 장려하고 제창하는 여부에 밀접한 관계를 맺는다. 남북조 시대부터 수당 시대까지 불교를 깊이 신앙하고 직접 불교사원이나 석굴을 짓는 데 참여한 제왕은 적잖다. 그중 무측천武則天, 624~705은 당나라 시대의 불교 발전을 이끈 중요한 인물이다.

    무측천, 이름은 조瞾이고 병주並州 원수이文水, 오늘날 산시山西성 원수이현 사람이다. 아버지 무사확武士彠은 당나라 건국에 공을 세운 관리로, 태원군공太原郡公, 응국공應國公에 봉해졌으며 관직은 공부상서工部尙書였다. 어머니는 양씨楊氏로 신분 높은 관료집안의 딸이었다. 이처럼 새롭게 등장한 귀족 세력 집안에서 태어난 무측천은 어려서부터 총명하고 지혜로웠다. 아버지 무사확은 그녀가 훌륭한 인재가 될 재목이라고 여겨서 글을 가르치고 세상의 이치를 이해하도록 했다. 무측천은 열서너 살 때 많은 책을 읽었고 평범한 사람과 다른 대담함을 보였다. 정관 11년^{637년}, 당 태종이 후궁을 대거 선발했다. 열네 살이던 무측천도 꿈을 안고 입궁해 재인^{才人}에 책봉되었다. 재인은 후궁 품계 중에서 가장 낮은 등급이다. 주로 황제의 연회나 휴식 시간 등을 준비, 관리하는 내관의 업무를 했다. 입궁한 뒤, 무측천은 유능하고 노력한 일처리와 황제의 뜻을 잘 살피는 눈썰미가 있는데다 미모가 돋보여 태종의 사랑을 받았다. 당 태종은 무측천에게 미랑^{媚娘}이라는 이름을 내리기도 했다.

그러나 복잡한 후궁의 세력 다툼 속에서 밀려나면서 점점 총애를 잃었다. 무측천은 입궁한 후 12년간 내내 재인에 머물렀다. 그러나 나중에 자신보다 다섯 살 어린 태자 이치^{李治, 당 고종}를 알게 되고, 두 사람 사이에서 사랑이 싹텄다.

정관 23년^{649년}, 당 태종이 붕어했다. 당나라 때의 제도에 따라 스물일곱 살이 된 무측천도 태종의 다른 후궁과 마찬가지로 장안의 감업사^{感業寺}라는 절에 가서 비구니가 되어야 했다. 태종의 뒤를 이어 즉위한 고종은 영휘 2년^{651년}에 무측천을 두 번째로 입궁시킨다. 다음 해 5월에는 스물아홉 살이 된 무측천을 소의^{昭儀}에 봉한다. 소의는 후궁에서 비교적 높은 품계다. 이번에는 고종의 총애를 받는 무측천이 첫 번째 궁중생활에서 얻은 경험과 교훈을 바탕으로 후궁의 세력 다툼에서 계속 승리를 거두었다. 영휘 6년^{655년} 서른세 살의 무측천은 당 고종의 황후로 책봉된다. 이어 무측천은 황후의 신분과 고종의 총애를 이용해 정무에 적극적으로 참여한다. 무측천은 자신의 집권 과정에서 장애물을 처리하고 자신의 영향력과 권력을 공고히 하면서 점차 확장해갔다.

현경^{顯慶} 5년^{660년} 고종은 어지럼증을 앓게 되면서 황후 무측천이 자신을 대신해 정사를 돌보게 하는 조서를 내렸다. 상원^{上元} 원년^{674년} 고종은 자신을 천황^{天皇}, 무측천을 천후^{天后}라고 선포한 다음, 두 사람이 나란히 조정에 나아가 대신들의 조례를 받는 것으로 제도를 바꾸었다. 당시 사람들은 황제 부부를 '이성^{二聖}'이라고 불렀다. 이로써 무측천은 당 왕조의 정권을 완전히 장악했다. 상원 원년 무측천은 천후의 신분으로 정무를 주관하기 시작하면서, 천수天授 원년690년에 정식으로 황제가 되기까지 16년간 자신이 황제가 되는 데 필요한 여러 가지 사전 작업을 펼쳤다. 그중 하나가 바로 종교의 영향력을 이용해 자신의 권위를 높이고 황제가 되기 위해 필요한 제도 변경을 뒷받침할 여론을 조성하는 것이었다.

용문석굴龍門石窟 봉선사奉先寺는 용문석굴을 대표하는 사원 중 하나다. 주존主尊은 노사나불이고 높이 17.14미터의 용문석굴 최대의 불상이다. 노사나불은 석가모니의 보신불이며 '빛이 세상을 고루 비춘다'는 의미다. 이 불상의 얼굴은 둥그스름하고 아름다워서 남성의 장엄함과 여성의 자애로움이 공존한다. [9-1] 민간에서는 이 불상이 무측천의 외모를 본따 만들었다는 말이 떠돌았다. 즉 무측천 본인의 이상적인 화신이라는 것이다. 역사에는 무측천의 딸 태평공주太平公主가 네모반듯한 이마에 턱이 넓다고 기록되어 있다. 무측천도 이와 비슷한 외모적 특징을 가졌으리라는 추측이 가능한데, 그렇다면 봉선사의 노사나불과 딱 들어맞는다. 게다가 '빛이 세상을 고루 비춘다'는 의미 또한 무측천의 이름 '조曌'와 들어맞는다. 현존하는 사료를 토대로 살펴보면, 이 노사나불상이 무측천의 외모를 본땄다는 증거는 없다. 하지만 봉선사 노사나불은 무측천이 자금을 지원해서 만들어진 게 사실이다(2만 관貫을 출자했다는 기록이 남아 있다). 불상이 완성되자 무측천은 특별히 불상 낙성식을 성대하게 열기도 했다. 이렇게 보면, 봉선사 대불은 무측천의 사회적 영향력을 확대하기 위해 만든 것이 분명하다.

수공垂拱 4년688년 4월, 무측천은 조카인 무승사武承嗣 등에게 '성모聖母가 세상에 강림하시니 영세토록 나라가 번창한다[聖母臨人永昌帝業]'는 글자가 새겨진 바위를 위조하라고 은근하게 암시했다. 무승사 등은 바위를 위조한 뒤 하늘의 계시가 새겨진 바위를 낙수洛水에서 발견했다고 떠들었다. 무측천은 이 바위를 '천수보도天授寶圖'라고 부르고, 더 나아가 낙수의 신을 현성후顯聖侯에 봉했다. 자기 자신은 바위에 새겨진 이름을 따서 '성모신황聖母神皇'이 되었다.

[9-1] 용문석굴 봉선사 노사나불상

같은 해 6월, 이번에는 사수汜水에서 하늘의 계시가 새겨진 바위가 발견되었다. 이 바위에는 후세에 〈광무명廣武銘〉이라고 알려지는 글귀가 새겨져 있었다. '무측천이 부처의 화신이며 하늘에서 내려왔고, 그러니 무측천이 당 왕조를 대체해야 한다'는 것을 암시하는 내용이다. 천수 원년690년 7월, 설회의薛懷義와 승려인 법명法明 등이 《대운경소大雲經疏》를 무측천에게 바치면서 무측천은 서천의 미륵불이 세상에 오신 것이라고 일컬었다. 그러니 당 왕조를 대신하여 천하의 주인이 되어야 한다고 주장했다. 무측천은 기뻐하며 전국 각지에 모두 '대운사'를 짓고 미륵불상을 봉안하라는 명령을 내렸다. 이 명령은 곧바로 전국에서 시행되었다. 각 지방마다 미륵신앙을 기반으로 한 대운사를 지었다. 그때 둔황에도 대운사가 지어졌고, 막고굴 제96굴에 대형 미륵불상이 봉안되었다.

690년, 무측천은 국호를 주周로 고치고 연호를 천수로 바꾼 뒤 황제로 정식 즉위했다. 무측천은 중국 역사상 유일한 여황제다. 황제가 된 뒤, 무측천은 계속해서 불교를 이용해 자신의 통치 기반을 다지고 여론을 조성했다. 장수長壽 2년693년 승려 보리류지菩提流支가 《보우경寶雨經》 10권을 번역했는데, 경전 내용 중에 "동쪽에서 일월광日月光 천자가 나오니, 오색의 상서로운 구름을 타고 부처가 계신 곳으로 왔다. 부처께서 그에게 수기授記를 주시며 말씀하시기를, 후에 마하지나국摩訶支那國에서 여인의 몸으로 태어나 왕이 되리라 하셨다. 또한 말씀하시기를, 불법으로 중생을 교화하고 사원과 탑을 세우며 승려를 공양하리라 하셨다"는 대목이 나온다. 《보우경》은 당나라 때까지 세 종류의 한역본이 있다. 당나라 이전 번역한 《보우경》에는 이 대목이 없다. 당나라 때 번역하면서 위조해 넣은 것이다. 이는 무측천의 황제 즉위를 위해 여론을 조성하는 데 근거로 사용되었다. 《보우경》의 번역이 끝난 그 해에 무측천은 존호를 더하여 스스로 '금륜신성황제金輪神聖皇帝'가 되었다.

무측천은 여성으로 남성 중심사회에서 황제의 자리에 오르고 자신의 새로운 왕조를 만들기가 쉽지 않았다. 사회적 역량으로 과거의 왕조 세력을 억누르는 것은 물론, 자신의 대외적 모습을 지고무상하고 하늘이 내린 권력을 가진 신비로운 색채로 포장해야 했다. 당시 불교는 사회적으로 광범위한 영향력을 행사하고 있었다. 승려들은 당나라 초기부터 시행된 숭도억불崇道抑佛 정책에 상당한 불만을 갖고 있었다. 무측천은 이런 사회적인 분위기를 적절히 이용했다. 동시에 세상 사람들이 태평성대를 가져올 것으로 기대하는 미륵불이 조금 일찍 세상에 강림했다고 선전했다. 그래서 무측천은 자신의 얼굴을 닮은 불상을 만드는 등 둘을 교묘하게 하나처럼 융합하였다.

중앙정권이 이런 정책을 쓴다면 지방에서는 그 효과가 눈에 드러나는 것이 당연하다. 무측천 시대의 둔황에서는 상당수의 석굴이 창건되었고, 그중 가장 유명한 석굴이 바로 거대한 불상이 봉안된 제96굴이다. 이 석굴은 산자락에 기대어 지어졌다. 굴 외부에는 전면에 부설한 9층짜리 목조 굴첨窟檐이 있다. 제96굴의 외부 굴첨 구조물은 둔황 막고굴을 대표하는 '이미지'이기도 하다. 세간에서는 '구층루九層樓'라는 이름으로 부른다. [9-2] 붉은색 누각이 산벼랑에 기대어 세워져 있다. 들보가 이리저리 교차되는 모습은 위엄 넘치는 장관이다. 건축물 안에는 둔황에서 가장 큰 규모의 불상이 있다. 제130굴에 있는 당나라 때의 또 다른 대불상보다 북쪽에 위치한다는 이유로 '북대상北大像'이라는 별명으로 불린다. [9-3]

대불의 높이는 35.5미터로 동쪽을 바라보고 앉아 있다. 얼굴은 둥그스름하고 눈썹은 날렵하다. 두 다리는 자연스럽게 아래로 내려서 발이 땅을 딛고 있다. 두 손은 다리 위에 내려놓고 오른손은 위를 향해 치켜들고 중생의 고통을 없애준다는 시무외인을 맺고 있다. 왼손은 수평으로 뻗어 중생의 소원을 들어준다는 여원인을 맺고 있다.

불상은 돌로 본을 만들고 그 위에 진흙으로 빚어서 만들었다. 사력암인 벼

[9-3] 둔황 막고굴 제96굴 대불

랑에 불상의 대략적인 신체 윤곽을 조각한 다음 그 위에 진흙을 붙이고 세밀한
조형을 다듬은 다음 채색한다. 이것이 둔황석굴의 대형 불상을 만드는 통상적
인 방법이다. 대불상은 높고 웅대하며 정결하고 고요한 엄숙함이 있다. 살짝 아
래로 내려뜬 것 같은 시선은 참배자의 마음을 꿰뚫어보는 듯하다.

당나라 때의 문헌인《막고굴기莫高窟記》를 살펴보면 제96굴이 당나라 연재延載 2년695년에 짓기 시작했음을 알 수 있다. 석굴을 지은 사람은 영은선사靈隱禪師, 음조거사陰祖居士 등이다. 처음 지은 굴첨은 4층짜리 구조물이었고 불상은 금색으로 칠했다고 한다. 9세기 말, 4층 굴첨을 5층으로 수리했다. 이어 송나라, 서하, 청나라를 거치면서 몇 차례 수리했다. 오늘날 우리가 보는 9층 굴첨 누각은 중화민국 17~24년1928~1935에 둔황의 유명한 약방인 덕흥항德興恒 주인인 류지더劉驥德와 둔황 향신鄕紳, 퇴직 관리 등 그 지역에서 명망 높은 인사 장판밍張盤銘, 막고굴 황경사皇慶

[9-4] 둔황 막고굴 제96굴 중화민국 시기의 중수 전 대불 모습(랭던 워너 촬영)

寺 주지 라마역창서喇嘛易昌恕 등이 1만2천여 위안을 모금하여 8년이 걸려서 완공했다. 중화민국 시기에는 굴첨을 중수하는 것 외에도 불상의 황토색[土紅], 붉은 바탕에 누른빛이 도는 색깔 가사와 승지지僧祗支 등을 새로 칠했다. 가사의 늘어진 옷자락에는 청나라식 운룡문雲龍紋을 그렸다. 불상은 1천 년의 역사를 겪으며 몇 차례의 수리를 거쳤지만 신체의 비율이나 앉은 자세, 얼굴의 모습 등은 기본적으로 당나라 때 만들어진 그대로다. [9-4]

전문가의 연구에 따르면, 이 불상은 미륵불로서 석가모니를 계승할 미래의 부처다. 중국에 불교가 전래된 후부터 미륵신앙은 많은 백성들이 따랐던 교리였다. 특히 남북조 이후로 중국 대륙의 중원 및 북방 지역은 미륵신앙이 매우 성행했다. 미륵불상 역시 널리 보급되었다. 5호16국 시대의 북량 영토 안에서 발견된 14기의 북량 석탑은 훼손되어 명확하게 알아보기 힘든 한 기를 제외한 13기는 전부 미륵보살상을 봉안하고 있다. 막고굴의 북량, 북위, 북주 시대 석굴도 전부 미륵불상이 안치되어 있다. 막고굴 제275굴은 높이가 3미터에 달하는 교각미륵보살상이 있는데, 이는 막고굴의 북조 시대 불상 중 가장 유명한 미륵불상이다. [9-5] 수당 시대에는 미륵신앙이 더욱 성행하여, 이를 믿는 사람이 승려 계층을 넘어 황실, 문인, 백성 등 사회 각계각층에 퍼져 있었다. 수나라 때의 고승 언종彦琮, 영간靈幹, 지엄智嚴 등도 미륵정토를 꿈꾸던 사람들이다. 당나라 때의 고승 현장은 미륵불상을 1천 좌나 만들었으며, 생의 마지막까지 사람들이 둘러싼 가운데 '나무미륵불南無彌勒佛'을 염하다가 입적했다고 한다. 당나라 때의 대시인 백거이白居易, 772~846도 140여 명과 단체를 만들고 미륵불을 깊이 신앙했으며 〈화미륵상생정찬병서畵彌勒上生幀贊並序〉, 〈화미륵상생정기畵彌勒上生幀記〉 등의 글을 썼다.

무측천과 당 현종 역시 미륵신앙을 갖고 있었다. 이 시기에 둔황 석굴은 계속하여 미륵불상을 만드는 것 외에도 대규모의 미륵경변도彌勒經變畵가 나타난다.

[9-5] 둔황 막고굴 제275굴 미륵보살상

통계에 따르면 둔황 석굴에는 102점의 미륵경변이 있는데, 이중 수당 시기의 것이 79점이다.

역사적으로 미륵과 관련한 불경은 아주 많지만 주로 유행한 경전은 《불설관미륵보살상생도솔천경佛說觀彌勒菩薩上生兜率天經》과 《불설미륵하생성불경佛說彌勒下生成佛經》 두 가지다. 《불설관미륵보살상생도솔천경》약칭 《미륵상생경》은 미륵이 바라나국波羅奈國의 바라문 가정에서 태어나 불교에 귀의했으며 석가모니를 따라 불법을 수행했다는 이야기를 담고 있다. 석가모니가 열반에 들기 전 먼저 입적한 그는 도솔천궁에 올라 보처보살補處菩薩이 되었고 정토원에서 여러 천신을 위해 설법하였다고 한다. 《불설미륵하생성불경》약칭 《미륵하생경》은 미륵보살이 도솔천궁에서 인간 세상에 내려와 도를 얻은 뒤 중생을 교화한다는 내용을 담고 있다. 용화수龍華樹 아래에서 세 번에 걸쳐 어마어마한 규모의 법회를 열고 수억의 중생을 구원하며 이를 '미륵삼회彌勒三會'라고 한다.

석가모니는 열반 전에 대제자 가섭에게 자신의 가사를 주면서 당부했다.

"미래에 미륵불이 세상에 내려와 나를 대신해 중생을 교화할 것이다. 그때가 되면 미륵불에게 나의 가사를 전해 주어라."

미륵이 도를 얻고 부처가 된 후, 사람들이 선정에 든 가섭을 찾아가 그를 깨웠다. 가섭이 미륵에게 석가모니의 가사를 전해 주었다. 이것이 불교에서 말하는 '의발을 전한다'는 뜻이다.

불경에서는 미륵불이 강림하는 세상을 이렇게 묘사한다. 사바세계는 땅이 이동하고 변화하여 정토가 된다. 대지는 거울처럼 편평해지고 각종 꽃과 풀이 땅 위를 뒤덮는다. 인간의 수명은 8만4천 살까지 길어지고, 여자는 500살이 지나야 혼인한다. 노인은 스스로 수명이 다하였음을 알고 스스로 깨끗한 땅에 무덤을 만들고 죽음을 맞이하며, 죽음의 고통이 없다. 매일 밤에는 용왕이 물을 뿌려 땅을 씻어낸다. 곡식은 한 번 심으면 일곱 번을 수확할 수 있다. 나무에서

[9-6] 막고굴 제445굴 〈미륵경변도〉 중 '일종칠수(一種七收)' 장면

옷이 자라난다. 길을 가다가 귀한 물건을 보아도 줍지 않고, 밤에도 문을 열어 둔다. [9-6]

불경에 묘사된 이런 모습은 민중의 현실생활과 무척 가까워 보인다. 보통의 백성들이 꿈꾸는 이상적인 생활환경을 이야기하는 것이다. 그래서 사람들은 미륵불이 되도록 빨리 이 세상에 내려오기를 바랐다. 불경에 묘사된 미륵정토와 같은 태평성대를 바라기 때문이다. 통치자 역시 자신의 통치를 신격화 하면서 미륵신앙을 이용해 자신의 통치를 선전하거나 심지어 스스로를 미륵불에 비유하는 경우가 많다. 무측천이 바로 그런 통치자 중의 대표적 인물이다.

무측천의 정권이 끝난 후 705년에 당 중종中宗 이현李顯, 재위 683~684, 705~710이 즉위해 당나라 때의 제도로 돌아갔다. 또한 각지에 지어진 대운사를 모두 철거하도록 했다. 이때 전국의 대운사가 대부분 사라졌다. 둔황의 대운사 역시 이런 역사적 배경 속에서 자취를 감췄다. 하지만 둔황 막고굴 제96굴의 대불은 보존되었다. 대운사는 역사속으로 사라졌지만 불교와 미륵신앙의 맥이 끊긴 것은 아니었다. 중종의 뒤를 이은 현종 역시 미륵신앙을 가졌다. 개원開元 9년721년 둔황의 승려 처언處諺과 지역민 마사충馬思忠 등이 막고굴의 '북대상' 남쪽에 높이 26미터의 거대 미륵불상을 세웠다. 막고굴 제130굴의 '남대상'이다. [9-7] 비슷한 시기에 쓰촨성 러산樂山산에도 높이 71미터에 달하는 미륵불상이 만들어졌다. [9-8] 둔황의 북대상, 남대상과 러산 대불은 모두 당나라가 고도로 번영했던 시기에 만들어져 당시의 정치, 경제, 사회 및 종교적인 발전상을 엿볼 수 있는 중요한 자료가 되고 있다.

[9-7] 둔황 막고굴 제130굴 대불상

[9-8] 러산 대불

10
둔황의 호족과
막고굴

한나라 때 하서사군을 설치한 후로, 둔황을 포함한 하서 지역에 중원 왕조는 부단히 지방관을 보내고 중원 내지에서 백성들을 이주시켰다. 이처럼 파견된 지방관의 가족 및 이주한 사람들 중에서 세월이 지나며 점차 하서 일대에 뿌리를 내리고 현지의 호족 세력으로 성장한 집안이 있다.

당 왕조와 송 왕조 시대 둔황 지역의 호족은 주로 장씨張氏, 색씨索氏, 이씨李氏, 음씨陰氏, 적씨翟氏, 모용씨慕容氏 등이다.

둔황 호족은 막고굴 창건의 역사와 떼려야 뗄 수 없는 관계다. 당나라 때는 이들 호족의 '가굴家窟' 창건이 가장 활발했던 때다. 가굴이란 어느 하나의 집안에서 만든 석굴을 말한다. 막고굴에서 규모가 크고 예술적으로 뛰어난 석굴은 대부분 호족의 가굴이었다. 호족들은 한 집안에서 하나 혹은 그 이상의 석굴을 만들고 유지했다. 아버지와 아들이 대를 이어 석굴을 창건하고, 할아버지가 만든 굴을 손자가 수리하는 전통이 있었다. 막고굴 제156굴, 제94굴, 제12굴,

제331굴, 제332굴, 제148굴, 제96굴, 제231굴, 제138굴, 제220굴, 제85굴, 제256굴은 모두 장씨, 색씨, 이씨, 음씨, 적씨, 모용씨 등 호족이 창건한 것이다.

장씨는 둔황에서 가장 세력이 큰 호족이었다. 특히 대중^{大中} 2년^{848년}, 장의조^{張議潮, 799~872}는 티베트 고원에 위치한 토번국^{蕃王國, 7세기 초~846} 내부에 분열이 일어난 틈을 타 봉기를 일으키고 토번의 통치를 물리쳤다. 과주와 사주를 당 왕조로 되찾은 것이다. 대중 5년^{851년} 당나라 조정은 사주에 귀의군^{歸義軍}을 만들고 장의조를 절도사^{節度使}로 삼았다. 그 후 장씨 일족이 둔황을 약 반 세기가량 다스렸다. 장씨 일족의 역사에 대해서는 이 책의 12장에서 상세히 서술했으니, 여기서는 더 설명하지 않겠다.

색씨

색씨는 상^商 왕조의 왕 제갑^{帝甲}의 후손이다. 그 아들인 단^丹이 경색^{京索} 땅을 분봉 받아 '색'을 성씨로 삼았다. 한 무제 원정^{元鼎} 6년^{서기전 111년}, 전한 태중대부^{太中大夫} 색부^{索扶}가 직언을 하여 황제의 심기를 거슬렀다. 화를 입을까 두려워한 색부는 온 집안사람들을 다 데리고 둔황으로 이주했다. 왕망^{王莽}이 집권했던 천봉^{天鳳} 3년^{16년}에는 도위^{都尉} 색준^{索駿}이 둔황에 건너와 자리를 잡았다. 색부가 거록^{鉅鹿} 북쪽에 살았으므로 그의 후손을 북색^{北索}, 색준이 거록 남쪽에 살아서 그의 후손을 남색^{南索}이라고 부른다.

한나라와 진나라 이후로 색씨는 둔황에서 줄곧 눈에 띄는 호족 집안이었고 뛰어난 인재를 여럿 배출했다. 서진 시대 '둔황오룡^{敦煌五龍}'으로 불렸던 재능 있는 젊은이 다섯 명 중에 색씨가 색정^{索靖, 239~303}, 색진^{索珍}, 색영^{索永} 등 세 사람이나 있었다. 특히 색정은 서예가로 이름을 날렸다. 그 밖에도 문인으로 잘 알려진 색창^{索敞, 생몰년 미상} 등이 있다. 수나라부터 당나라 초기까지 색씨는 둔황에서 매우 영향력 있는 명문가였다. 그들 중에는 정치 무대에서 활약한 사람도 많았다. 대중 2년848년 장의조가 귀의군 정권을 세운 뒤 색씨는 장의조가 과주, 사주에 이어 숙주鷓州, 감주, 이주伊州, 양주 등 주변 지역을 당의 영토로 되찾아 통치하는 데 중요한 역할을 했다. 그래서 색씨는 귀의군 정권 집단 내에서도 특히 높은 지위를 누렸다. 색훈索勳. ?~894은 도독 벼슬을 지낸 색기索琪의 아들이자 장의조의 사위였다. 양주를 빼앗기 위한 전투에 참여했으며 귀의군이 성립된 후에는 과주자사 및 묵리군사墨離軍使가 되었다. 그 후 장씨의 귀의군 내부에 정변이 발생한다. 장의조 뒤를 이어 절도사가 된 사람은 장의조 형의 아들인 장회심張淮深. 831~890이었다. 장의조의 아들인 장회정張淮鼎. ?~892이 장회심을 살해하고 스스로 절도사 자리에 올랐다. 장회정은 얼마 지나지 않아 세상을 떠났는데, 그때 자신의 어린 아들 장승봉張承奉. ?~914을 색훈에게 부탁했다. 그러나 색훈은 장승봉이 어리다는 것을 핑계로 자신이 권력을 잡아 스스로 절도사가 되었다. 이 일로 이명진李明振에게 시집간 장의조의 딸이 불만을 품었다. 그녀는 아들들과 함께 색훈을 살해하고 장승봉을 귀의군 절도사로 세웠다.

토번이 통치하던 시기와 귀의군 시기에 색씨 집안은 불교계에서도 큰 세력을 자랑했다. 색씨 집안 출신의 승려가 둔황 불교 교단에서 도교수都教授, 도법률都法律, 도판관都判官 등 고위직 승관을 맡은 경우가 많았다. 그중 뛰어난 사람이 색숭은索崇恩과 색의변索義辯이다.

색숭은은 서진 때 둔황오룡으로 불리며 사공司空 벼슬을 지낸 색정의 후손이다. 그는 덕행이 높고 친화력이 있는 인물이었다. 토번이 하서, 농우 지역에 주둔시킨 최고 관직인 절아節兒 및 토번국의 재상까지도 그를 존중했다. 그는 둔황 교단에서 최고 승직인 도교수를 지냈다. 장의조가 하서 지역을 수복한 뒤에는 색숭은은 도승통都僧統 홍변洪辯 등과 함께 장안에 가서 표를 올리기도 했다. 그 후 하서 지역의 승려 당어진唐悟眞이 다시 장안에 가서 조정에 나갔을 때, 당 선종宣宗, 재위 847~859이 색숭은의 안부를 묻고 그에게 하사품을 내렸다. 색숭은은 명문가에서 태어나 경제력이 막강했다. 그는 둔황의 어느 사원을 수리하는 일을 진행하는 한편 대량의 토지, 농기구, 가축, 가구, 의복, 집 등을 정토사에 시주하였다.

색의변은 금광명사金光明寺의 승려로, 주요 활동기는 토번국 통치기와 귀의군 초기에 도법률로 재임했다. 색의변은 불경에 정통하였고 선종을 신봉했다. 그는 대승불교의 교리를 자주 강론하고 책을 썼다. 색의변의 강론이 생동감 있고 잘 이해가 되었기 때문에 많은 승려들과 백성들이 그의 강론을 들으러 왔다. 그는 사재를 털어 보시하기를 즐겼고 자신의 집에 사원과 탑을 지었다. 그 밖에도 막고굴을 짓는 공덕을 쌓았는데, 그가 만든 석굴이 제12굴이다.

막고굴 제12굴은 중간 규모의 석굴로, 굴 내에 《미륵경》, 《법화경》, 《관무량

[10-1] 막고굴 제12굴 동벽 입구 상단 색의변 공양인상

[10-2] 막고굴 제12굴 서벽 감실 하단 공양인 행렬

수경觀無量壽經》,《약사경》 등의 경변도를 그렸다. 전실前室의 삼면 벽에는 하단에 악대와 공양인물 등을 그렸는데, 색씨 집안의 공양법회 행렬을 그린 것으로 보인다. 그림을 살펴보면 색의변의 명망이 높았고 색씨 집안의 세력이 강력했음을 느낄 수 있다. [10-1] [10-2]

색씨 집안의 세력은 색훈이 살해되면서 약간 타격을 입었지만 여전히 강력한 경제력을 바탕으로 이씨, 염씨閻氏, 음씨, 조씨曹氏 등 둔황의 다른 유력 호족과의 혼인관계 덕분에 여전히 큰 세력을 유지했다.

이씨

둔황의 이씨는 한나라 때의 명장 이릉李陵. ?~서기전 74의 후손이다. 북주 시대에 이목李穆의 아들 이조李操가 둔황으로 유배되어 온 이후로 이씨 집안은 자손이 번창하면서 점차 둔황의 호족으로 성장했다. 하지만 당 왕조가 건국되자 이릉이 흉노에 투항했던 수치스러운 과거를 피하려고 당나라 황실의 일원이라고 자신들을 포장하고자 했다. 그래서 이씨 집안은 자신들이 북량을 세운 이고의 후손이라고 하였다.

당나라 초기, 이씨 집안은 이미 고관과 주요 인사들을 여럿 배출했다. 좌옥검위左玉鈐衛 효곡부려수效谷府旅帥 이달李達, 효곡부교위效谷府校尉 이극양李克讓, 자금진장紫金鎭將 이회조李懷操, 백수진장白水鎭將 이회은李懷恩, 화평진장禾平鎭將 이감李感 등이다. 이씨 집안은 군부와 조정에서 요직을 맡은 것 외에도 경제력을 지녔다. 이달은 막고굴 제331굴을 지은 뒤, 그 아들인 이감, 이극양 등이 제332굴을 지었다. [10-3]

이극양수막고굴불감비李克讓修莫高窟佛龕碑는 약칭 '성력비聖歷碑'로 불리는데, 이극양을 중심으로 하는 이씨 집안에서 막고굴 제332굴을 지은 것을 기리는 공덕비다. 이 비는 원래 제332굴의 전실 남쪽에 세워져 있었는데, 1921년 막고굴에 잔류하던 제정 러시아의 병사들이 훼손했고, 그 후로도 파손이 계속되어 지금은 비석의 일부만 남아 둔황연구원에 소장되어 있다. 다행히 서송徐松의 《서역수도기西域水道記》, 장유張維의 《농우금석록보隴右金石錄補》, 나진옥羅振玉의 《서수석각록西陲石刻錄》등 이 비석의 명문을 베낀 것이 남아 있고, 폴 펠리오Paul Pelliot, 1878~1945가 약탈한 막고굴에서 출토된 P.2551호 문헌 유물에도 비석의 명문 사본이 있다. 이 자료들은 막고굴 창건사에서 특히 귀중한 사료적 가치를 지닌다.

성력비의 명문 기록을 보면, 이감과 이극양 두 형제는 한가롭게 대화를 나누다가 인생이 무상하다고 탄식했고, 그 후 막고굴에 석굴을 만들었다는 것이다.

[10-3] 막고굴 제332굴 내부

　실크로드 둔황에서 막고굴의 숨은 역사를 보다

그것이 바로 제332굴이다. 하지만 이감은 석굴이 만들어지는 사이에 세상을 떠났고, 제332굴을 짓는 공사는 동생인 이극양, 이회조, 이회절李懷節, 이회충李懷忠, 이회은 및 조카인 이봉기李奉基, 이봉일李奉逸, 이봉성李奉誠, 이봉국李奉國, 이봉유李奉裕 등에게 넘어갔다. 성력 원년698년 5월 14일에 제332굴이 완공되었고, 이씨 집안에서는 비석을 세워 공덕을 기렸다.

제332굴의 남쪽 벽에 그려진 〈열반경변도〉는 전부 9개 장면으로 구성되어 있다. 마지막으로 제자들에게 가르침을 주는 장면부터 사라쌍수 아래에 누운 석가모니의 모습, 열반, 입관, 어머니 마야 부인을 위해 설법하는 모습, 발인, 화장火葬, 석가모니의 사리를 두고 주변 국가의 여덟 왕이 다투는 장면, 탑을 세우고 사리를 봉안하여 공양하는 장면까지 순서대로 이어지는 그림으로 전개된다. 이런 형식의 〈열반경변도〉는 수나라 때의 한 장면의 열반경변도에 새로운 창의성이 들어간 것이다. 제332굴의 〈열반경변도〉 같은 형식이 출현하고 유행하는 것은 무측천이 적극적으로 미륵신앙을 추앙한 것과도 관련이 있다. 석가모니의 열반은 미륵의 화신인 무측천의 황제 즉위에 유리한 소재였다. 제332굴의 벽화 내용은 어느 정도 시대성과 세속성을 띤다.

성력비의 명문에는 이렇게 기록되어 있다. 이극양의 아버지 이달은 "세상에 태어났는데 어찌 허투루 시간을 보내겠는가?"라고 탄식하곤 했다. 그래서 석굴을 창건하기로 한 것이다. 그것이 지금의 제331굴이다. 이 석굴의 착공 시기는 명확하지 않고, 성력 원년698년 전에는 확실히 완공되었음만 알 수 있다.

제331굴의 〈법화경변도〉는 당나라 초기에 그려진 법화경변도 중 대표작이다. 칠보탑七寶塔을 중심으로 위로는 허공과 연결되고 아래로는 영취산이 이어지며 좌우로 화면을 나누어 '서품序品', '보현보살권발품普賢菩薩勸發品', '제바달다품提婆達多品' 등 좌우대칭과 상하 조화를 이루는 새로운 방식의 법화경 그림 방식이 나타났다.

[10-4] 막고굴 제148굴 내부

성당 말기가 되면 이씨 집안에 또 한 명의 뛰어난 인재가 태어난다. 그는 이 달의 증손자이자 이봉국의 아들 이대빈李大賓이다. 이대빈은 조산대부朝散大夫, 정왕부鄭王府 자의참군咨議參軍을 지냈다. 여기서 말하는 '정왕鄭王'은 당 대종代宗, 재위 762~779의 둘째 아들인 이막李邈을 말한다. 대력 초기에 황태자를 대신해 천하병마원수天下兵馬元帥를 맡았다. 그러니 정왕부의 자의참군이 된 것은 이대빈이 이씨 집안을 크게 빛낸 일이었다. 이런 영광을 기리기 위해 이대빈을 중심으로 한 이씨 집안 사람들은 막고굴에 새로운 석굴을 창건하게 된다. 그것이 제148굴이다. 이대빈 외에 제148굴의 창건에 참여한 이씨 집안사람들로는 이대빈의 동생 이영오李靈悟, 이조영李朝英, 그 아들과 조카들인 이자량李子良, 이자액李子液, 이자망李子望, 이자우李子羽 등이었다.

대당농서이부군수공덕비大唐隴西李府君修功德碑는 약칭 '대력비大歷碑'라고 한다. 이씨 집안에서 제148굴을 창건한 것을 기리는 공덕비다. 이 비석은 온전하게 보존되어 지금도 제148굴 전실 남측에 서 있다.

장경동에서 출토된 뒤 마크 아우렐 스타인Marc Aurel Stein, 1862~1943과 폴 펠리오가 각각 약탈한 S.6203호 필사본과 P.3608호, P.4640호 필사본은 이 비석의 명문을 베낀 것이다. 그중 P.3608호 필사본이 가장 잘 보존되어 있다. P.4640호와 S.6203호는 비문의 일부만 잔존한다.

제148굴은 막고굴 남쪽 구역의 남단 2층에 위치한다. 석굴의 형태는 평면이 가로로 긴 장방형이며 아치형 천장이다. 서벽 앞에 벽돌을 쌓아 만든 부처의 침상이 있고, 그 위에 석가모니 열반상이 누워 있다. 불상의 전체 몸길이는 15미터이며 두 눈을 가늘게 뜨고 편안한 표정을 짓고 있다. 오른쪽 팔을 베개처럼 머리 아래에 괴고 있다. 두 발은 가지런히 모았고 다리를 붙이고 누운 자세다. 석가모니의 뒤로 제자, 천인, 보살 등 애도하는 인물들 72명이 늘어서 있다. [10-4] 서쪽 벽의 〈열반경변도〉는 길이가 23미터, 높이가 2.5미터에 달한다. 그림의 총

면적은 약 58평방미터로, 막고굴에서 가장 큰 경변도다.

제148굴은 대력 11년^{776년}에 완공되었다. 이 석굴은 매우 특수한 시점에 착공했다. 천보^{天寶} 14년^{755년}은 안록산^{安祿山, 703?~757}이 허베이^{河北}성에서 반란을 일으킨 해다. 당나라 조정은 둔황을 포함한 하서 지역, 농우 지역 등의 지방군에게 도움을 청했고, 그 바람에 서쪽 변경의 방비가 허술해졌다. 토번은 그 틈을 놓치지 않고 하서와 농우 지역의 광대한 영토를 점령했다. 당나라는 대종이 재위하던 대력 연간에 둔황 한 곳만 외롭게 남은 상태로 둔황성은 함락 직전의 위기 상황이었다.

이런 상황에 이씨 집안은 제148굴을 착공한다. 석굴에는 임금에게 충성하고 나라에 보답할 것을 가르치는 《보은경^{報恩經}》 내용을 벽화로 그렸다. 이는 둔황 사람들에게 함께 적을 맞아 싸우고 나라를 지키자고 고무하는 것이었다. [10-5]

장씨 귀의군 시기에 이씨 집안의 세력은 최고로 강력했다. 대표적인 인물이 바로 이명진 부부와 그 아들들이다. 이명진은 문무를 겸비하고 덕망이 높은 사람이었다. 귀의군 첫 절도사인 장의조의 사위다. 대중 연간에 이명진은 장의조의 명령을 받고 장안의 조정에 승전보를 알리러 갔다. 그때 선종이 직접 이명진과 그 일행을 접견했고 이명진의 조상 계보를 물었다. 그때 이명진은 족보를 받쳐 올리면서 침착하게 자신이 북량 무소왕^{武昭王} 이고의 후예라고 말했다. 그 말을 듣고 선종이 크게 기뻐하며 웃음을 터뜨렸다고 한다. 이명진은 이 일로 좋은 성과를 거두어 양주사마로 임명되었다.

이명진은 이대빈의 후손으로 제148굴을 수리한 적이 있다. 이명진이 막고굴을 순례할 때 이씨 집안의 '가굴'인 제148굴이 전란과 세월에 망가진 것을 보고 형제인 이명달^{李明達}, 이명덕^{李明德}, 이명전^{李明詮} 등과 논의하여 석굴을 수리하기로 했다. 제148굴 굴첨이 다시 과거의 휘황찬란한 장관을 되찾았다.

장씨 귀의군 후기, 둔황의 정세는 몹시 혼란했다. 장의조가 죽은 뒤 조카 장

[10-5] 막고굴 제148굴 통로 천장의 남측 〈보은경변도〉 '효양품(孝養品)'

회심이 절도사가 되었지만 장의조의 아들 장회정이 그를 죽이고 스스로 절도사의 자리에 앉았다. 장회정은 얼마 지나지 않아 사망하는데, 아직 어린 아들 장승봉을 장의조의 사위 색훈에게 부탁했으나 색훈이 절도사를 자칭했다. 이 일에 불만을 품은 사람이 바로 이명진의 아내이자 장의조의 딸이었다. 그녀는 아들들과 합심해 색훈을 죽이고 장승봉을 귀의군 절도사에 앉힌다. 하지만 실제 권력은 이씨 아들들의 손아귀에 있었다. 이명진의 큰아들 이홍원李弘願은 사주자사와 절도부사節度副使를 겸하고, 둘째 아들 이홍정李弘定은 과주자사, 셋째 아들 이홍간李弘諫은 감주자사, 넷째 아들 이홍익李弘益은 신무군장사神武軍長史가 되었다. 이씨 일족의 빛나는 성취를 기리기 위해 이명진의 아내 장씨와 아들들은 이명진이 제148굴을 수리한다는 명목을 내세워 '건녕비乾寧碑'를 세운다. 이씨 집안의 공덕을 칭송하는 비석이다. 하지만 좋은 시절은 길지 않았다. 장씨 집안과 그 아들들 및 과주, 사주 지역의 다른 호족들의 불만 때문에 896년 사주에 있던 이명진의 아들들이 전부 살해되었다. 이씨들이 농단하던 귀의군 정권도 실질적인 절도사 장승봉에게 돌아갔다. 이씨 집안은 그 후 재기하지 못했다.

음씨

둔황의 음씨는 삼황오제三皇五帝의 한 사람인 제곡帝嚳의 후예이며 은殷 왕조의 왕 무정武丁의 후손이라 음陰 자를 성씨로 한다. 음씨 집안이 언제 둔황으로 이주했는지는 불명확하다. 대략 한나라 때로 추측할 뿐이다. 신예新野. 오늘날 허난성 난양南陽시 신예新野현에서 온 음씨가 오랫동안 하서 지방에서 종군하였다가 둔황에 뿌리를 내렸다고 한다. 서진 말기 음씨는 이미 하서 지방의 호족으로 성장했다. 진 혜제惠帝 영녕永寧 원년301년, 장궤가 양주자사로 있을 때 그의 심복 네 사람 가운데 음충陰充, 음담陰澹 두 사람의 음씨가 있었다. 당시에 장궤가 양주를 지키는 데 음담의 공로가 컸다는 평가를 받았다. 음담은 나중에 독호참군^督^{護參軍}, 무위태수^{武威太守}를 지냈다. 장무^{張茂}가 다스리던 시기에는 음담을 돈황태수로 삼았다. 음담은 임기 중에 백성을 동원해 사주 서남쪽에 길이가 7리나 되는 긴 수로를 팠다. 이 수로가 현지 백성들에게 큰 이득을 안겨주었다. 음담의 공로를 기리기 위해 이 수로를 '음안거^{陰安渠}'라고 명명했다. 음안거는 송 왕조 때까지 계속 사용되었다. 음안거는 돈황의 농업 생산 발전에 크게 기여했다. 전량 통치기에 음씨는 주요 관직을 많이 맡았다.

수나라와 당나라, 그 뒤의 오대, 송나라까지, 음씨는 다시 세력이 커져서 돈황의 명문 호족으로 완전히 자리를 잡았다. 그중 특히 눈에 띄는 인물이 음조^{陰稠}다. 고결한 성품에 명예나 재물에 관심을 두지 않았다. 등주자사^{鄧州刺史}를 제수받았다. 그의 네 아들도 다 뛰어났다. 큰아들 음인간^{陰仁幹}은 사주 자정진장^{子亭鎭將}, 둘째 아들 음인과^{陰仁果}는 감주 감준부^{甘峻府}의 좌과의도위^{左果毅都尉}, 셋째 아들 음인협^{陰仁協}은 사지절민주제군사행민주자사^{使持節岷州諸軍事行岷州刺史}, 넷째 아들 음인희^{陰仁希}는 좌무위장군^{左武衛將軍}을 지냈다.

음조의 여러 아들이 제수받은 관직으로 볼 때, 음조 일가가 군공을 세워 집안을 일으켰음을 알 수 있다. 음조의 손자 세대까지 음씨 세력은 절정을 이룬다. 음사업^{陰嗣業}은 사지절민주제군사행민주자사^{使持節岷州諸軍事行岷州刺史}, 음사장^{陰嗣璋}은 사지절과주제군사검교과주자사^{使持節瓜州諸軍事檢校瓜州刺史}, 음사간^{陰思諫}은 원주^{原州} 안선부^{安善府}의 좌과의도위^{左果毅都尉}를 지냈다. 음조의 손자 중 가장 이름을 떨친 사람은 음사감^{陰嗣監}으로 당나라 조정에서 정의대부^{正議大夫}, 북정부대도호^{北庭副大都護}, 한해군사^{瀚海軍使}를 지냈으며, 영전사^{營田使}와 지도사^{支度使}를 지냈다. 후세 사람들에게 '도호의 후예'라고 불렸다.

음씨가 다시 세력을 키운 것은 그들이 전투에 적극적으로 참여하고 공을 세운 것 외에도 무측천의 칭제가 음씨 집안의 세력 강화에 좋은 기회가 되었다. 현경顯慶 5년660년, 당 고종이 병에 걸려 황후인 무측천에게 정무를 돌보게 하였다. 재초載初 원년689년 무측천은 예종睿宗, 재위 684~690, 710~712을 폐한 뒤 나라 이름을 '주'로 고치고 스스로 황제가 되어 연호를 천수天授로 하였다. 지방관 중에는 무측천의 환심을 사려고 표를 올려 서응瑞應, 임금의 인정仁政에 하늘이 감응하여 나타난 길한 조짐을 아뢰는 사람이 많았다. 무측천의 권력 장악을 돕는 여론을 조성하기 위함이다. 당시 사주자사 이무휴李無虧는 무측천에게 네 가지 상서로운 징조를 아뢰었는데 그중 두 가지가 음씨와 관련이 있다.

천수 2년691년 음사감이 평강향平康鄉에 있는 무효통원武孝通園에서 비범한 새떼를 발견했다. 새들은 머리에 긴 벼슬이 달려 있고 부리와 발이 붉었으며 깃털은 청황적백흑의 오색이었다. 사람들이 그 이야기를 듣고 다들 달려가서 구경했는데 오색조들은 놀라지도 않고 그들의 앞에서 걸어 다녔다. 이무휴는 조정에 올린 표에서 오색조를 발견한 사람이 음사감이라고 밝히면서 '음'은 어머니, 여성을 의미하고, '감'은 밝다는 뜻이니 오색조가 어머니의 밝음, 즉 무측천의 주 왕조가 번영할 것임을 의미한다고 해석했다.

이무휴가 조정에 아뢴 또 다른 서응은 음수충陰守忠이 늑대 한 마리가 자주 그의 집에 들어온다고 하는데, 그 늑대가 눈처럼 새하얗고 아이나 가축을 보아도 해하지 않는다고 했다. 이무휴는 이 일을 아뢰면서 이렇게 해석했다. '음'이라는 것은 신하의 도리이니 하늘이 신하들에게 폐하를 지키고[守] 충성을 다하라[忠]는 계시를 내린 것이라고 했다.

두 가지 서응 사건은 모두 음씨의 '음' 자를 어머니나 신하의 도리를 상징하는 것으로 본다. 음사감이나 음수충의 이름에 들어간 글자를 이용해 무측천의 권력이 번영할 것임과 무측천에게 충성해야 함을 강조했다.

무측천은 여성의 몸으로 황제가 되어 둔황의 음씨 집안에서 연이어 서응을 발견하자 이것이 무측천이라는 여성이 세운 주나라 정권이 영원히 번성하리라는 의미로 포장했다. 둔황의 지방관리가 '음씨'라는 집안을 활용해 해석을 더해 표를 올린 의도가 잘 느껴진다. 음씨 집안은 이 일로 많은 것을 얻었다. 우선 둔황의 지방관이 적극적으로 음씨 집안을 지지해 주었다. 음씨의 세력이 강해져야 무측천 정권도 더욱 공고해질 것이다. 그래서 음씨 집안사람들이 밝힌 상서로운 징조가 무측천의 환심을 사면서 음사감은 북정부대도호^{北庭副大都護}라는 벼슬을 내렸고, 음수충은 충무장군^{忠武將軍}, 좌령군위^{左領軍衛} 양주 여수부^{麗水府}의 절충도위^{折衝都尉}, 섭본위랑장^{攝本衛郎將}, 묵리군부사^{墨離軍副使}가 되었다.

무측천은 황제가 되기 위해 미륵신앙을 적극 장려하고 자신이 미륵의 화신이라는 식으로 선전했다. 증성^{證聖} 원년 무측천은 자신의 존호를 '자씨월고금륜성신황제^{慈氏越古金輪聖神皇帝}'로 더 추가했다. 그 후 전국에서 거대한 미륵불상을 세우는 일을 독려했다. 연재^{延載} 2년^{증성 원년과 같은 해}, 둔황의 영은선사와 음조거사 등이 막고굴에 미륵보살상^{북대상}을 세운 것도 음씨 일족이 무측천의 권력과 위엄을 드러낼 수 있게 도와준 일이었다.

토번이 둔황을 점령했을 때 음씨 집안은 토번 상층부가 회유하려고 애를 썼던 대상이다. 그중에서 음백륜^{陰伯倫} 일가가 특히 유명하다. 음백륜은 명문가에서 태어났다. 그의 조부는 음사원^{陰嗣瑗}으로, 당나라 조정에서 정의대부^{正議大夫}, 검교두로군사^{檢校豆盧軍事}를 지내고, 장행방^{長行坊}의 전운지도사^{轉運支度使} 등을 겸하였다. 아버지 음정계^{陰庭誠}도 문무를 겸비하여 대력 연간에 둔황주학^{敦煌州學}의 박사^{博士}로 100권으로 구성된 《영금^{巊金}》[1]을 축약해서 간략본으로 만들었다. 나중에 관직이 우효기수^{右驍騎守} 고평부^{高平府} 좌과의도위^{左果毅都尉}에 이르렀다. 음백륜은 당나라 조정에서 유격장군^{遊擊將軍}, 단주^{丹州} 장송부^{長松府} 좌과의도위^{左果毅都尉}를 제수받았고, 토번국 점령기에 사주도문친표부락대사^{沙州道門親表部落大使}가 되었다. 음백륜의 네 아들도 이름을 날렸다. 둘째 아들 음가의^{陰嘉義}는 무공이 뛰어

---

1 유학 경전을 이르는 말.

나 토번국 과주에서 절도행군節度行軍 선봉先鋒, 부락상이장部落上二將을 지냈고, 셋째 아들 음가진陰嘉珍은 서예와 산술을 잘하여 절도행군 및 사주 삼부락三部落 창조지계사倉曹支計使 등을 지냈다. 넷째 아들 음리전陰離纏은 승려인데 승관이 도법률에 이르렀다.

음백륜의 네 아들 중 큰아들 음가정陰嘉政만 관직에 나가지 않았다. 어느 날 음가의가 형 음가정이 고민하는 것을 보고 연유를 물었다. 음가정은 한참을 망설이다가 지금의 황제와 7대까지를 기리는 석굴을 만들고 싶다는 생각을 밝혔다. 이 일은 음가의를 비롯해 다른 형제들의 적극적인 지지를 받았다. 형제들은 힘을 합쳐 막고굴에 가굴을 하나 만들었는데, 그것이 제231굴이다. [10-6]

귀의군 시대에도 음씨 집안은 내내 둔황 명문가의 지위를 유지했다. 그들은 귀의군 최고 통치자인 장씨 집안 및 조씨 집안과 여러 차례 혼인관계를 맺었다. 둔황의 다른 호족인 이씨, 적씨, 송씨 등과도 혼인관계가 밀접했다. 재미있는 일은 이명진의 현손인 이존혜李存惠가 음씨 집안의 데릴사위로 들어가 그 자녀들은 모두 음씨 성을 따랐다.

귀의군 정권에서도 음씨 집안에서 관직을 받은 이가 많았다. 그중 눈에 띄는 사람이 음문통陰文通이다. 어려서부터 무예와 병법을 갈고 닦아 장씨의 귀의군 초기에 세 번의 큰 전투에 참여했다. 전공이 높아 좌마보도左馬步都 압아押衙가 되었다. 그는 장의조 일가와 교분이 두터워 '반쯤은 장씨 집안 아들'이라고도 불렸다.

장승봉은 당나라 말기에 둔황 지역에 금산국金山國, 906~914이라는 나라를 세웠다. 금산국과 감주의 위구르당시에는 회골回鶻이라고 음역 부족과 여러 차례 전투가 벌어졌는데, 존망의 위기에 놓인 금산국에서는 목숨을 돌보지 않고 나라를 지키기 위해 싸운 용사들이 여럿 배출되었고 지금도 미담으로 전해진다. 그런 미담의 주인공 중 음씨 집안의 음인귀陰仁貴가 있다.

조의금曹議金, ?~935이 집권한 뒤 중앙정부의 정식 임명을 받지 못했다. 동광同

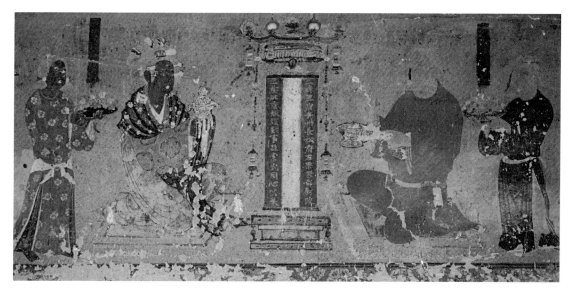

[10-6] 막고굴 제231굴 동벽 문 상단의 음백륜 부부 공양인 초상

光 2년924년 여름에서 가을로 넘어가는 때에 조의금은 또 다시 후당後唐, 923~936, 5
대10국 시대의 다섯 왕조 중 하나의 도읍인 변량汴梁에 사절을 보냈다. 이번의 사절단은 규모
가 컸다. 압아 3명, 아전병마사衙前兵馬使 8명, 십장什將 5명, 장행長行 13명으로 전
부 29명이었다. 사절단의 책임자는 음신균陰信均으로, 조의금이 이런 중대한 사
절단의 임무를 그에게 맡긴 것을 보면 신임의 정도를 짐작할 수 있다. 음신균은
자신의 임무를 완수하여 후당 조정에서 조의금을 귀의군 절도사이자 검교사공
檢校司空으로 봉했다.

귀의군 시대에 음씨는 불교 교단에서도 세력이 막강했다. 출가인이 많았을
뿐 아니라 승직을 맡은 사람도 여럿이었다. 그중에서 음해안陰海晏은 승려 최고직
인 도승통에 올랐다. 명문가 출신인 음해안은 아버지인 음계봉陰季豊이 양주방어
사涼州防禦使였다. 음해안 본인도 청렴하고 명망 높은 고승으로, 어려서 출가하여

선종과 율종을 수행했다. 장흥長興 4년933년에 입적했는데, 막고굴 제138굴이 음해안의 공덕굴이고, 제139굴은 그의 영실影室. 사원에서 부처나 존사의 그림이나 소조상을 안치하는 곳이라고 주장하는 학자도 있다. 제139굴 내부에 안치된 선승 소조상이 음해안이라는 것이다. 제138굴의 남벽과 동벽에는 〈보은경변도〉가 그려져 있어서 음씨 집안의 충성심과 보국 정신을 느낄 수 있다.

적씨

　　　　적씨는 정령족丁零族에 속한다. 원래 거주지는 바이칼호 일대였다. 적씨 집안이 포함된 정령 부족의 일부가 남하하여 선비족과 융합해 걸복선비족乞伏鮮卑族을 이루었다. 걸복선비족은 여러 차례의 이주를 거쳐 농서 일대에 도착했다. 그곳에서 빈번한 전쟁과 합병을 거쳐 농서 일대에서 활동하는 다른 선비족, 강족 등과 융합했으며 최종적으로 걸복선비족 연맹을 이루었다.

　　걸복선비족 연맹이 세운 나라를 서진西秦이라고 한다. 적씨는 걸복선비족 연맹의 중요한 구성원이었고, 서진 정권에서 중책을 맡았다. 서진 시대 적씨 집안에서 가장 유명한 인물은 적경翟勍이다. 그는 서진 정권에서 상서령尙書令을 지냈고 의희義熙 8년412년 왕인 걸복치반乞伏熾磐에 의해 상국相國이 되었다. 강력한 정치 세력으로서 적씨 집안은 농서 일대의 대 가문이 되었다.

　　6세기를 전후해서 농서 적씨는 둔황으로 진출해 관직을 받게 되었고, 그때 일가족을 데려가서 둔황에 뿌리를 내렸다. 둔황으로 이주한 적씨 일파는 자신들의 명망을 드높이고 둔황 호족 사회의 일원으로 들어가기 위해 중원의 권문세가 출신의 인물 적탕翟湯, 적장翟莊, 적교翟嬌, 적법사翟法賜와 일가친척이라고 끌어다 붙이려고 자신들을 심양潯陽. 오늘날 장시江西성 주장九江시의 적씨라고 말하고 다녔다. 적씨 집안의 이런 노력은 확실히 효과가 있었고, 둔황에서 사회적 지위가 확실히 높아졌으며, 둔황 호족과의 통혼하는 길이 열렸다. 당나라 초기, 적통翟通이 둔황의 최대 호족인 장씨난양 출신 집안 딸을 아내로 맞이한 적이 있다. 적씨가 둔황에 들어온 지 얼마 되지 않아서 둔황에서 가장 명망 높은 장씨 집안과 혼인할 수 있었던 것을 보면 적씨 집안의 발전이 꽤나 빨랐음을 알 수 있다.

적씨 집안은 처음에 자신들을 심양의 명문가로 포장했는데, 점점 일가가 번성하면서 그중 한 갈래가 한나라 때 승상을 지낸 적방진翟方進이 살았던 상차이上蔡. 오늘날 허난성 상차이현 지역 출신이라고 말하기 시작했다. 이런 과정을 거쳐 둔황의 적씨 가문은 심양 적씨와 상차이의 적씨로 갈라졌다. 서로 다른 출신지를 내세웠지만 두 가문 모두 서로 동족이라고 여겼으며 큰일에는 공동으로 참여했다. 예를 들면 막고굴에 공동으로 석굴을 짓는 일이 그렇다.

당나라 초기, 돌궐과 토욕혼 등 소수민족이 수시로 하서와 농우 지역을 침범했다. 서쪽 변경을 지키기 위해 당 왕조는 병력을 집중해 서돌궐과 서역을 빼앗기 위한 전쟁을 벌였다. 이 전쟁으로 고창국, 고자국 등을 평정하였다. 그 후 토번국이 점점 세력을 키워 당 왕조는 다시 토번과 서역 및 하서, 농우 지역의 패권을 놓고 전쟁을 벌여야 했다. 둔황은 서쪽 변경에 치우친 지역으로 이런 특수한 전쟁 상태에 둔황 사람들은 많은 영향을 받았다. 나라를 지키기 위해 적씨 가문 사람들을 비롯한 둔황의 청년들은 적극적으로 전투에 참여했고, 그들 중에서는 전공을 세워 관리로 발탁되는 경우가 생겼다. 적씨 집안에서 금성진장金城鎮將, 백보진장柏堡鎮將, 우웨이의 훙지부洪池府 과의도위果毅都尉 등이 배출되었다. 특히 적직翟直은 정관 3년629년에 돌궐이 하서 지역을 약탈하던 전투에 혁혁한 공로를 세워 황제가 직접 그를 칭찬할 정도였다. 정관 4년630년 이오성의 성주가 당나라에 항복하였고, 조정에서는 적직을 이오군사마伊吾郡司馬로 임명했다.

적직은 지방관으로서 정치적 업적도 뛰어났다. 그의 사후에 자손들이 적직의 저택 자리에 사원을 세우게 해달라고 상소를 올렸다. 사원의 규모가 크고 건축물이 화려하였다. 당나라 초기의 복잡하고 다변적인 서북지역 정세는 적씨 집안이 공을 세우고 하서 지역의 군부 요직을 차지하게 만들었다. 이는 또한 적씨 집안의 사회적, 정치적 지위를 공고히 하는 데 도움이 되었다.

중당中唐, 만당晩唐 시기에 적씨 집안은 평온하게 발전을 구가하는 형세였다. 동시에 불교 교단에서는 적법영翟法榮 같은 유명인사가 배출되었다. 적법영은 용흥사龍興寺의 승려다. 그는 토번 점령기의 둔황에서 법률法律, 승정僧政 등의 직위를 맡았고, 귀의군이 성립한 뒤에는 황제가 하사한 '자줏빛 가사를 받는 영예를 누렸다. 함통咸通 3년862년, 장씨의 귀의군에서 임명한 첫 번째 도승통 홍변洪辯이 세상을 떠났다. 적법영은 그의 뒤를 이어 도승통이 되었다.

적씨 집안은 도승통을 배출한 영광을 축하하고 기리기 위해 막고굴에 석굴을 만들었는데, 그것이 제85굴이다. 이 석굴을 짓는 데 참여한 사람은 적법영 외에도 친동생인 적신경翟神慶과 두 조카 적회광翟懷光, 적회은翟懷恩이 있었다. 적신경은 둔황에서 현위縣尉 직책을 맡아 일하면서 겸허하고 청렴하며 충효를 아는 사람으로 백성들의 신망을 얻었다. 적신경은 제85굴을 짓는 데 너무 신경을 쓴 나머지 과로하여 함통 5년864년에 세상을 떠났다고 전한다. 그의 사후 아들 적회광과 적회은이 뒤를 이어 적법영의 석굴 공사를 도왔다. 제85굴은 만당 시기의 대형 석굴로, 전실, 통로, 주실의 세 공간으로 나뉜다. 주실은 동서로 깊이 11미터, 남북으로 넓이 10미터이다. 제85굴의 착공은 862년이었고, 완공한 때는 867년이었다. 짧은 5~6년 시간 내에 이렇게 큰 석굴을 지은 것은 막고굴 창건사에서도 보기 드문 기적 같은 일이다. 막고굴과 관련해 석굴 하나를 만드는 데 백만금이 든다는 말이 있을 만큼 큰 공사다. 그것을 보면 적씨 집안의 경제력이 어땠는지 짐작할 수 있다.

조씨 집안이 귀의군을 장악한 시기는 적씨 일가가 가장 큰 세력을 가졌던 때다. 당시 둔황의 최고 통치자인 조씨 일가와 적씨가 혼인관계를 맺은 것만 보아도 알 수 있다. 적씨 집안에서 두 명의 딸이 각각 절도사 조의금의 아들 조원덕曹元德, 조원충曹元忠에게 시집을 갔다. 나중에 조원덕과 조원충이 모두 절도사가 되었고, 조원충은 둔황에서 30년간 절도사로서 집권했다. 조원충의 집권 기간 동안 둔황은 정국이 안정되고 평화로운 나날을 보냈다. 조씨 귀의군 정권의 황금기라 할 수 있다. 조원충에게 시집간 적씨 부인은 조원충의 하나뿐인 아내로, 현숙하고 내조를 잘했다고 한다. 그녀는 조원충이 훌륭한 정치적 업적을 쌓는 데 일정 부분 공헌하였다. 적씨 부인은 조원충과 함께 막고굴 제61굴, 제55굴을 새로 짓고, 제96굴의 굴첨을 수리했으며 둔황의 각종 불사에 적극 참여하였다. 적씨 부인은 둔황의 부녀자들에게 보시하고 공양하라고 독려하곤 했다.

적씨 부인의 이런 행동은 둔황 백성에게 훌륭한 본보기가 되었다. 그녀는 불교를 신실하게 믿고 불교 행사에도 솔선수범하여 나서는 등 둔황의 불교문화 발전에 많은 도움을 주었다.

혼인관계란 늘 쌍방향이기 마련이다. 조의금 역시 큰딸과 열네 번째 딸을 적씨 집안에 시집보냈다. 이 빛나는 혼인의 성과는 조의금의 큰딸이 적씨 집안을 이끌고 제85굴을 수리한 데서 드러난다. 이때의 수리는 석굴의 앞의 전당을 수리하고 석굴 내의 통로를 보수하며 주실 동벽 입구 북측에 그린 공양인 초상을 새로 그리는 것이었다. 수리 후, 조의금의 큰딸은 자신의 초상화를 원래 공양인 초상이 있던 주실 동벽 입구 북측에, 아버지 조의금의 초상화를 통로 남벽에 새로 그렸다.

조씨 집안과의 빈번한 통혼은 적씨 집안이 둔황 호족 사회에서 눈에 띄는 지위를 누리게 하였다. 적씨 집안사람들이 조씨 귀의군 정권에서 관직을 받았을 뿐 아니라 요직을 맡는 경우도 많았다. 적사군翟使君은 조씨 귀의군 시대 후기에 자사 다음가는 고위직을 맡았다. 또한 도지휘사都指揮使, 도압아都押衙, 진사鎭使, 도두都頭, 압아押衙 등의 직위에 적씨 집안의 여러 사람이 올랐다. 10세기에 이르면 적씨 집안에서 적봉달翟奉達이라는 유명한 문인이 배출된다. 적봉달은 둔황에서 이름 높은 역법가曆法家였다. 둔황은 변경 지역에 위치한데다 중원과 교통이 원활하지 않았다. 그래서 둔황에서는 현지에서 달력을 만들어 사용할 수밖에 없었다.

10세기 전반 둔황의 달력은 기본적으로 모두 적봉달이 편찬한 것을 사용했다. 장경동에서도 그가 편찬한 달력이 6부 출토되었다. 적봉달이 쓴 《수창현지경壽昌縣地境》은 옛 둔황 역사와 지리를 연구하는 데 없어서는 안 될 문헌자료로 자리매김했다. 그 밖에도 적봉달은 불교 행사에도 적극 참여했다. 젊을 때부터 《지송금강경영험공덕기급개원황제찬금강경공덕일권持誦金剛經靈驗功德記及開元皇帝贊金剛經功德一卷》,《금강반야바라밀경金剛般若波羅蜜經》을 필사한 바 있다. 동광同光 3년925년, 적통의 8대 증손인 적봉달이 막고굴 제220굴의 통로를 수리했는데, 그는 제220굴 통로 북쪽 벽면에 새로운 형식의 문수보살 그림[2] 및 위로 4대까지의 공양인 초상화를 그리고, '중수원문병송重修願文並頌'이라는 글을 남겼다. 또한 통로 남쪽 벽의 감실 바깥 부분에는 '검가보檢家譜'라는 글을 썼다. [10-7]

현덕顯德 5년958년 적봉달의 아내가 세상을 떠났다. 적봉달과 그의 아들은 추모의 마음을 담아 《불설무상경佛說無常經》, 《불설수월관음보살경佛說水月觀音菩薩經》, 《불설주매경佛說咒魅經》 등 불경 10종을 필사했다. 이 불경은 49재齋에 불경을 필사하는 전통과 관련된 진귀한 자료다. 비문과 제220굴 통로에 쓰어 있는 글 '검가보檢家譜'의 기록을 보면, 제220굴을 최초로 지은 사람은 적통이다. 그가 '향공명경수조의랑행돈황군박사鄕貢明經授朝議郎行敦煌郡博士'로 재임할 때였다. 석굴이 완성되기 전에 적통은 세상을 떠났고, 그 아들인 적직이 가족을 대표하여 석굴 창건을 완성했다. 제220굴 서벽의 감실 아래에는 '적가굴翟家窟'이라는 세 글자가 씌어 있다. 이 석굴이 '가굴'의 성격을 띤다는 것을 명확히 보여준다.

---

2 전통적인 방식과 다른 새로운 형식이라고 하여 〈신양문수변(新樣文殊變)〉이라고 부른다.

[10-7] 막고굴 제220굴 통로 북쪽 벽 〈신양문수변〉 및 공양인 초상

[10-8] 막고굴 제220굴 동벽 북측 〈유마힐경변도〉 중 '제왕도'

제220굴의 착공 시기는 지금까지 알려진 바가 없다. 다만 정관 16년^{642년}에 이 굴이 이미 공사 중이었고 용삭^{龍朔} 2년^{662년} 완공되었다. 이것만 보아도 적씨 집안은 제220굴을 짓는 데 몇 십 년이 걸렸음을 알 수 있다.

이 석굴의 동쪽 벽 입구 양측에 〈유마힐경변도^{維摩詰經變圖}〉가 있다. 《유마힐경》의 주인공인 '유마힐'[3]이 그림에 그려져 있다. 학창의^{鶴氅衣}를 입고 흰 두건을 둘렀으며 손에는 불자^{拂子, 먼지떨이}를 쥔 모습이다. 몸을 앞으로 살짝 기울인 자세가 문수보살과 대승불교 교리에 관하여 격렬한 변론을 펼치는 듯하다. 다른 한 쪽에는 문수보살이 그려져 있는데, 머리에 보관^{寶冠}을 쓰고 천인의 옷을 걸치고 구슬 목걸이를 걸고 있다. 그의 주변을 여러 보살과 제자들, 천인들이 둘러싸고 있다. 문수보살은 담담한 태도로 유마힐과 변론하는 것처럼 보인다. 이 〈유마힐경변도〉에서 가장 멋진 부분은 제왕이 유마힐에게 질문하는 장면이다. 머리에 면류관이 얹혀 있고 어깨를 펴고 고개를 치켜든 채 성큼성큼 걷는 모습이 기세등등한 천자의 모습이다. 제왕의 뒤로 빽빽하게 둘러선 신하들은 공손하면서도 부드럽고, 솔직하고 대범하다. 모든 인물이 얼굴의 표정이든 신체 자세든 생생하고 자연스럽게 표현되었다. 이 그림은 당나라 초기의 관료이자 화가로 인물화를 잘 그렸던 염립본^{閻立本, 601?~673}의 대표작 〈역대제왕도^{歷代帝王圖}〉보다 30년 정도 앞선 작품이다. 〈역대제왕도〉와 비교할 때 인물의 특징을 잡아내는 표현력에서 조금 더 앞선다고 하겠다. [10-8]

제220굴은 막고굴 예술사에서 이정표가 되는 석굴이다. 벽화의 구도나 기세, 회화 양식으로 볼 때, 둔황 벽화에서 중대한 발전과 성장을 엿볼 수 있다. 장면의 웅대함, 구도의 참신함, 정밀한 기법과 아름다운 색채감 등이 눈에 띄는 새로운 화풍을 선보이고 있다. 이런 화풍은 중원에서 전해진 것으로 보인다. 당

---

3 석가모니와 같은 때 사람이다. 집에 있으면서 보살의 행을 닦고, 거사로서 학덕이 높아 사리불·가섭 등 석가모니의 큰제자들도 그의 학해(學解)를 따를 수 없었다고 한다.

태종이 군대를 보내 고창국을 평정한 이후, 실크로드는 다시 순조롭게 운행할 수 있게 되었다. 그러면서 중원에서 화풍이나 화파가 둔황에 유입되었다. 유입된 화풍이 둔황의 전통적인 화풍과 융화되어 제220굴의 새로운 면모로 나타났다.

제85굴은 도승통 적법영의 공덕굴이다. 주실에는 14폭의 경변도가 그려져 있는데, 막고굴의 경변도 중에서 가장 많은 장면을 담았다. 특히 미륵경변, 아미타경변, 약사경변 등 불교의 정토신앙이 주된 내용이다. 당나라 때 정토신앙이 유행했음을 알 수 있다. 제85굴은 적법영의 공덕을 칭송하는 목적으로 만든 굴이므로 이 석굴의 벽화 내용은 적법영 개인의 신앙이 반영되었을 것이다. 적법영은 선사였기 때문에 제85굴을 지을 때 선종과 관련이 있는《능가경楞伽經》,《금강경金剛經》,《밀엄경密嚴經》,《사익경思益經》의 내용을 담았다.

또한 석굴 중심의 불단에는 손에《금강경》을 들고 있는 가섭존자의 소조상을 안치했다. 이 역시 그의 선종신앙을 느끼게 하는 대목이다. 또한 적법영은《법화경》에도 조예가 깊었다. 제85굴의 천장 남쪽 경사면에〈법화경변도〉가 그려져 있는데, 그림의 규모도 크고 다양한 장면을 묘사해 내용이 풍부한 작품이다. 이〈법화경변도〉에 나오는 장면은 모두 102개나 되며,《법화경》제28품 중에서 24품의 내용을 담았다. 제85굴의〈법화경변도〉는 막고굴의 여러 법화경변도를 대표하는 작품이다. [10-9]

[10-9] 막고굴 제85굴 〈법화경변도〉

모용씨

삼국 시대에 선비족 수령인 막호발莫護跋은 한족들이 쓰는 부요관步搖冠, 끈 모양 장식물을 매달아서 걸을 때마다 그것이 흔들리는 관을 몹시 좋아했다. 비슷하게 모양을 본 따 만들게 해서 머리에 쓰고 다녔는데, 그래서 선비족 사람들이 그를 '부요'라고 불렀다고 한다.

현지 방언으로 '부요步搖'를 읽으면 발음이 '모용慕容'과 같아서 점차 '모용'이라는 이름으로 알려졌다. 막호발의 후손은 자신의 부족명을 모용부慕容部로 바꾸었다. 서진 시대에 모용외慕容廆는 연북燕北, 오늘날 허베이성 북부과 요동遼東 일대를 점령하고 자칭 선비족 대선우大單于라고 했다. 모용외의 아들 모용황慕容皝이 전연前燕을 세운다. 그때부터 그들은 '모용'을 성씨로 삼았다.

서진 때, 요동 선비족의 모용부의 한 갈래를 우두머리로 한 토욕혼이 한쭈, 지금의 간쑤성 린샤臨夏으로 이주했다. 그들은 얼마 지나지 않아 남쪽과 서쪽으로 확장을 꾀했고, 간쑤성 남부, 쓰촨성 서북부 및 칭하이성 등지에 분포해 있던 저족, 강족 등을 통합하여 토욕혼국吐谷渾國을 세웠다. 당나라 용삭 3년663년, 토욕혼이 토번국에 멸망했다. 국왕 낙갈발諾曷鉢은 양주로 달아났다. 당나라 조정은 낙갈발과 그의 부족민을 영주靈州를 거쳐 악주樂州로 이주시키고 낙갈발은 악주자사로 임명했다. 정원貞元 14년 영주자사이자 토욕혼의 칸인 모용복慕容複이 세상을 떠났다. 모용씨는 그때 이후로 수령의 지위를 잃고 쇠락하기 시작했다. 그때 부족의 후예 중 일부가 타지로 이주하였다. 장씨 귀의군 시기의 둔황의 사절단은 영주를 거쳐서 당나라 조정에 조공을 보내야 했다. 그래서 영주의 고위직 인사들을 둔황에서는 잘 알고 있었다. 당나라 희종僖宗, 재위 874~888 중화中和 5년885년 모용귀영慕容歸盈 일가가 둔황으로 이주했다.

모용귀영 일가는 둔황의 홍지향洪池鄉 일대에 자리를 잡았다. 당나라 천우天祐 3년906년, 당 왕조의 쇠락과 함께 절도사 장승봉은 둔황에 금산국을 세우고 왕위에 올랐다. 한번은 흉노가 금산국을 침략했는데, 장승봉이 조직적으로 저항했다. 전투가 벌어지면 모용귀영이 목숨을 걸고 싸웠다. 그는 늘 앞장서서 출전했다. 대담하고 무예가 뛰어난 그는 적 흉노의 장수를 생포했다. 모용귀영의 전공이 탁월하여 사람들이 백마장군白馬將軍으로 불렀다. 후세에 모용귀영 등의 놀라운 이야기를 소재로 한 노래가 만들어져 널리 퍼졌다.

모용귀영 일가는 원래 영주의 명문가였다. 그래서 경제적으로 부유했다. 모용씨가 둔황으로 이주한 뒤, 사주의 호족 사회에 좀 더 빨리 포함되기 위해 청허淸河 출신의 유명한 가문이라고 혈통을 포장했다. 모용귀영은 조의금의 누나를 아내로 맞았다. 914년, 조의금은 장승봉을 폐하고 금산국을 다시 귀의군 정권으로 되돌렸다. 새로운 정권이 들어선 후, 모용귀영은 조의금의 매형이라는 신분으로 과주자사에 임명된다. 모용귀영은 과주를 20여 년이나 다스렸다. 조의금 사후에는 조원덕까지 2대의 절도사를 섬긴 조씨 집안의 원로다. 모용귀영이 귀의군 군부에서 가장 연륜이 깊은 인물이라 과주를 다스릴 때도 그는 사주와 함께 조정에 조공을 세 번 바쳤다. 934년, 그는 후당 조정으로부터 과주자사에 더해 검교상서檢校尙書 좌부사左仆射를 제수받았다. 모용귀영은 조씨 귀의군에서 유일하게 조씨가 아닌 자사였다. 그래서 귀의군 정권 중에서 특히 눈에 띄는 인물이다. 모용귀영이 사망하고 30여 년이 흐른 뒤, 과주의 백성들이 절도사 조원충曹元忠.?~967에게 글을 올려 모용귀영의 신위를 설치하라고 요청했다.

모용씨와 조씨의 통치자는 대대로 혼인관계를 맺었다. 모용귀영의 큰아들이 조의금의 여섯 째 딸과 혼인했고, 조원충의 큰딸은 모용귀영의 손자에게 시집왔다. 조연공曹延恭은 또 다른 모용씨 집안의 딸과 혼인했다. 모용귀영 이후로도 모용씨는 여러 중요한 인물을 배출했다. 그 중 잘 알려진 사람이 모용장정慕容長政이다. 그는 관내도압아행管內都押衙行 상악현령常樂縣令으로 임명되었고 이어 창사倉司를 관리하는 직책을 맡았다. 10세기 말, 그는 사군使君으로 승진했다. 귀의군

[10-10] 유림굴 제12굴 남쪽 벽면 모용귀영의 〈출행도〉

시대에 사군은 '사지절과주제군사자使持節瓜州諸軍事者'의 약칭이다. 10세기 중후반이 되면 실제 직책으로 변화하고 창고와 여러 사원 창고를 관리하는 일을 한다. 이 시기의 사군은 자사 다음 가는 고위관직이다. 또한 모용장정은 막고굴 제202굴을 수리하는 일에 참여하였다.

모용씨 집안의 또 다른 주요 인물로는 모용언장慕容言長이 있다. 그는 모용귀영의 손자로, 옥문사군玉門使君, 검교관檢校官의 상서좌부사尚書左仆射를 지냈다. 막고굴 제256굴은 모용귀영 부부가 처음 착공했다. 그 후 오대 시기와 송나라를 거치면서 모용귀영의 손자 모용언장과 아내 염씨閻氏와 함께 제256굴을 수리했다. 모용귀영의 또 다른 손자 모용보실慕容保實은 유림굴 제12굴을 창건했다고 믿어진다. 석굴의 그림을 보면 모용귀영의 출행도가 그려져 있다. [10-10]

11

토번국의 지배와
막고굴

사막의 외딴 섬, 저항과 함락

(1) 고립된 땅

당 왕조가 가장 번성했을 때 그 영토는 동쪽으로는 바다까지, 서쪽으로 파미르 고원까지 미쳤다. 안서_{安西, 과주, 오늘날 간쑤성 주취안酒泉시}, 북정_{北庭, 이오 서쪽 지역}, 농우, 하서에서 수도 장안까지 역참과 봉수대가 연이어 있었다. 그러나 755년 안사_{安史}의 난이 일어난 후 토번국이 당나라의 내란을 틈타 변경의 영토를 침략하고 농우 지역을 점령하고 안서, 북정, 하서 등과 중원의 교통로를 차단했다. 통일된 당나라 영토가 둘로 갈라진 것이다.

토번은 이어 점점 서쪽으로 세력을 넓히면서 하서 지역을 집어삼켰다. 주정_{周鼎}이 하서절도사의 직위를 이어받았을 때, 하서 지역에서 당나라의 영토인 곳은 과주와 사주 두 곳뿐이었다. 이들은 아직 토번국에 점령되지 않았지만 중원과의 교통로가 끊어진 상황이라 당나라의 직접적인 통치를 받는 지역에서 분리되었다. 다시 말해 토번국 점령지역에 당나라의 영토로 남은 외딴 섬이 된 셈이다. 776년 토번이 과주를 함락했다. 당나라 군대를 이끌던 과주자사이자 어사중승御史中丞 장선張銑은 이 전투에서 사망했다. 과주가 함락되자 사주둔황는 하서 지역에 남은 유일한 당나라 영토가 되었다.

776년 8월이 되기 전부터 사주는 이미 고립 상태였다. 토번이 주변을 둘러싼 지 수년째였지만 그럭저럭 평온을 유지하고 있었다. 이 시기는 둔황 호족 이대빈이 막고굴에 공덕굴제148굴을 창건할 때다. 하서 절도사 주정이 성대한 의장으로 막고굴에 직접 찾아가 이대빈의 공덕굴 완공을 축하하고 석굴을 돌아보았다. 당시 둔황이 위기상황은 아니었음을 알 수 있다. 그러나 곧 토번의 군대가 사주를 포위했다.

(2) 반란

777년, 토번은 사주를 포위, 공격했다. 사주자사 주정은 성문을 닫고 방어에 치중하는 전략을 펴면서 위구르족에게 지원병을 요청했다. 그러나 위구르족의 지원병이 아무리 기다려도 오지 않았다. 당 왕조가 위구르족에게 길을 빌려서 안서와 북정과 연락을 취할 수는 있지만 지원군이 사주로 오는 것은 어려웠다. 주정은 이런 상황이 되자 성을 사수하려는 마음에 큰 동요가 생겼다. 그는 수만 명이나 되는 사주 백성의 안위는 돌보지 않은 채 성을 불태우고 사막 북쪽을 통해 당나라 영토로 달아나려 했다.

주정의 도주 계획이 알려지자 그는 점점 신임을 잃었고 부하들도 그의 도주 계획을 반대하여 반란의 움직임이 일었다. 가을이 지나가고 곧 겨울이 되는 시점이라 월동 준비를 해야 했다. 주정은 부장인 염조閻朝를 보내 월동 준비를 점검하라고 일렀다. 염조는 당시 도지병마사都知兵馬使로 그 집안이 타이위안太原 출신이라 '태원염太原閻'이라고 불렀다. 그는 둔황의 명문가 출신으로 둔황에서는 신망이 두텁고 영향력이 컸다. 염조는 주정의 명령을 받고 아침 일찍 주정이 머무는 막사에 가서 길을 떠난다고 인사를 올렸다. 그때 주정의 막사에는 직속 부하 주사노周沙奴가 함께 있었다. 염조는 주사노에게 활 솜씨를 겨루자는 핑계를 대며 활을 달라고 했다. 주사노가 염조에게 활을 건네며 먼저 쏘라고 했다. 염조는 활을 받아들고 곧바로 주사노를 쏘아 죽였다. 곧이어 겁에 질린 주정을 밧줄로 목졸라 죽였다. 그 후 염조는 사주를 이끌면서 토번의 침략에 맞섰다.

토번에 저항하는 싸움이 9년째에 이르렀을 때가 토번과의 전쟁에서 가장 힘든 시기였다. 군량과 건초를 모두 소진한 사주의 상황은 몹시 어려웠다. 군량 문제를 해결하려고 염조는 비단과 민간의 양식을 교환하는 정책을 썼다. 이 정책은 금방 많은 백성들의 지지를 얻었다. 백성들이 집안에 비축한 양식을 가져와 비단과 맞바꾸었다.

(3) 항복

781년, 염조는 사주 군대를 이끌고 험난한 저항을 이어갔다. 무기와 양식이 다 떨어져 더 저항할 수 없을 때까지 버텼다. 사주가 고립되어 지원도 없이 저항한 지 11년째였다. 어쩔 수 없는 상황에 염조는 성벽에 올라가 성을 공격하는 토번 군대를 향해 소리쳤다.

"사주 백성을 억지로 다른 지역에 이주시키지 않는다면 항복하겠다!"

토번의 지휘관이 그렇게 하겠다고 답을 하자 염조가 곧 성문을 열고 항복했다.

토번은 염조를 대번부락사하서절도大蕃部落使河西節度로 봉했다. 염조의 손아귀에 여전히 사주 군권이 쥐어져 있었으므로 토번도 함부로 하지 못했던 듯하다. 염조가 가진 권력을 잡음 없이 빼앗기 위해 토번왕이 염조를 오늘날 라싸拉薩로 불렀다. 염조는 이번에 라싸에 가면 어떤 일이 벌어질지 예측하기 힘들다는 것을 잘 알면서도 흔쾌히 부름에 응했다. 염조의 아내와 자식들은 사주의 어느 절에 모여 순조로운 여정이 되기를 기원하는 종교 의식을 올린 뒤 온 가족이 함께 라싸로 향했다. 토번은 역시나 염조에게 손을 썼다. 그를 독살한 것이다. 염조가 죽자 토번에 점령된 한족 사람들은 우두머리를 잃어버렸다. 토번에서는 손쉽게 사주를 통치할 수 있으리라 여겼다. 하지만 현실은 그들의 생각과 다르게 흘러갔다. 사주 안팎에서 토번을 몰아내려는 저항의 움직임이 시작되었다.

토번국에 굴복한 부끄러움

토번은 둔황을 통치하면서 강제적으로 토번화 정책을 폈다. 둔황 백성들에게 토번 옷을 입고 토번 말을 쓰도록 강요했다. 이런 정책은 둔황 한족들에게 격렬한 반감을 샀다. 사주 백성들은 토번 통치자들에게 진심으로 굴복한 적이 없었다. 둔황의 토번에 대한 저항이 계속되었다. 792년 둔황 사람 범국충氾國忠 등이 고비 사막으로 달아났다가 토번인에게 붙잡혀 돌아왔다. 그들은 주취안으로 유배되었는데, 두 번째로 탈출하여 말과 병기를 훔쳐서 둔황으로 돌아왔다. 793년, 범국충 등은 돌연 사주성 안으로 들이닥쳐 토번의 주요 관료를 살해하고는 스스로 불에 뛰어들어 죽었다. 이 사건을 '옥관기의玉關起義'라고 부른다. 옥관기의의 재판을 맡은 사람은 한족 승려인 마하연摩訶衍이었다. 범국충과 함께 옥관기의를 벌인 사람들의 진술을 살펴보면, 이번 일은 옥문관의 역장驛將 왕령전王令詮이 역관驛館에서 일하는 사람들을 박대한 것이 시발점이었다. 그 점은 명확해서 오해의 여지가 없다.

그러나 불만을 품고 들고 일어난 사람들은 토번의 관리, 토번의 장수를 죽였을 뿐 다른 짓은 하지 않았다. 토번 점령 초기 한족과 토번인 사이의 갈등이 얼마나 심각했는지 알 수 있는 사건이다. 이런 불만과 갈등은 토번화 정책과 그

정책을 시행하는 자들 때문에 빚어졌다. 그래서 토번은 차차 둔황 통치 정책을 바꾼다. 둔황 현지의 명문 호족을 이용하고 불교를 적극 장려하면서 승려를 우대하는 정책을 펴게 된 것이다. 토번 점령 말기가 되면 심지어 둔황 지역의 부분적인 행정권, 병권 및 조세관리권을 둔황의 호족 몇 가문에게 넘겨준다. 이런 통치 정책의 변화로 토번 점령 하의 둔황사회가 다시 반세기가량의 안정과 발전 국면을 맞게 된다. [11-1]

토번에 협력한 둔황의 호족 가문은 음씨 집안이 대표적이다. 토번이 둔황을 점령한 뒤 음씨 집안사람들은 어쩔 수 없다는 체념 상태가 되었다.

"곰의 아들은 강보를 벗어나 문신을 하고, 원앙 부부는 쪽찐 머리를 풀고 변발을 하네."

이 짧은 시구는 사주 사람들이 강압 속에서 한족 풍습을 버리고 토번식으로 문신과 변발을 해야 하는 심정을 잘 드러내고 있다.

음백륜은 눈물을 머금고 토번 조정의 신하가 되었다. 토번은 사주에서 통치력을 강화하려고 음씨 집안이라는 둔황 명문가를 적절히 활용했다. 음백륜은 곧 토번이 임명하는 사주도문친표부락대사沙州道門親表部落大使가 되었다.

음씨 집안과 토번의 협력 관계는 토번의 통치력을 강화했을 뿐 아니라 음씨 집안의 둔황에서의 지위를 보전하는 역할도 했다. 토번인들은 음씨 집안의 조세를 감면하는 등의 혜택을 주었다. 어느 정도는 음씨 가족이 당나라 때의 세력을 회복한 듯 보였다. 세력만 놓고 보면 당나라 때보다도 강력했다.

음백륜의 큰아들 음가정은 관직에 종사하지 않았고 당시의 유명한 처사處士였다. 그가 막고굴 제231굴의 공덕주다. 둘째 아들 음가의, 셋째 음가진은 모두 토번 치하에서 요직을 맡았으며 출가해 승려가 된 넷째 아들과 딸은 고위 승관이 되었다.

음씨 집안은 토번 점령기에 온 집안이 영예를 누렸지만 한편으로는 당나라

[11-1] 막고굴 제359굴 북쪽 벽 토번 복식을 입은 공양인 초상화(중당 시대)

때를 그리워하는 마음이 있었다.

음가정은 만년에 자주 우울해하고 한숨이 늘었다. 동생 음가의가 형에게 연유를 묻자 망설이던 음가정이 이렇게 대답했다.

"내가 이제 지천명知天命, 50세의 나이가 되었는데 부끄러움을 많이 느낀다. 사람들이 후손을 위해 할 일을 궁리하라고들 하지 않더냐. 후손에게 인의가 무엇인지 가르쳐야 한다는 것이지. 요즘 그 생각을 하니 걱정을 멈출 수가 없구나."

음가정은 음씨 집안이 토번에 협력한 일을 내내 부끄러워했다. 노년이 되자 이 일이 큰 잘못이라 느꼈고, 자손들에게 충의를 가르쳐야 할 일을 걱정하게 되었다. 그래서 음가정은 동생들과 함께 막고굴에 석굴을 만들어 공덕을 쌓기로 했다. 마음속의 죄책감을 조금이나마 덜기 위해서였다. 막고굴 제231굴은 이런 배경에서 지어졌다. 이 굴의 주실 벽면은 완벽하게 보존되어 있다. 벽화의 색채가 선명한데, 모두 중당 시대의 원작 그대로다. 동쪽 벽의 입구 위에는 공양인의 초상이 있는데, 음가정의 부친 음백륜과 모친 색씨 부인이다. 그림 속의 음백륜과 색씨 부인은 모두 한족의 복식을 입고 있다. 제231굴을 착공할 때 음백륜과 색씨 부인은 이미 세상을 떠난 뒤였다. 그래서 토번 복식이 아니라 한족 복식을 입은 모습으로 나타날 수 있었다. [11-2]

[11-2] 막고굴 제231굴 동쪽 벽 입구 상단의 음백륜 부부 초상화(중당 시대)

불교 중흥의 시대

토번 점령기는 불교가 크게 중흥한 시기였다. 토번은 둔황이 불교의 성지로 보고 적극적으로 보호하고 장려하여 이곳의 불교 발전에 큰 영향을 미쳤다. 특히 둔황의 명문 호족이 토번의 통치를 받는 동안 불교에 더 많은 힘을 쏟았다. 한편으로는 토번의 상층부에게 같은 불교도라는 점을 보여주면서 좋은 인상을 남김으로써 기존의 정치, 경제적 이익을 지키려고 했고, 또 한편으로는 불교의 힘으로 한족 사람들을 보호하고 토번에 저항하려고 한 것이었다.

불교는 둔황의 한족과 토번인 사이의 완충지대로, 두 민족이 서로 영향을 주고받고 융합하는 중요한 매개체였다.

토번인과 한족이 공통으로 노력하면서 둔황의 불교는 매우 흥성했고 빠른 속도로 팽창했다. 이 시기, 중원에서는 회창멸법會昌滅法으로 불리는 불교 억압 정책이 시행되고 있었다. 이 정책은 중국의 불교 역사에 깊은 영향을 미쳤다. 둔황은 토번에 점령되어 회창멸법을 피했으니 중원의 불교에 비해 둔황 불교가 더욱 발전하는 기회가 되었다. 동시에 중원에서 억압 정책을 피해 도망친 고승들이 둔황 지역으로 흡수되면서 불교의 호소력은 더욱 높아졌다.

토번이 둔황을 통치하던 초기, 사주에는 비구 사원 아홉 곳, 비구니 사원 네 곳과 비구와 비구니를 합쳐 승려 310명이 있었다. 토번 통치 말기에 이르면 둔황의 사원은 17곳으로 늘고 승려의 수는 수천 명으로 증가한다. 당시 사주의 총 인구는 2만5천 명 정도였다. 유명한 사원을 17대사로 부른 것이지 그 사이에 옛 사원이 사라지기도 하고 새 사원을 짓기도 했으며 과거의 사원을 수리하고 새 이름을 붙이기도 했다. 그래서 17대사는 토번 통치 말기에야 확정이 되었는데 비구 사원 12곳과 비구니 사원 5곳이 있었다. 비구 사원은 용흥사龍興寺, 영안사永安寺, 대운사大云寺, 영도사靈圖寺, 개원사開元寺, 건원사乾元寺, 현덕사顯德寺, 보은사報恩寺, 금광명사金光明寺, 연대사蓮台寺, 정토사淨土寺, 삼계사三界寺, 비구니 사원은 대승사大乘寺, 보광사普光寺, 영수사靈修寺, 안국사安國寺, 성광사聖光寺였다.

이런 사원에서 불경을 강설, 번역, 필사하는 활동이 성행했다. 담광曇曠, 마하연摩訶衍, 법성法成 등의 고승도 여럿 배출되었다. 특히 둔황에서 불경 강설이 성행하면서 대규모의 불교변론회가 자주 열리는 것은 물론 전문적으로 속세의 신도에게 비교적 쉽고 얕은 불경 내용을 설법하는 행사도 많았다. 이 시기는 불경 필사 활동도 규모가 매우 컸다. 거의 모든 사원에서 필사 활동에 참여할 정도였다. 토번 문자로 된 불경을 한역하는 일도 둔황에서 크게 힘을 얻었다. 토번왕의 명령에 따라《무량수종요경無量壽宗要經》은 수천 부를 필사하기도 했다. 사주에는 불경을 필사하는 사경방寫經坊이라는 곳이 있었는데, 600권에 달하는 《대반야경大般若經》도 여러 부를 필사할 정도였다.

이때 둔황의 여러 사원들이 불경을 다양하게 소장하게 되었다. 각 사원마다 수 명 혹은 수십 명의 사경승이 긴장한 태도로 불경을 필사하는 모습을 볼 수 있었다. 《사경인명부寫經人名簿》 외에 《부경력付經歷》이라는 책이 있어서 둔황 사원의 사경방에서 매일 바쁘게 불경을 필사하는 모습을 살펴볼 수 있다. 막 하나의 불경 필사 임무를 완수한 후, 곧 다른 불경 필사 임무가 내려온다. 9세기 초에 안국사, 성광사, 흥선사 등 세 곳이 새로 지어졌다. 이후 영강사, 영수사가 또 지어졌다. 새로 지은 사원에 소장할 불경을 마련하기 위해 여러 사원의 사경방에서 바쁘게 불경을 필사한 것도 당연했다.

그 외에 사주에는 토번왕이 내린 대규모 불경 필사 및 번역의 명령도 받았다. 그래서 한자로 된 불경 외에도 토번어로 된 불경의 필사도 사주 사경방의 중요한 임무였다. 토본어 사경승 중에 절반은 한족이었다. 당시 둔황 한족이 토번어를 상당히 능숙했음을 알 수 있다. 사원의 사경방은 이 밖에도 다양한 불경 필사 의뢰를 받았다. 외지의 사원을 위한 불경 필사 작업도 했는데, 이때는 필사 비용을 받아 사원 운영자금으로 활용했다. [11-3]

[11-3] 토번어 《대반야경》, 둔황 장경동 출토(중당 시대)

781년부터 848년까지 막고굴에서 새로 착공한 석굴이 55개, 이전의 석굴을 수리한 것이 36개다. 예술 양식을 살펴보면 석굴 내부의 경변도가 늘어났고, 이에 따라 그림의 규모는 전보다 작아졌다. 성당 시대처럼 벽면 하나를 경변도로 채우는 완전성과 웅혼한 기세는 사라지고 엄숙함, 진지함, 섬세함, 깔끔함 등의 방향으로 발전했다. 이 시기에는 안료의 원천이 유한하여 색채를 이전 시대처럼 선명하게 쓰지 못했다. 대신 청색, 녹색, 홍갈색, 황색 및 운모 분홍색 등을 주로 써서 한색寒色이 많은 특징이 보인다. 피부색은 연하게 칠하며 색채가 간략하고 담백한 격조를 보인다. 화면 전체에 이지적이고 우아하며 평안하고 고요한 청신淸新함이 잘 드러난다.

이 시기에 출현한 비파를 등 뒤로 들고서 보지 않고 뜯는 자세는 둔황 벽화에서 가장 유명한 특징이다. 막고굴에는 10여 점의 벽화에서 악기 연주 및 무용 장면에 이런 모습이 나타난다. 그중에서 제112굴의 《관무량수경觀無量壽經》의 경변도는 비파를 등 뒤로 들고 연주하는 모습반탄비파反彈琵琶이 담긴 대표적인 작품이다. 극락세계의 아름다운 모습을 표현하기 위해 아미타불이 설법하는 장면에 부수적으로 악단의 연주 모습을 담았는데 가장 중심이 되는 위치에 등 뒤로 비파를 연주하며 독무를 추는 사람이 배치되었다. 그 인물은 왼발로 땅을 딛고 엄지발가락은 위를 향하고 있으며, 오른쪽 다리를 치켜들고 있다. 두 다리를 번갈아 차올리는 동작인 듯하다. 왼손은 비파의 목 부분을 쥐고 오른손을 등 뒤로 돌려 현을 뜯는다. 몸에 걸친 장식 끈이 팔랑거리며 빙글빙글 돌고 있다. 이 동작은 난이도가 아주 높을 뿐 아니라 인물의 조형미가 특히나 우아하고 매혹적이다. [11-4]

이 시기의 회화는 산천의 묘사나 세속 풍경을 그리는 데 있어서도 새로운 발전이 있었다. 〈유마힐경변도〉에 나오는 장기 두는 모습, 술 마시는 모습, 학당에서 공부하는 모습이나 〈미륵경변도〉에 나오는 혼례 장면, 농사 수확 장면, 무덤 모습 등은 당나라 때의 생활 풍습을 반영하고 있는 중요한 역사적 자료다. 특히 유림굴 제25굴에는 심지어 토번족의 혼례 축하연이 등장한다. 연회석에 앉은 남자는 예모禮帽, 예식용 모자를 쓰고 얇은 천으로 머리카락을 싸매고 있으며 여자는 대부분 머리를 땋고 천을 둘렀다. 쟁반을 받쳐 든 시녀는 모포로 만들고 옆이 트인 상의를 입고 있다. 신랑은 머리에 터번처럼 천을 둘렀다. 이는 옛날 티베

[11-4] 막고굴 제112굴 남쪽 벽 〈관무량수경변도〉의 '반탄비파'

[11-5] 유림굴 제25굴 북쪽 벽 〈미륵경변도〉 중 '토번혼례도'

트 지역의 인문, 복식, 일상용품 등을 알 수 있는 진귀한 도상 자료다. [11-5] 토번 점령기의 불상은 대부분 훼손되었으나 지금까지 남아 있는 것은 정묘한 제작 솜씨나 새로운 기법 등으로 볼 때 모두 감탄할 만큼 뛰어난 예술품이다. 막고굴 제159굴의 보살상은 얼굴이 옥처럼 깨끗하고 입술이 붉으며 손가락은 난초처럼

[11-6] 막고굴 제159굴 감실 내 남쪽 벽의 보살상

우아하다. 옷자락은 승천하는 용 같고, 신체의 부드러운 선이 속세를 잊게 만든다. [11-6]

이 시기의 토번왕은 모두 불교 신자였고 적극적으로 불교를 발전시켰다. 토번왕친보贊普 중 치축데첸적조덕찬赤祖德贊, 재위 815~838은 왕비와 대신을 둔황에 보내 토번

[11-7] 막고굴 제159굴 동쪽 벽 입구 남측 〈토번왕예불도〉

어로 《십만반야바라밀다경十萬般若波羅蜜多經》을 필사하는 일을 감독하게 했다.

　둔황 벽화의 〈유마힐경변도〉 중에는 토번왕과 그 시종의 모습도 보인다. 토번 점령 이전에는 유마힐의 설법회에 각국의 왕과 왕자가 모인 모습을 그렸는데, 점령 시기 이후에는 토번의 왕이 예불하는 모습이 화면에서 가장 눈에 띄는 위치에 자리 잡고 있다. 왕은 붉은색 모포로 만든 높은 관을 쓰고 왼쪽으로 여미는 장포를 입었다. 검은 가죽신에 허리에는 장식 끈을 매고 긴 칼을 찼다. 그의 뒤로 시종들이 대의 끄트머리가 구부러진 일산을 들고 뒤따른다. 토번왕의 앞에는 향을 피우는 하인이 있고, 무사들이 왕의 행차를 호위하고 있다. 신하들도 여럿 뒤따르는 등 군주의 위엄이 십분 드러나는 행렬이다.

[11-8] 막고굴 제159굴 동쪽 벽 입구 북측 〈중원제왕예불도〉

　　다른 나라의 왕과 왕자들은 토번국 행렬 뒤에 처져서 토번왕을 돋보이게 하는 역할을 하고 있다. 토번왕의 행렬과 상반되는 것이 문수보살의 자리 아래에 위치한 중원 제왕의 행렬이다. 화려한 의장은 마찬가지지만 일행은 모두 한족의 소매가 넓은 헐렁한 옷을 입었다. 중원 제왕의 행렬은 토번왕의 행렬과 세력 싸움을 하는 듯한 모양새다. 당시의 정치적인 함의가 분명히 드러난다. 장의조가 토번 세력을 둔황에서 몰아낸 다음부터는 벽화에서 토번왕의 지위가 급격히 떨어져 각국의 왕과 왕자 사이에 놓인다. 심지어는 토번왕이 나오지 않는 그림도 있다. [11-7] [11-8]

　　석굴은 건축, 조각, 벽화가 한데 모인 종합예술이다. 막고굴 제158굴은 이런 점을 잘 드러내는 석굴이다. 제158굴은 토번 시기에 지어진 대형 열반굴로, 수불동睡佛洞, 부처가 잠든 동굴이라 불린다. 열반이란 불교도가 수행으로 추구하는 최고의 경지다. 열반에 들면 육체는 죽어 적멸하지만 수행자는 영원히 생로병사의 고통에서 벗어나고 육도윤회를 초월한다. 이는 탄생도 죽음도 없는 지고의 경지에 이르는 것이다. 제158굴이 표현하는 것은 석가모니가 열반에 들 때의 장면이다. 열반이라는 주제를 잘 드러내기 위해 석굴은 특별히 녹정盝頂¹ 형태의 천장에 장방형으로 만들었다. 석굴 내부는 거대한 관 속 공간처럼 보인다. 석가모니 상은 몸 길이가 15.8미터에 달하고, 불단 위에 오른팔을 베고 누워 있다. 석가모니가 베는 베개에는 대안함주련주화문大雁銜珠聯珠花紋, 구슬을 입에 문 기러기와 구슬이 연결된 모양이 결합된 무늬이 새겨져 있다. 석가모니의 얼굴은 둥그스름하고 두 눈을 살짝 감고 있으며 입가에 미소가 맴돈다. 왼손은 자연스럽게 왼쪽 다리 위에 얹었다. 옷 주름은 부드러운 곡선을 그리면서 몸의 굴곡에 따라 흘러내리고 있다. 전체적으로 편안히 잠든 모습이다. 열반 당시 석가모니는 여든 살이었는데, 일반적인 여든 살 노인의 모습과는 달리 석가모니는 아주 건강해 보인다. 이 열반상을 보면 곧 세상을 떠날 석가모니가 아니라 깊이 잠든 당나라 때의 귀부인이라고 해도 될 듯하다. [11-9]

남쪽 벽에는 십대제자의 애도하는 모습이 묘사되어 있다. 이들은 석가모니가 가장 아꼈던 제자들인데, 그중 가섭과 아난이 가장 뛰어났다. 가섭은 500명의 제자와 함께 기사굴산耆闍崛山에서 수행하다가 석가모니의 열반 소식을 듣고 달려왔다. 가섭은 멀리서 석가모니의 관을 보며 통곡했다. 그림 속의 가섭은 코가 우뚝하고 눈이 우묵하며 슬픔을 이기지 못해 앙상한 손을 관을 향해 뻗고 있다. 그 옆에서 제자 두 명이 가섭을 부축하고 있다. 그러지 않으면 가섭은 당장이라도 쓰러질 것 같다. 앞에 있던 제자도 손을 뻗어 가섭을 부축하려 하면서 너무

---

1 지붕의 중앙은 편평하고 가장자리 사면은 아래로 짧게 경사진 지붕 형태.

[11-9] 막고굴 제158굴 열반불

[11-10] 막고굴 제158굴 남쪽 벽 〈십대제자거애도〉

슬퍼하지 말라고 위로하는 듯하다. 이때 아난은 땅바닥에 무릎을 꿇고 한 손은 땅에 대고 또 한 손은 귓가에 댄 자세를 취하고 있다. 석가모니의 마지막 한 마디라도 놓치지 않으려는 듯하기도 하고, 석가모니의 입적이라는 현실을 받아들이지 못하는 듯하기도 하다. [11-10]

북쪽 벽에는 여러 제왕들이 슬퍼하는 모습이 담겼다. 석가모니의 열반 소식이 전해진 후, 주변 여러 나라에서 왕이 신하들을 이끌고 찾아왔다. 모두들 슬픔에 눈물을 흘리는 모습이다. 이 그림은 토번 점령기에 제작되었기 때문에 당시 벽화의 보편적인 특징으로, 그림에 나오는 여덟 나라의 국왕 중에 토번왕이 가장 앞에 있고, 그 뒤를 중원의 황제가 따르고 있다. 중원의 황제는 면류관을 쓰고 두 명의 궁녀가 부축하고 있다. 그 뒤를 따르는 사람은 모두 코가 우뚝하고 눈이 움푹 꺼진 얼굴형이라 당시 서역의 여러 나라 수장일 것으로 생각된다. 각국의 제왕은 슬픔이 지나쳐 삶의 의지를 잃은 듯하며, 각자 가장 격렬한 방식으로 석가모니의 열반을 슬퍼하는 모습을 보인다. 이들은 귀나 코를 자르고, 가슴을 가르는 등의 자해 행위를 하고 있다. 역사서에는 당 태종이 사망했을 때 사이四夷. 옛 중국에서 주변 민족을 부르던 이름으로 중국의 사방에 있던 동이, 서융, 남만, 북적을 통칭한다 사람들이 이런 모습을 보였다는 기록이 있다. 이 그림은 바로 그런 풍습을 보여주는 도상 기록이라고 하겠다. [11-11]

[11-11] 막고굴 제158굴 북쪽 벽 〈제왕거애도〉

12

장의조의
하서 지역 수복

.

-

당 왕조로 돌아가다

(1) 뜻을 세우다

토번이 둔황에서 유화 정책을 쓴다고 해도 통치자의 잔혹함은
여전했다. 토번 통치자는 점령 지역의 백성을 무자비하게 착취하고 주변 국가
를 자주 침략했다. 동쪽으로는 당나라, 북쪽으로는 위구르, 서쪽으로는 대식
국이 그 피해를 입었다. 이런 통치 아래서 각 민족과 백성들은 노역에 시달리
며 농사와 목축의 부담이 커졌다. 혹은 정벌군으로 뽑혀서 멀리 목숨을 건 전
투를 하러 가야 했다. 둔황 지역의 한족들은 늘 당나라 백성으로 돌아가기를
바랐다. 토번 점령 초기에는 토번에 저항하는 투쟁이 끊이지 않았다. 그중 가
장 눈에 띄는 사건이 바로 옥관기이다. 비록 실패했지만 이후의 봉기에 희망의
씨앗을 심었다. 둔황이 당나라 영토였던 시기를 살았던 사람들뿐 아니라 토번
이 점령한 이후에 태어난 세대까지도 부모와 조부모의 영향을 받아 동방의 당
나라에 대한 동경을 품고 있었다.

장의조가 바로 그런 사람이다. 그는 토번 점령 초기에 태어났다. 아버지 장겸일張謙逸은 당나라에서 북도절도류후北都節度留後, 지도사支度使 영전사營田使 전운사轉運使 등의 관직을 지냈다. 장의조 본인도 토번의 잔혹한 통치를 경험했고 당시 백성들이 안심하고 생활할 수 없었고 여러 산업이 부진하여 쇠퇴하는 모습에 불만을 품었다. 어린 장의조는 백성들의 고통을 동정하면서 이런 현실이 바뀌기를 바라는 뜻을 세웠다. 그는 안사의 난을 평정하는 과정에서 환관의 모함을 받아 처형된 명장 봉상청封常淸. 690~756을 특히 존경했다. 참형을 언도받은 봉상청이 올린 사죄의 표문을 필사하면서 애도의 마음을 표현한 적도 있었다. 815년에는 옛 시 〈무명가無名歌〉를 필사하면서 자신의 심경을 드러냈다.

천하가 들끓은 지 여러 해, 쌀값이 천금에 이르니 살 길이 없네
두 마지기 밭을 일궈도, 세금조차 감당하지 못하고
올해는 이삭이 더욱 약해졌으니, 느릅나무 땅을 내놓을 수밖에
세상에 몇 사람이나 있는지 몰라도, 파도가 빗줄기처럼 몰려오네
묶지 않은 배처럼 흘러 흘러, 물결 따라 멀리 멀리

이미 천 리 바깥을 떠도는데, 누군들 고향이 그립지 않으랴
관아에서는 무희가 술과 고기를 지겨워하는데, 백성들이 굶주린 채 잠드는 것은 모른다
임금은 성 밖의 집들이 빈 것도 모르고, 장군은 꽃과 대나무를 심고 있네
성 밖의 어질러진 집들을 보라, 잡초가 버들잎처럼 무성하구나
바다제비가 진흙을 물고 와서 둥지를 지으려다가, 빈 뜰에 인적이 없어 도로 날아갔다네.

天下沸騰積年歲, 米到千錢人失計
附槨種得二頃田, 磨折不充十一稅
今年苗稼看更弱, 枌楡産業須抛卻

不知天下有幾人, 只見波逃如雨脚

去去如同不系舟, 隨波逐水泛長流

漂泊已經千裏外, 誰人不帶兩鄉愁

舞女庭前厭酒肉, 不知百姓餓眠宿

君不見城外空牆框, 將軍只是栽花竹

君看城外恓惶處, 段段茅花如柳絮

海燕銜泥欲作巢, 空堂無人卻飛去

장의조는 줄곧 어떻게 하면 토번 통치의 현실을 바꿀 것인지 고민했다. 드디어 장의조가 기다리던 계기가 찾아왔다.

(2) 계기

842년, 토번왕 랑다르마한역 이름 랑달마우자郎達瑪遇刺, 799?~842가 사망했다. 그에게는 아직 태중에 있는 아이뿐이었다. 그래서 다음 왕위를 놓고 토번 고위층에서 내분이 일었다. 또한 방금락邦金洛이라는 이름의 노예 평민이 이 틈을 타서 봉기했다. 한 군데서 봉기하자 들불 번지듯 반란이 토번 전 영토에서 일어났다.

토번 원락문천토격사原洛門川討擊使 상공열尙恐熱이 토번 왕실에 반기를 들고 나라의 권력을 잡으려고 했다. 그는 스스로 재상이 되어 선주절도사鄯州節度使 상비비尙婢婢와 권력을 다퉜다. 이 일 때문에 하서 백성들은 위험한 전쟁 상황에 빠졌다. 상공열은 잔인한 성품에 학살을 즐기는 자였다. 그가 군대를 이끌고 하서 지역의 선주鄯州, 곽주廓州 등 여덟 개 주를 공격해 젊은이를 모두 주살했다. 또한 노인과 여인들은 코를 베었고 어린 아기를 창 끝에 매달아 장난질을 쳤다. 가옥을 태우는 등 악행을 무수히 저질렀다. 방원 5천 리 내에 있는 사람들이 다 사라질 정도였다. 상공열의 학살은 곧 하서 백성들의 분노를 불러일으켰고, 상공열 휘하의 부하들도 불만을 품었다. 이때 토번국 내에 흉년이 들어 백성들이 기근을 겪었다. 굶어죽는 자가 속출했다. 이런 비참한 현실을 보며 하서와 농우 지역의 토번 장수들의 생각도 혼란하고 수비가 소홀해졌다. 당 왕조는 이 기회를 틈타 황하와 황수湟水, 황하의 한 지류로 오늘날 칭하이성 일대 유역 영토를 수복할 결심을 한다.

844년 3월, 당 왕조는 위구르족이 이미 쇠락했고 토번도 내란을 겪고 있으니 황하, 황수 유역 4진鎭 18주州를 수복하는 일을 논의하기 시작했다. 847년 5월, 하동절도사河東節度使 왕재王宰가 염주鹽州에서 상공열에게 대승을 거뒀다. 다음 해 12월에는 봉상절도사鳳翔節度使 최공崔珙이 토번군을 청수淸水에서 격파했다. 이어 원주原州, 오늘날 닝샤寧夏 구위안固原, 석문石門 등의 여섯 개 관과 위주威州, 오늘날 닝샤 중웨이中衛, 부주扶州, 오늘날 간쑤성 원文현 서쪽 등을 수복했다. 당 왕조의 승리 소식은 하서 지역 백성에게 희망을 주었다. 장의조는 병법과 무예를 익히며 손무孫武와 백기白起의 용병술에 정통했다. 《육도六韜》,《옥령玉鈴》 등 책을 통해 행군의 요점을 이해했다. 장의조는 토번국의 세력이 약해진 것을 보고 반드시 봉기하여 당나라 영토로 귀속되리라는 결심을 굳혔다.

(3) 봉기

848년, 장의조는 토번 통치를 끝내기 위한 군사 봉기의 기치를 올렸다. 장의조의 봉기에 힘을 합친 세력은 크게 세 방면으로 나뉜다.

첫째는 둔황의 명문가와 호족들이다. 장씨 집안을 비롯해 색씨, 이씨 등이 힘을 모았다. 그들은 사주沙州 지역의 호족으로 대대로 장수를 배출했던 집안이다. 하서 지역을 다시 당나라 영토로 수복하는 데 그들의 공로가 컸다. 둘째는 불교계 지도자들과 승려들이다. 고승 홍변이 토번국 치하에서 '지석문도법률知釋門都法律 겸 섭행교수攝行敎授'라는 승직을 맡았지만, 그는 마음 깊은 곳에서 고국을 그리워했다. 그는 승려들을 이끌고 장의조의 사주 수복운동을 지원했다. 둔황은 중원과 서역의 교통 요지다. 오래전부터 불교가 몹시 발달한 곳이어서 신자의 수도 많고 교단도 세력이 컸다. 교단을 이끄는 불문 지도자들과 승려들이 합세하자 백성들 사이에서 영향력이 커졌다. 셋째가 둔황을 기반으로 활동하는 호걸豪傑, 의사義士 등이다. 이들은 협의를 위해 위험을 무릅쓰는 사람들로, 부사副使 안경安景, 부락사部落使 염영달閻英達 등이 둔황의 호걸들이었다.

장의조는 이런 사람들의 협력을 받아 '귀국歸國, 당나라로 돌아가다'을 봉기의 구호로 삼았고 둔황 사회 내의 광범위한 조직, 결사단체 등 다양한 사회적 역량이 그의 아래로 모였다. 장의조는 시기가 무르익기를 기다렸다가 병사를 모집하여 봉기했다. 정사에는 이 일이 매우 간략하게 적혀 있다.

"장의조가 무장한 병사를 이끌고 사주 성문 앞에서 기의를 맹세했고 그곳의 한족 백성이 분분히 호응하였다. 토번의 수장은 이 모습을 보고 놀라 달아났다. 장의조는 바로 사주의 정무를 이어받았다."

사실상 장의조의 기의가 이렇게 간단하고 쉽지는 않았다. 오히려 피로 목욕하는 것과 같은 힘겨운 전투 끝에 승리를 손에 넣었다. 장의조의 의병은 맨 처음에 토번 군대에 포위되었다. 장의조는 여러 가지 전략(제갈량의 팔진법 등)을 써서 토번 군대의 겹겹이 에워싼 포위를 뚫었으며 도검이 번쩍거리고 시체가 들판에 널릴 만큼 참혹한 백병전에서 승리한 장의조는 드디어 사주를 수복하는 데 성공했다.

(4) 당나라로 귀환하다

장의조가 사주를 수복한 뒤, 하서의 다른 주와 현은 여전히 토번의 통치 아래 있었다. 사주가 다시 당 왕조의 영토로 돌아왔다는 것을 조정에 급히 알리기 위해 장의조는 똑같은 표문을 10통 써서 10명의 사자에게 각각 주어서 각기 다른 경로로 장안으로 보냈다. 이중에는 승려로만 구성된 사절단도 있었다. 토번 사람들이 불교를 믿기 때문에 승려일 경우 빠져나가기가 용이할 것을 고려한 방책이었다. 둔황의 명승 오진^{悟眞}이 10명의 사자 중 한 명이었다. 그는 표문을 장안까지 전달하는 데 성공했으며, 그 공로를 인정받아 851년 5월에 당 왕조의 '경성임단대덕^{京城臨壇大德}'으로 책봉되었다.

장안에 표문을 올리는 것은 사주 수복만큼이나 험난했다. 10명의 사자를 각기 다른 길로 보냈는데 동북쪽 길로 출발한 한 명의 사자만이 천신만고 끝에 천덕군^{天德軍, 오늘날 네이멍구內蒙古 자치구의 우라터烏拉特 전기前旗 현급 행정구역에 주둔하던 군대}의 방어사^{防禦使} 이비^{李조}의 협조를 받아 850년에 당의 도읍 장안에 도착할 수 있었다. 당 선종은 이 소식을 듣고 이렇게 말했다고 한다.

"하서 지역에서 장수의 재목이 배출된다고 하더니, 그 말이 거짓이 아니로구나!"

이 몇 년간, 장의조는 사주를 근거지로 하여 군대 조직을 정비하고 농업 생산을 독려하는 등 농사와 전투를 병행했다. 사주라는 근거지가 보장된 상태에서 장의조는 계속 진군하여 토번인들과 한 걸음 더 나아간 전쟁을 벌였다. 851년에는 사주 근처의 숙주, 감주, 이주를 차례로 수복했다. 당나라 영토로 복귀하는 꿈을 이루기 위해 그해 8월 장의조는 자신의 형인 장의담^{張議潭}과 사주 호족 이명달, 이명진, 압아 오안정^{吳安正} 등 29명으로 사절단을 꾸리고 과주, 사주, 이주, 서주, 감주, 숙주, 난주, 선주, 하주, 민주^{岷州}, 곽주 등 11개 주의 지도와 호적을 가지고 장안에 가서 보고를 올리도록 했다. 그때부터 양주^{오늘날 우웨이} 외에 토번의 지배를 100년 가까이 받았던 하서 지역은 전부 당나라 영토로 수복되었다.

당 선종은 과주와 사주 등 11개 지도와 호적을 받은 후 조서를 내려 장의조 등의 충성과 용맹, 공적을 치하했다. 같은 해 11월 조정은 사주에 '귀의군'을 설치하고 과주와 사주 부근 11주를 통솔하는 귀의군 절도사 겸 관찰사^{觀察使}에 장의조를 임명했다.

(5) 인질

장의조는 하서 지역이 다시 당나라 영토로 편입되는 데 가장 중요한 역할을 했던 난세의 영웅이었다. 장의조가 하서 지역을 수복한 것은 당 왕조 입장에서는 기쁨과 우려가 뒤섞인 일이었다. 기쁨은 토번에 점령되었던 하서가 다시 당나라의 영토에 돌아온 것이고, 우려는 만당 시기 조정의 힘이 약화된 상태라 장씨 귀의군이 점차 힘을 길러 당 왕조와 대립하는 독립 정권을 세울지도 모른다는 걱정이다. 그래서 당 왕조는 여러 조치를 통해 귀의군이 더 이상 발전하지 못하도록 저지하고자 했다. 장의조는 봉기한 지 얼마 지나지 않아서 자신의 충성심을 보이기 위해 형 장의담을 먼저 조정에 인질로서 장안에 머물게 했다. 867년, 69세의 장의조는 귀의군 내의 정무를 조카인 장회심에게 맡겼다. 자신은 장안에 가서 머물며 편안한 삶을 보내겠다고 했다. 조정은 장의조를 좌신무통군左神武統軍으로 제수하고 사도司徒 벼슬을 내렸으며 저택과 전답을 하사하고 고관의 높은 봉록을 주는 등 후대하였다. 872년 8월, 장의조는 장안에서 향년 74세로 세상을 떠났다.

영웅의 노래

장의조는 토번의 통치자들을 모두 축출했지만 자신의 어린 시절 스승인 법성法成은 그대로 두었다. 법성은 토번 점령기 둔황의 가장 유명한 고승이다. 그는 토번에서 '대번국대덕삼장법사大蕃國大德三藏法師'라는 존호를 받았다. 그는 박학다식하고 유식학唯識學에 특히 뛰어난 시대를 풍미한 문화인이라 할 만했다. 법성은 귀의군 시절에도 계속해서 사주와 감주 등지에서 제자를 길렀고 한족과 장족(티베트족)의 불교 학문이 어떻게 다른지에 대해 주의를 기울여 가르쳤다. 그래서 토번이 퇴출된 뒤에도 둔황 불교는 별 탈 없이 계속 발전할 수 있었다. 토번 시기의 불교 장려 정책은 강력한 불교 교단을 형성했다.

장의조의 봉기를 지지한 사람 중에는 한족이자 명문가 출신의 승려 오홍변吳洪辯이 이끄는 승려들이 있었다. 하서 지역이 수복된 뒤에는 귀의군 정권도 토번이 실시했던 숭불 정책을 계속 이어갔다. 동시에 당 왕조에 불경을 요청하고 막고굴에도 여러 명문가에서 가굴과 가묘를 건설했다. 한 가족의 몇 세대 인물들이 동시에 한 석굴의 공양인으로 이름이 올라가는 중에, 어떤 공양인은 실제 인물과 크기가 비슷할 정도로 크게 그려지기도 했다. 심지어 실제 인물보다 큰 경우도 있었다. 이렇게 개인과 가족의 공덕을 드러내기 위해 불교와는 관련 없는 소재도 석굴 벽화에 나타나게 된다. 장의조와 송국부인宋國夫人의 출행도가 대표적이다.

장의조가 하서 지역을 수복한 것은 둔황 역사의 큰 사건이다. 그의 공적을 기리기 위해 막고굴 제156굴에 거대한 역사화 〈장의조출행도張議潮出行圖〉(약칭)를 그렸다. 제156굴은 사주자사 장회심이 숙부인 장의조를 기념하기 위해 만든 석굴이다. 그래서 '장의조굴'이라는 이름으로도 불린다. 이 석굴의 남쪽, 북쪽, 동쪽 벽면 하단에는 길다란 〈하서절도사장의조통군출행도河西節度使張議潮統軍出行圖〉〈송국하내군부인송씨출행도宋國河內郡夫人宋氏出行圖〉를 그렸다. 이 두 점의 출행도의 내용은 매우 풍부하다. 군장대, 군악대, 의장대 등의 복식과 제도를 살필 수 있고 군사제도와 운수, 수렵, 잡기, 우편과 역참, 복식, 교통 등 사회, 풍속 등의 자료가 풍부하다.

〈장의조출행도〉는 주실 남쪽 벽과 동쪽 벽의 입구 남측 하단에 걸쳐 그려져 있다. 그림의 전체 길이는 8.2미터이며 폭이 1.03미터이다. 의장을 갖추고 출행하는 주제 부분의 길이가 약 6미터다. 그림 속에 나오는 인물이 모두 114명이고, 말 80마리, 노새 2마리, 낙타 2마리 등이 보이며, 그 외에도 사냥개와 양 등도 있어 출행의 진용이 아주 웅장하고 화려하다. 수많은 사람들이 질서 있게 운행하는 구도는 엄숙하면서 열렬한 기세를 느끼게 한다. 그림 솜씨도 비범하여 만당 시대 벽화 중 걸작으로 손꼽는다. 중국 회화사에서도 중요한 의의를 갖는 작품이다.

〈장의조출행도〉는 남쪽 벽의 서편 끄트머리에서 시작한다. 가장 앞 열에는 군악대와 가무단이 의장대를 선도한다. 깃발이 휘날리며 북과 피리 소리가 하늘까지 울리는 듯하다. 군악대는 곧 횡취대橫吹隊다. 8명의 악사가 북을 치고 나발을 불면서 앞서 길을 낸다. 네 사람이 나발을 불고, 네 사람이 북을 친다. 군악대의 뒤로 투구를 쓰고 갑주를 갖춘 기마무사 열 명이 도열해 걸어간다. 각각 윗부분은 크고 손잡이 부분은 작은 널빤지 모양의 물건을 들고 있다. 좁은 길에 말을 세우고 그들은 뒤에 따라오는 무희들의 행군 속도를 지휘하는 듯하다.

행렬 중에 가무단이 있는데 춤추는 사람은 모두 8명으로 두 줄로 나눠 서 있다. 앞선 사람은 한족 복장을 했고 뒤를 따르는 사람은 토번식의 긴소매 옷을 입은 무희다. 뒤에는 소형 악대가 반주를 위해 따르고 있다. 악대는 12명으로 구성되어 있고 그중 큰북이 한 쌍 있는데 악대의 양 끝에 서 있다. 한 사람은 북을 메고, 한 사람이 북을 치는 형태로 연주한다. 나머지 8명은 악사들로, 각각 배판拍板. 딱딱 두드리며 박자를 맞추는 악기, 피리[笛], 통소[簫], 비파, 공후, 생황[笙], 요고, 발鈸. 금속판 두 개를 부딪혀 연주하는 악기. 심벌즈와 비슷함 등의 악기를 들고 있다. [12-1] 가무단 양쪽으로 말을 타고 시립한 병사들이 보인다. 좌우로 열을 지어 서 있는데 한쪽에 다섯 명씩이며 몸 양 옆이 높게 틔어 있는 붉은색 옷을 입고 두건을 썼으며 흰색 모포로 만든 신을 신었다. 이들이 좌우마보도압아左右馬步都押衙다. 이들은 절도사의 호위를 맡고 있다. 출행할 때 앞장서서 길을 연다.

그 다음은 기수들이다. 모두 여섯 명이며 두 줄로 나눠 섰다. 깃발은 끄트머리에 일곱 개씩 술처럼 펄럭이는 천 조각이 달려 있고, 깃대 끝에는 둥근 장식물이 달렸다. 깃발을 든 기수는 절도사 출행 시에 반드시 필요한 의장이다. 옛

[12-1] 막고굴 제156굴 남쪽 벽 〈장의조출행도〉 중 '무악'

날에는 이것을 육독六纛이라고 불렀으며, 신분과 위엄을 드러내는 표식이다. 그 다음 행렬은 문정門旌, 병영兵營의 문 앞에 세웠던 가늘고 긴 깃발을 든 사람이 둘, 소번小幡, 수직으로 거는 좁고 긴 깃발을 든 사람이 둘 지나간다. 문정은 문기門旗라고도 하는데, 출행할 때 육독 뒤를 따르고 정절旌節 앞에 선다. 그 뒤를 말을 탄 세 사람이 따르는데, 문정 뒤에 삼각형으로 선다. 앞선 두 사람이 각각 우산 모양의 물건을 들고 있는데 이것이 바로 주머니로 겉을 감싼 '정절'이다. 정旌은 상賞을 의미하고, 절節은 살殺을 의미한다. 정과 절은 절도사의 권력을 보여주는 가장 중요한 상징물이다.

[12-2] 막고굴 제156굴 남쪽 벽 〈장의조출행도〉 중 '정절(旌節)'

그 뒤로 절도사 막부의 무관 아장^{牙將} 세 명이 따른다. 이들이 '아전병마사^{牙前兵馬使}'다. 그 뒤는 두 줄로 선 은도관^{銀刀官} 여덟 명이다. 그들은 손에 칼을 쥐고 있는데, 장의조의 바로 곁에서 지키는 시위^{侍衛}다. 그 뒤로 두 사람이 말고삐를 쥐고 막 아치형 다리를 지나가고 있다. 이들이 절도사 막부의 직사관^{職事官} 인가 압아^{引駕押衙}다. [12-2]

이제야 이 그림의 주인공인 장의조가 나온다. 그는 붉은색 장포를 입고 어깨

[12-3] 막고굴 제156굴 남쪽 벽 〈장의조출행도〉 중 '장의조'

가 쩍 벌어지고 허리가 굵은 건장한 체격이다. 백마를 탔으며 왼손은 고삐를 쥐고 오른손은 채찍을 들었다. 다리 앞에 거의 도착한 상태다. 그의 양 옆에 있는 시종들은 도보로 말을 따라가고 있다. 다리 위에는 '하서십일주절도사장의조□제토번수복하서일도출행도 河西十一州節度使張議潮□除吐蕃收複河西一道出行圖'라는 글자가 적혀 있다. 풀이하면 하서 지역 11개 주의 절도사 장의조가 토번을 물리치고 하서 지역을 수복하는 출행 길이라는 뜻이다. [12-3]

장의조가 탄 말 뒤로 바짝 붙어서 말을 탄 두 사람이 있다. 이들이 좌우 상우후廂虞候인데, 현지 향토 청년 병사인 자제병子弟兵의 수장이다. 그 뒤로 다시 말을 탄 무사가 세 줄로 나눠 열다섯 명이 따른다. 각각 활, 화살통, 검, 방패, 창, 일산, 부채, 깃발, 주머니 등의 물건을 들고 있다. 이들은 장의조의 친위대로, 역시 자제병이다. 마지막으로 행렬의 끝부분은 석굴 동쪽 벽의 남측에 이르는데 군수품과 사냥물이다. 노새, 낙타, 말 등에 물품을 싣고 운반하며 말을 타고 있는 사냥꾼도 보인다. 이 출행도는 역사 인물의 더할 나위없는 진실한 생활상을 반영한 작품이다.

〈송국부인출행도〉는 북쪽 벽에서 동쪽 벽 입구 북측까지 그려져 있다. 〈장의조출행도〉와 대칭을 이룬다. 마찬가지로 길이는 8미터가 넘는다. 이 그림은 장면이 매우 웅대하다. 춤과 노래, 백희가 모두 담겨 있고 의장대, 시종도 등장한다. 각각의 인물은 신분도 다르고 자태도 각기 다르다. 세속의 다양한 생활 모습을 그림 속에 재현해 놓은 듯하다. 그림은 북쪽 벽 서편 끄트머리에서 시작한다. 행렬의 시작은 춤추고 노래하며 기예를 부리는 사람들이다. 기예사는 막대 곡예를 보여준다. 건장한 역사가 막대를 이고 두 팔을 펼쳐 균형을 잡는다. 막대 위에는 어린아이 셋이 매달려 위험한 동작을 선보인다. 한 아이는 막대를 기어오르고 있고, 그 옆에서 한 사람이 막대를 지탱한다. 그 옆에서는 네 사람이 음악을 연주하고 있다.

그 뒤로 네 명의 무희가 춤을 춘다. 악대는 여섯 명이 각각 생황, 피리, 비파, 퉁소, 배판, 요고 등으로 반주를 한다. 춤과 음악 위에는 '음악音樂'이라는 두 글자가 쓰여 있다. 그 뒤로 세 사람이 빠르게 말을 달리고 있다. 이 사람들은 출행 행렬 사이를 오가며 편지와 소식을 전하는 사자使者다. 맨 앞에 선 사자는 말을 타고 앞을 향해 소리를 지르고 있다. 중간에 선 사자는 고개를 돌리고 뒷사람에게 공문 주머니를 건네는 중이며, 그 뒤의 사자가 재빠르게 공문 주머니를 받는

[12-4] 막고굴 제156굴 북쪽 벽 〈송국부인출행도〉 중 '우역(郵驛)'

장면이다. [12-4]

악대 다음에는 여섯 명의 여관女官이 걸어간다. 그 뒤로 휘장을 두른 수레 하나가 보인다. 송국 부인의 짐을 실은 마차다. 앞에 두 사람이 말을 끌고 뒤에 원형 부채와 보따리 등을 든 시녀 여섯 명이 따른다. 그 뒤에 파란색 가마가 두 대 나온다. 가마 한 대에 여덟 명씩 가마를 드는 사람이 있다. 가마에 탄 사람은 송국 부인의 딸로 그 뒤에 남녀 시종 여섯 명이 따른다. 그 다음에 붉은 말이

[12-5] 막고굴 제156굴 북쪽 벽 〈송국부인출행도〉 중 '차승(車乘)'

끄는 마차 두 대가 있고 시종이 양쪽에서 수행한다. 마차는 장막으로 둘러져 있고 그 뒤에 원형 부채와 보따리를 든 시녀 여러 명이 따라간다. [12-5]

길 중간에 붉은 말을 타고 남장을 한 여성 인도관引道官, 길잡이이 보인다. 손에 채찍을 쥐고 느린 걸음으로 걷는 인도관 뒤로 여악사 네 명이 따라간다. 그들은 길을 가면서 공후, 비파, 생황, 배판을 연주한다. 양쪽으로 여덟 명의 은도수銀刀手 호위가 따라붙었다. 이제 주인공인 송국부인이 나타난다. 장의조의 아내인 송씨는 얼굴이 둥그스름하고 머리에 화관을 썼다. 자색의 크고 긴 소매 상의를 입

[12-6] 막고굴 제156굴 북쪽 벽 〈송국부인출행도〉 중 '송국부인'

고 분홍색 치마를 가슴까지 올려서 끈으로 묶었다. 옷 주름마다 나누어 칠하고 다시 먹으로 선을 그렸다. 갈기가 긴 백마를 타고 안정적으로 느리게 걷는다. 양쪽에 시종이 두 사람 수행하고 있다. 그 앞에 '송국하내군부인송씨출행도'라는 글씨가 쓰여 있다.

송국 부인의 뒤로 말을 탄 시종 아홉 명이 따르고 있는데, 여성 복식을 입은 사람은 한 명뿐이고 나머지는 모두 남장을 한 여성이다. 각기 부채, 거울, 화장함, 금박, 화로, 병, 보따리 등 일상용품을 들고 있다. 부인을 가까이서 모시는 시녀인 듯하다. 그림의 마지막 부분은 동쪽 벽 입구의 북측까지 이어지는데 크고 작은 짐을 옮기는 대규모 운송 장면과 수렵 장면이 보인다. 이 출행도는 과거 귀부인이 바깥으로 행차하는 호화로운 모습을 잘 보여준다. 당시 사회생활의 여러 방면을 담고 있다. [12-6]

장씨 귀의군의 몰락

장의조가 조정에 들어간 후 조카 장회심이 하서 귀의군의 정무를 맡았다. 하지만 당나라 조정은 장회심에게 절도사의 '정절'을 주지 않았다. 즉 그의 절도사 권력을 인정하지 않은 것이다. 이때 서쪽에서 위구르족이 감주, 숙주, 심지어 과주까지 침범했다. 876년 서주의 위구르족이 이주를 공격해 점령했다. 장회심은 여러 차례 조정에 사자를 보내 정절을 내려달라고 요청했지만 뜻을 이루지 못했다. 887년 장회심은 세 번째 사자를 보내 정절을 요청했지만 조정이 응하지 않았다. 이 일로 과주 내부에서 장회심에 대한 불만이 일어났다. 888년 10월 조정에서 장회심에게 귀의군 절도사의 정절을 하사했지만, 귀의군 내부의 갈등이 이미 심화된 상황이었다.

890년 장회심과 부인, 여섯 아들이 동시에 살해되고, 장회심의 사촌형인 장회정이 절도사 직위를 이어받았다. 892년 장회정은 세상을 떠나면서 자신의 유일한 아들 장승봉을 색훈에게 부탁했다. 그러나 색훈은 스스로 귀의군 절도사의 자리에 올랐으며 곧 조정의 인가를 받았다. 894년, 장의조의 딸이자 이명진의 아내인 장씨 부인이 아들들을 데리고 그러나 색훈을 죽이고 조카 장승봉을 절도사에 추대했다. 이씨 집안의 세 아들은 각각 과주, 사주, 감주의 자사가 되어 귀의군의 실권을 장악했다. 895년 이씨 집안의 세력은 절정을 이루었으며 장승봉을 배제하고 귀의군의 권력을 농단했다. 이씨 집안의 이런 행동은 과주의 몇몇 호족에게 불만을 샀고, 사주에서부터 이씨 집안을 쓰러뜨리고 장씨를 다시 추대하려는 움직임이 일어났다. 896년 장승봉이 귀의군의 실권을 되찾았다. 하지만 내란 때문에 귀의군의 영토는 과주, 사주 두 개의 주로 줄어든 상태였다. 900년 8월 조정에서 장승봉에게 귀의군 정절을 하사했다. 이어 장승봉은 우전국과의 외교에도 성공했다.

막고굴 제9굴은 귀의군에 내란이 일어났을 때 만들어진 굴이다. 석굴의 주인은 장승봉으로, 통로에 그려진 공양인 초상화에 사도司徒 장승봉, 절도사 색훈, 과주자사 이홍정, 사주군사 이홍간 등이 그려져 있다. 당시 귀의군 내부의 권력 투쟁의 양상을 잘 보여준다. 석굴 벽화는 완전하게 보존되어 색채가 선명하고 회화 기법이 정교하다. 석굴 내의 〈노도차두성변勞度叉斗聖變〉 그림은 어느 측면에서는 당시 둔황의 혼란한 정치 상황을 반영한 것이기도 하다. 노도차두성의 이야기는 이러하다.

옛 인도의 사위국舍衛國 대신인 수달須達이 황금으로 기타祇陀 태자의 정원을 사서 사원을 세우고 석가모니를 초청해 설법을 들었다. 그때 불도를 따르지 않는 외도인들은 국왕의 권력을 등에 업고 수달의 계획에 반대했다. 그들은 석가모니에게 법술을 겨뤄 이기는 사람이 사원을 짓는 일을 결정하자고 제안했다. 외도인 중에서는 노도차가 나섰다. 석가모니의 제자 중에서는 사리불舍利弗이 그에 응했다. 법술을 겨루면서 노도차는 산, 연못, 독룡, 흰 소, 큰 나무 등으로 변신했다가 마녀로 변해 사리불을 유혹하려 했다. 그에 맞서 사리불은 금강이 되어 산을 공격하고 흰 코끼리가 되어 연못을 밟았으며 금시조가 되어 독룡을 쪼고 사자가 되어 흰 소를 무는 등 노도차의 변신을 하나하나 격파했다. 결국 굴복한 노도차는 불교에 귀의한다. [12-7]

[12-7] 막고굴 제9굴 남쪽 벽 〈노도차두성변〉

그림 속의 사리불과 노도차는 화면의 양 끝에 자리 잡고 있다. 사리불은 연화대에 앉아 있고 노도차는 장막을 치고 그 안에 앉았다. 멀리 두 사람의 법술 대결이 펼쳐지고 있다. 금시조와 독룡이 싸우고 흰 소와 사자가 싸우며, 금강이 산을 치고 코끼리와 연못, 비사문천과 악마 등의 법술 대결 장면이 그 사이에 자리 잡고 있다.

그 밖에도 사리불이 석가모니에게 도움을 청하는 장면, 외도인이 불교에 귀의하는 장면 등이 그려져 있다. 사리불의 변신한 모습이 그림의 주변에 나타난다. 이런 구도는 주체를 돌출되어 보이게 하고 이야기가 일목요연하게 눈에 들어온다. 화면은 동적인 면과 정적인 면이 잘 결합되어 대비와 조화가 효과적으로 어우러졌다. 인물의 상황이 각기 다르고 성격적 특징도 분명한데 섬세하고 생생하게 잘 그려냈다. [12-8] [12-9]

907년, 장승봉은 당나라가 멸망했다는 소식을 듣는다. 그는 스스로 백의제白衣帝로 칭하며 서한西漢 금산국金山國을 세운다. '서'는 이 나라가 위치한 방위를 의미한다. 중원은 기준으로 할 때의 이야기다. '한'은 이 나라를 구성하는 민족을 의미한다. '서한'으로 연이어 쓰면 이 나라가 서쪽에 있는 한족의 나라임을 표시한다. '금산'은 '금안산金鞍山'을 말하는데, 둔황 서남쪽에 있는 산이다. 오늘날 간쑤성, 칭하이성, 신장 위구르 자치구 세 지역이 맞닿은 경계로, 지금은 그 산을 아얼진阿爾金 산이라 부른다. 금산국은 잃어 버린 영토를 되찾기 위한 투쟁을 곳곳이 이어갔지만, 전투에서 계속 실패를 맛보았다. 금산국이 세워진 해에 위구르족이 여러 차례 공격했다. 그들은 금산국을 요람 속에서 더 발전하지 못하도록 억눌러 숨을 끊게 하려는 의도였다.

한번은 둔황 동쪽의 방어선에서 충돌이 있었다. 위구르족 장수가 둔황성 동쪽 진영을 뚫고 들어왔다. 금산국의 천자가 직접 갑주를 입고 전장으로 나갔고 유명한 장수인 음인귀, 송중승宋中丞, 장사인張舍人 등이 힘을 다해 싸워 침입한

[12-8] 막고굴 제9굴 남쪽 벽 〈노도차두성변〉 중 '금강격보산(金剛擊寶山)'

위구르족을 감주로 쫓아낼 수 있었다. 911년, 위구르족이 다시 대군을 이끌고 금산국을 공격했다.

금산국은 연이은 전쟁으로 국력이 쇠하여 위구르족과 강화를 맺었다. 위구르족의 칸은 아버지가 되고 금산국의 천자가 아들이 되는 것이었다. 장승봉은 '서한 금산국'이라는 국호와 '성문신무백제聖文神武白帝'라는 칭호, 그리고 '천자'라는

[12-9] 막고굴 제9굴 남쪽 벽 〈노도차두성변〉 중 '외도귀의(外道歸依)'

말도 쓸 수 없게 되었고, 굴욕적으로 존호를 낮추어 제후국인 '돈황국敦煌國'이 되었다. 장승봉은 위구르족에게 굴복하고 신하가 된 일 때문에 과주와 사주에서의 위엄을 크게 상실했으며, 이는 장씨 집안이 하서 지역에서의 통치권을 마지막으로 완전히 잃게 되는 결과를 가져왔다. 귀의군 정권은 결국 다른 사람에게 넘어가게 된다.

13

조의금과 귀의군

틈새에서 살아남는 법

914년, 장승봉은 내우외환 속에서 우울하게 사망했다. 장승봉은 자식이 없었기 때문에 사람들이 조의금을 추대했다. 이로써 귀의군 정권이 조씨 집안으로 넘어가게 된다. 조씨 집안은 둔황의 경영에 모든 계략을 다 동원했다. 그래서 조의금의 귀의군은 양쪽으로 큰 세력에 끼어 있는 위급한 상황의 귀의군이 그 후로 100년여를 더 유지할 수 있었다. 조의금의 원래 이름은 조인귀曹仁貴다. 본래 사주장사沙州長史로 장승봉의 부장이었다. 그는 색훈의 딸, 즉 장의조의 외손녀와 혼인했다. 다시 말해 장씨와 색씨 두 명문 호족과 혼인관계가 있는 것이다. 조의금이 장씨 집안을 대체하고 둔황 군사와 정치의 대권을 잡았을 때, 중원은 군웅할거의 시대였다. 당시 과주와 사주의 정권은 동쪽으로는 감주의 위구르족이 위협하고, 서쪽으로는 우전국이 호시탐탐 노리고 있었다. 조의금은 당시의 세력 판도를 분석하고 이해관계를 따졌다. 그는 장승봉의 일을 교훈으로 삼아 과주와 사주에 안정을 가져오기 위한 새로운 정책

[13-1] 막고굴 제98굴 동쪽 벽 입구 남측 〈이성천과 조씨 부인〉

을 폈다.

조의금은 우선 절도사라는 옛 칭호를 되살렸다. 스스로 귀의군 절도사 및 병마류兵馬留가 되었다. 923년, 조의금은 경내 백성들과 군사들의 이름으로 중원 왕조에 정절을 요청했다. 이때 영무절도사靈武節度使 한주韓洙의 천거를 받았다. 몇 차례의 노력 끝에 귀의군 절도사, 사주자사, 검교사공으로 책봉되었다. 조씨 지방정권은 후당 왕조의 정식 인가를 받게 된 것이다.

주변에 적들이 둘러싼 가운데, 조의금은 적극적으로 화친정책을 폈다. 통혼을 통해 주변 국가, 민족과 우호적인 관계를 맺었다. 그는 감주 위구르족 칸의 딸을 아내로 맞이하고, 또한 자신의 딸을 위구르족 칸에게 시집보냈다. 우전국 왕 이성천李聖天에게도 딸을 왕비로 보냈다. [13-1] 이렇게 해서 둔황과 감주, 우전국은 밀접한 관계가 되어 왕래가 빈번해졌으며, 민족끼리 단결하게 되었다. 이로써 지역에 안정이 찾아왔다. 둔황에 이런 노래 가사가 전한다. "육번이 결합하니 강물이 흐르는 듯하고, 네 요새가 함께 기뻐하니 비가 내리는 듯하다"는 노래 가사를 보면 당시 외교정책이 거둔 성과가 매우 컸음을 알 수 있다. 925년 조의금은 감주 위구르족 칸이 교체되는 시기를 틈타 감주를 정벌하고 위구르족을 굴복시켰다. 새로 즉위한 위구르족 칸은 조의금의 딸을 아내로 맞이하여 조의금의 사위가 되었다. 장승봉이 위구르족 칸 앞에서 아들로 칭했던 수치를 씻은 셈이다.

조의금은 둔황 내부의 명문 호족을 이용해 내부 통치를 강화했다. 조씨 일가와 둔황에서 대대로 명문이었던 호족들과 통혼하여 둔황 호족 사이의 관계성을 강화했다. 색씨, 음씨, 적씨, 장씨 등의 대호족들이 하나로 묶이게 된 것이다. 과주와 사주의 큰 성씨들이 혼인으로 서로 인척이 되고 자신들의 세력을 발전시키기 위해 공동으로 노력하는 것은 조씨 정권을 공고히 하는 데 중요한 역할을 했다. 조의금이 내부와 외부의 관계를 적절히 처리하면서 귀의군의 세력이 어느 정도 회복되었다. 이때 내부적으로 정치를 바로잡고 농경과 목축을 장려하면서 생산량을 다시 높이는 데 힘썼다.

전쟁이 없으니 경제는 빠르게 발전했다. 백성들이 안심하고 생업에 종사할 수 있었다. 조씨 집안은 대형 석굴을 조성하여 종교를 이용해 정치적 역량을 높이려 했다. 문화적으로는 절도사 관아 내에 화원畵院과 기술원伎術院을 세우고 민간에도 화행畵行이라는 기관을 만들었다. 이런 기관은 화가, 석공 등의 장인을

[13-2] 유림굴 제16굴 〈조의금 초상〉

집중적으로 관리하여 당시의 대형 석굴 창건에 도움이 되었고, 또 다른 면에서는 벽화가 고정적인 화풍으로 통일되는 특징을 가져왔다. 오대 시대의 예술은 주로 만당 시기의 전통을 이어받았고 화원에 속한 화가들이나 화행에 속한 화가들의 주도 하에 공식화된 경변도의 통일된 화풍이 만들어졌다. 표현기법, 예술적 수준 등은 당나라 때보다 훨씬 뒤처진다. 하지만 초상화, 고사화, 산수화, 그리고 대형 벽화의 제작에는 독특한 성취가 있었다.

장씨 집안과 마찬가지로 조씨 집안 역시 불교를 믿었다. 역대 귀의군 절도사는 모두 막고굴에 자신의 공덕굴을 조성할 정도였다. 유림굴 제16굴에 온전히 보존된 조의금의 초상화가 있다. 머리에 두건을 쓰고 깃이 둥글고 소매가 긴 붉은 장포를 입고 있다. 손에는 향로를 들고 엄숙한 표정이다. [13-2] 후당 동광^{同光}연간^{923~925}에 조의금은 자신의 공덕굴인 막고굴 제98굴을 창건했다. 그 석굴을 '대왕굴'이라고도 부른다. 이 시기에 둔황의 세력은 점점 더 강화되었고 조의금은 실질적으로 둔황의 왕이었다. 그래서 석굴의 면적이 매우 크고 거대한 규모의 벽화 경변도가 11점이나 그려져 있다. 이런 규모는 이전에도 이후에도 없었다.

935년 조의금은 큰아들 조원덕에게 자리를 물려주었다. 조씨 집안의 세력은 더욱 강성해졌다. 937년 조원덕은 동쪽 변경을 순례하고 감주에 도착했다. 감주의 위구르족 칸과 만나서 중원에 사자를 보내 책봉을 청하고 정절을 받는 일을 논의했다. 논의는 성공적이었고, 조원덕은 위구르족 칸과 새로운 관계를 형성하기로 했다. 아버지와 아들의 나라였던 관계가 형제의 나라로 바뀌었다. 이때부터 둔황의 실크로드 운행이 다시 순조로워졌다.

938년 3월 조의금은 후진^{後晉, 936~947}에 조공을 바쳤다. 939년 후진 황제 석경당^{石敬瑭}이 조원덕의 벼슬을 높여주었다. 그 해 겨울, 조원덕은 병으로 사망했다. 조원덕은 아버지인 조의금과 마찬가지로 신실한 불교 신자였다. 그는 재임 시기 중에 막고굴 제100굴을 착공했으며 조의금과 위구르족 출신의 부인을 굴의 주인으로 삼았다. 조원덕이 사망한 후 동생인 조원심^{曹元深}이 절도사 자리에 올랐다. 조원심과 함께 조의금의 위구르족 부인이 정권을 장악하고 부인은 '국모'로 불렸다. 940년 후진이 우전국에 사자를 보냈다. 이때 사주를 경유했는데, 조원심은 교외까지 나가서 사자를 영접하고 천자의 안부를 물었다. 같은 해, 사주의 귀의군과 감주 위구르족이 동시에 후진 조정에 단오절 조공을 보냈다.

안정 속에서 승리를 추구하는 정치

944년, 조원심이 세상을 떠나고 동생인 조원충이 즉위했다. 조원충은 29년간 재임하면서 오대 시기부터 송北宋까지 두 시대에 걸쳐 둔황을 지배했다. 귀의군 절도사 중 통치 기간이 가장 긴 인물이다. 이 시기는 둔황 문화가 비교적 흥성했던 시기다. 조원충은 적극적으로 주변 민족과의 관계를 이어갔고 중원의 후진, 후한後漢, 후주後周 등 오대 시기 왕조부터 송 왕조와도 좋은 관계를 유지했다. 946년, 후진이 조원충에게 사주류沙州留를 제수했다. 조원충은 949년과 955년에 후한, 후주 조정에도 조공을 보냈다. 947~951년에는 조원충과 심양 적씨인 아내가 공덕굴을 착굴했다. 지금 막고굴 제61굴로, '문수당文殊堂'이라고 불린다. 이 석굴의 서쪽 벽에 거대한 〈오대산도五台山圖〉가 그려져 있는데, 이는 당시의 회화 수준이 상당히 높았음을 보여주는 그림이다. [13-3]

불경에서 문수보살이 청량산淸涼山에서 수행한다고 했는데, 중국 불교에서는 오늘날 산시山西성에 있는 우타이산五台山, 오대산을 청량산이라고 여겼다. 북위 시대에 우타이산에는 이미 많은 사원이 지어졌다. 수나라, 당나라 때는 불교가 중국에서 발전하면서 불사도 흥성했는데 이때 신화적 색채를 띠는 '우타이산의 기적'이 각지로 전파되었다. 최초로 우타이산이 그림으로 그려진 것은 당 용삭 연간661~663이다. 승려인 회색會賾이 우타이산을 관찰한 뒤에 그림으로 그렸다. 824년, 토번이 장안에 사신을 보내 〈오대산도〉를 요청했다. 이 그림은 둔황에 전래된 뒤 많은 영향을 남겼다. 막고굴의 여러 석굴에서 〈오대산도〉가 나타나기 시작했다. 그중 가장 유명한 것이 이 석굴의 그림이다. 한 폭의 그림 속에 풍부한 내용과 장면이 담겨 있고 규모도 웅장하여 벽면 하나를 통으로 그린 대규모 그림이다.

이 〈오대산도〉는 높이 3.6미터, 길이 13미터, 면적 46.8제곱미터다. 화면은 삼단으로 구분된다. 맨 아랫단은 우타이산의 경내에 있는 성과 마을, 명승고적, 당

[13-3] 막고굴 제61굴 서쪽 벽 〈오대산도〉(부분)

[13-4] 막고굴 제61굴 서쪽 벽 〈오대산도〉(부분)

[13-5] 막고굴 제61굴 동쪽 벽 입구 남측의 여성 공양인 초상화

시 사회의 종교활동을 담았다. 하북 정정현^{正定縣}, 흔주^{忻州} 정양현^{定襄縣}, 오대현^{五台縣}, 석령관진^{石嶺關鎮}, 영창지현^{永昌之縣} 등 다섯 곳이 그려져 있는데 각종 가게, 주택, 말을 키우는 여관 등이 11곳 그려져 있다. 여행자 중에는 조공사도 몇 사람 포함되어 있다.

중간 단에는 신인과 교류하는 종교 세계의 활동이 그려져 있다. 여러 사원, 누각, 암자, 탑 등이 있고 수행하는 승려, 불상, 아름답게 꾸민 불교도 남녀도 보인다. 상단에는 주로 상상 속의 하늘나라의 모습과 하늘의 화신을 그렸다. 모두 30여 종의 화신인데 구름 속에서 벼락을 내리는 모습, 석가모니의 손이 구름 속에서 뻗어나온 모습, 영조나 금룡이 나타나거나 공덕을 쌓은 천녀, 황금빛으로 물든 세계 등이다. 화면 전체에는 대부분 현실 세계의 상징도가 그려져 있어 당시 생활상을 알려주는 자료로 중요한 가치를 지닌다. [13-4]

제61굴에는 조씨 가족의 여성 그림이 많다. 둔황 석굴 중에서 여성 공양인이 가장 많고 그림 크기도 크다. 화면이 가장 화려하고 아름다운 벽면이기도 하다. 동쪽 벽의 입구 남측에 그려진 첫 번째 인물이 조의금의 위구르족 부인인 천공주^{天公主} 이씨다. 두 번째 인물은 감주 위구르족 칸에게 시집간 조의금의 딸이다. 그래서 이 두 사람은 위구르족 복식을 입고 머리에 복숭아 모양의 봉관^{鳳冠, 봉황 모양의 장식이 드리워진 관}을 쓰고 있다. 소매통이 좁고 옷깃은 바깥으로 접는 방식이며 가죽으로 된 옷이다. 세 번째 인물은 우전국으로 시집간 조의금의 또 다른 딸인 조황후다. 한족 복식을 입었지만 머리 장식에 취옥 장식이 잔뜩 달려 있어서 우전국에서 보석이 많이 생산되는 것을 드러내고 있다. 네 번째 인물이 바로 조의금의 원래 부인인 송씨다. 그녀의 뒤로 신분과 위계에 따라 조씨 집안의 여성들이 그려져 있다. 모두 한족 귀부인의 복식을 입고 머리에는 봉관 혹은 화채관^{花釵冠, 꽃 장식 비녀를 꽂은 관}을 쓰고 붉은 색 옷을 입었다. [13-5]

동쪽 벽면 입구 북측의 세 사람은 조씨 집안에서 출가한 비구니다. 그 뒤의 세 사람은 조원충의 위구르족 외손녀이며, 그 뒤로 조연록^{曹延祿}의 우전국 출신 부인이 보인다. 그녀 뒤에는 조씨 집안의 다른 여성들로 아홉 번째에 조의금의 색씨 부인^{색훈의 딸}이 보인다. 동쪽 벽면 입구 남측의 여성 공양인을 보면 배열 순서로 조원충 시기의 각 세력이 둔황에서 어떻게 분배되었는지 명확히 알 수 있다. 조씨의 인척 중 당시 둔황 및 주변 지역에서 한 자리씩을 차지한 가문들이다. 위구르족 여성이 가장 존중을 받았고 그 다음이 우전국 여성이며 조원충의 송씨가 그 다음이다.

960년, 중국 역사는 북송 시대로 접어든다. 북송 초기의 '통일'은 중원 지역에만 국한된 것이었다. 당나라, 오대 시기에 중국 영토에 포함되어 있던 연운^{燕雲} 16주^{오늘날 베이징, 텐진 및 허베이성과 산시山西성 북부 지역}는 수복하지 못했다. 그러니 하서 지역까지는 통제력이 미치지 못한 것이 당연했다. 다행히 과주, 사주를 다스리는 조씨 귀의군 정권은 중원에 대한 마음이 굳건해서 어떻게든 중앙정부와 연계하려고 노력했다. 명의상으로는 북송을 '정삭^{正朔}'으로 봉한다고 했지만 실제로는 북송 정권 아래에 귀속되는 것이었다. 963년, 조원충은 막고굴 제55굴을 지었고, 그 다음 해에는 스스로 '돈황왕'으로 일컬었다.

제55굴이 지어진 때는 조씨 귀의군의 후기였다. 이때 귀의군 정권은 대외적으로는 중원을 '정삭'으로 봉하고 동쪽으로는 위구르족, 서쪽으로는 우전국과 외교하는 등 주변 상황이 우호적이고 실크로드의 순탄한 교역이 보장되어 있었다. 내적으로는 군사적으로 강력하고 농업이 발달해 오랫동안 안정적인 국면을 유지했다. 차차 황혼을 향해 가는 막고굴 예술에도 계속해서 빛을 비추는 역할을 했다. 충분한 물자를 제공하여 상대적으로 안정적인 국면을 만들었다.

조씨 집안이 만든 화원은 둔황 예술에 실력이 뛰어난 장인을 집중시켰다. 조씨 집안은 불교를 믿었고 승려들을 존중했다. 둔황은 하서 지역의 불교 중심지

[13-6] 막고굴 제55굴 내부

가 되었다. 이 시기의 석굴 불상은 제작 기법이나 복식, 표현 방식 등에서 당나라풍을 유지했다. 하지만 당나라 때의 소조상만큼 생동감 넘치는 작품이 나오지 않았다. 벽화의 내용도 대부분 경변도 위주로, 당나라, 오대 때와 비교하면 양식화가 더욱 진행되어 쇠락기에 접어든 것이 명백히 보인다. 송대의 채색 소조상은 남아 있는 것이 많지 않은데, 제55굴의 '미륵삼회彌勒三會'는 막고굴 소조상 중에서도 유일무이한 소재다. [13-6]

미륵불은 석가모니가 열반에 든 후 16억 7천만 년 후에 세상에 내려와 부처가 되고, 세 번의 설법을 펼친다고 한다. 첫 번째 설법에서 96억의 사람이 나한이 되고, 두 번째 설법에서 94억의 비구가 나한이 된다. 세 번째 설법에서 92억의 사문이 나한이 된다. 제55굴에는 미륵불이 강림한 후 세 번의 설법을 펼치는 장면이 표현되어 있다. 현존하는 소조상은 10개인데, 그중 미륵불이 셋으로 불단의 서쪽, 남쪽, 북쪽의 삼면에 위치한다. 이렇게 삼각형으로 배치하는 것은 '미륵삼회'를 드러내는 것이다. 이는 막고굴에서 가장 잘 보존된 송대 소조상이다. 복식에는 당나라 소조상의 영향이 남아 있으나 당나라 때보다 생동감과 기세가 부족하다. 당나라 때는 풍만함을 아름답게 여겼다. 송나라 때는 당나라 조각을 모방하면서도 그때처럼 풍만하면서도 과히 부하지 않게 표현하는 솜씨가 부족하다. 채색 소조상은 전체적으로 부은 느낌을 준다.

남측의 천왕상은 높이 1미터에 얼굴이 넓고 두터우며 위엄이 있다. 왼쪽 어깨에 불좌를 지고 있다. 전체적으로 거대한 소조상들 사이에서 작고 귀여워 보인다. [13-7]

966년, 조원충과 아내 적씨는 막고굴 부근에 있는 성성만成城灣에서 여름을 보냈다. 북대상막고굴 제96굴의 거대 불상의 건축이 훼손된 것에 마음 아파하던 적씨가 직접 장인들을 불러 밥을 먹이고, 부부가 출자하여 막고굴 북대상을 수리하도록 했다. 북대상은 둔황 석굴에서 가장 큰 대불이다. 최초 제작 연대는 당나라

[13-7] 막고굴 제55굴 불단의 천왕상

[13-8] 막고굴 제427굴 굴첨

무측천 시대였다. 무측천 시대에는 굴 바깥에 4층 목조 건축물을 지었는데, 만당 시대인 장회심 절도사 시절에 5층으로 수리했다.

오대 시기에 지진으로 목조 건물과 불상 표면, 석굴 벽면이 심각하게 훼손되었다. 그래서 조원충과 부인은 지나가던 길에 북대상의 훼손된 모습을 보게 된 것이다. 그들의 출자로 남아 있는 2층 건축물을 보수하여 원래의 5층 건축물로 올렸다. 1908년에 둔황의 상민 대봉옥戴奉鈺이 다시 자금을 대어 수리해서 5층 건축물이 7층으로 바뀌었다. 1928년 유기덕劉驥德과 막고굴 주지 라마역창서喇嘛易昌恕 등이 힘을 합쳐 다시 수리하여 7층에서 9층으로 바꾸었다. 그래서 지금의 9층 건축물이 된 것이다.

970년 조원충은 막고굴 제427굴의 굴첨을 짓고, 대들보에 '대송 건덕乾德 8년 추성봉국보새공신推誠奉國保塞功臣, 귀의군 절도사, 특진검교태사特進檢校太師 겸 중서령中書令, 서평왕西平王 조원충이 굴첨을 짓다'라는 기록을 남겼다. 사실 북송이 건덕이라는 연호를 쓴 것은 6년뿐이므로 '건덕 8년'이란 실제로는 개보開寶 3년이다. 이때 둔황은 중원의 정치 중심에서 멀리 떨어져 있어서 중원 소식에 늦었음을 알 수 있다. 중원 왕조가 연호를 바꾼 지 3년이 되었지만 둔황에서는 전혀 몰랐던 것이다. [13-8]

흔들리는 지방정권

974년 조원충이 사망하고 조원덕의 아들 조연공曹延恭이 즉위했다. 조연공은 불교 신자로, 그 부인인 모용씨가 공덕굴을 지었다. 막고굴 제454굴이다. 조연공은 '귀의군절도사검교태보겸어사대부歸義軍節度使檢校太保兼禦史大夫'였으므로 이 굴을 '태보굴太保窟'이라고 부른다. 청나라 때 불단에 산을 조각하고 송자낭랑送子娘娘 열두 명을 조각했다. 그래서 이 굴을 낭랑전娘娘殿이라고도 부른다.

[13-9] 막고굴 제454굴 내부

지금은 송자낭랑의 소조상은 훼손되었다. 통로 남쪽 벽에는 조의금부터 그 아들, 손자 세대까지 조씨 집안 남성 공양인과 시종 10명이 그려져 있다. 다섯 번째 인물이 석굴의 주인인 조연공이다. [13-9]

이 석굴은 연기에 그을려서 원래는 화려했던 벽화가 모두 검은 그을음으로 덮였다. 원인은 두 가지로 좁힐 수 있다. 1920년 소련 내전에서 실패한 수백 명의 러시아 군대가 막고굴을 점유한 때가 있었다. 그들은 벽면에 아무렇게나 색을 칠하고 그림을 깎아냈으며, 석굴 안에서 불을 피우고 밥을 지어먹었다. 이 때문에 많은 벽화가 그을음으로 훼손되었다. 이는 막고굴 역사상 가장 심각한 훼손 행위였다. 이 석굴도 그때 훼손된 것일 수 있다. 지금도 그들이 석굴 안에 지은 가건물이 남아 있다. 두 번째는 청나라 때 이 석굴이 송자낭랑전으로 바뀌면서 향을 많이 피웠는데, 이것 역시 석굴에 그을음이 묻은 원인 중 하나다. 현재 제454굴은 여러 고난을 겪었지만 여전히 당시의 성황을 잘 보여준다. 벽화의 기법은 패기가 넘치고 그림 속 이야기의 장면들이 풍부하고 다양하다. 송대에 만들어진 대표적인 석굴이다.

976년 조연공이 사망하고 조원충의 아들 조연록이 즉위했다. 그 아내는 우전국 이성천의 셋째 딸이다. 막고굴 제61굴에 이씨 부인의 얼굴이 있다. 이씨 부인은 봉관을 쓰고 그 위에 꽃 장식 비녀와 부요 步搖. 장식을 길게 늘어뜨려 흔들거리게 하는 머리꽂이를 꽂았다. 예복을 입고 봉관과 그 위에 여러 가지 보석을 가득 달고 있다. 이는 보석이 특산품인 우전국의 특징을 보여주는 것이다. 이씨 부인은 공양인들 중에서도 특히 눈에 띄는데, 그녀의 신분과 지위를 잘 드러낸다. [13-10]

조원충 사후, 귀의군 정권은 점차 쇠락했다. 동쪽과 서쪽에서 위구르족이 부단히 둔황을 침략했다. 귀의군 영토 내에서도 여러 가지 갈등이 빚어졌다. 1002년, 과주와 사주의 백성들이 조연록의 통치에 불만을 품고 조연공의 아들인 조종수曹宗壽를 우두머리로 하여 귀의군 관아를 포위했다.

[13-10] 막고굴 제61굴 동쪽 벽 북측 우전공주 이씨

조연록과 그 동생인 조연서曹延瑞는 자살하고 조종수가 즉위했다. 조종수는 송나라에 사자를 보내 조정의 인정을 받고자 했다. 송 조정에서는 조종수를 인정했다. 이때 귀의군은 요遼나라와 사신이 오고가는 관계였다. 조종수 역시 불교 신자로, 제북군부인濟北郡夫人 범씨와 함께 불경을 담는 서질책을 한 권씩 또는 여러 권씩 싸서 넣어 두기 위하여 헝겊으로 만든 책 덮개을 만들어 보은사에 보시를 한 적도 있었다.

1014년 조종수가 사망하고 그의 큰아들 조현순曹賢順이 뒤를 이었다. 송 조정에 조공하고 귀의군 절도사에 책봉되었다. 조현순은 또 요나라에도 조공을 보냈다. 1017년에는 요 조정이 조현순을 돈황왕에 봉했다. 요나라의 공격을 피하기 위해 조현순은 요나라를 매우 공경하였으며, 같은 해 직접 요나라 조정에 가기도 했다. 1030년에는 과주왕으로 봉해졌다. 1035년 서하西夏의 군대가 과주와 사주를 침공했다. 조현순은 위구르족에게 지원을 요청했지만 실패했다. 다음 해 서하에 항복함으로써 귀의군의 역사가 종결되었다.

14

서하, 원 왕조와
막고굴

탕구트족의 서하 왕조

당나라 후기에 산시^{陝西}, 간쑤, 닝샤^{寧夏} 등 지역에서 활동하던 탕구트족은 북송 초기에 수령인 이계천^{李繼遷}을 중심으로 송 왕조에 대항했다. 1002년, 이계천은 영주를 함락하고 서평부^{西平府}라고 이름을 붙인 뒤, 탕구트족의 수도를 이곳에 옮겼다. 1004년 이계천이 사망하고 아들인 이덕명^{李德明}이 즉위했다. 그는 송나라와 화친을 맺고 목표를 하서주랑으로 돌렸다. 1028년에는 감주의 위구르족을 멸하고, 1030년에는 과주왕이 항복했다. 1036년, 서하는 둔황을 점령하고 과주서평감군사^{瓜州西平監軍司}를 설치해 이 지역을 통치했다. 서하의 지방행정 지역은 주와 현으로 나뉘는 이등급 제도였다. 둔황은 여전히 사주로 불렸다.

당시의 서하는 주로 동쪽으로 송나라, 요나라와 전쟁을 벌여 서쪽 지역은 돌볼 겨를이 없었다. 그래서 이 시기 서하가 사주에 대한 통제는 미약했다. 사주 지방의 수령은 일정 정도의 독립성을 가졌다. 심지어 귀의군이 사신을 보내 송나라에 수차례 조공을 한 바 있다. 이는 서하가 사주를 통치한 긴 세월 중에 귀의군이 여전히 큰 세력을 보유했음을 보여준다.

1038년 이덕명의 아들 이원호李元昊. 1003~1048가 황제를 칭하며 대하국大夏國을 세웠다. 중국의 사서에서는 고대의 하나라와 구별하기 위해 서하西夏. 1038~1227라 고 부른다. 서하는 건국 직후 민족적 특색을 드러내는 한편 송나라와 주변 민 족의 선진문화를 적극적으로 수용했다. 한자를 모방한 서하문자를 만들기도 했 다. 서하의 역대 통치자가 불교를 믿었기 때문에 불교를 국교로 지정했다. 서하 의 불교는 수렵과 목축을 병행하는 민족적 특징이 반영되어 있다. 한족이나 장 족, 위구르족의 불교가 서하의 불교에 많은 영향을 주었다.

일찍이 1007년에 이덕명은 어머니가 돌아가시자 오대산의 절 열 곳에 사주하 고, 공양 물품을 보낸 사람을 시켜 제사를 올린 바 있다. 또한 1030년에 이덕명 이 송나라에 말을 70마리 바치면서 대장경을 보내달라고 요청했다. 이원호는 불 교에 정통하였는데 1034년 이원호 역시 송나라에 말 50마리를 바치며 불경을 보 내달라고 요청했다. 1035년, 인도의 승려 선칭善稱 등이 송나라에서 인도로 돌아 가던 길에 이원호에게 붙잡혔다. 오로지 그들에게서 불경을 압수하기 위함이었 다. 이것만 보아도 이원호가 불경을 얼마나 갈구했는지 알 수 있다. 1038년, 이 원호는 우타이산에 불보佛寶를 공양하기도 했다.

이원호가 사망한 후, 어린 아들 이양조李諒祚. 1047~1067가 2대 황제로 즉위했다. 어머니인 몰장씨沒藏氏가 섭정을 했는데, 몰장씨는 예전에 한 번 출가한 적이 있 을 만큼 불교에 신실했기 때문에 송나라에 여러 차례 대장경을 요청한 적이 있 다. 이양조의 재위 기간 중에 송나라는 서하에 세 부의 대장경을 보냈다. 동시에 서하는 요나라에도 조공을 하고 위구르 승려와 금불상, 《범각경梵覺經》을 보냈 다. 1062년 서하의 3대 황제 이병상李秉常 재위 시절1068~1086, 서하는 송나라로부터 여섯 부의 대장경을 받았다. 그 후 4대 이건순李乾順, 5대 이인효李仁孝의 재위 시절에도 서하의 불교는 계속 발전하고 성숙하였다.

서하 불교는 송나라와 위구르 불교의 영향 외에도 티베트 불교의 영향을 크게 받았다. 티베트 밀교는 서하 영토 내에서 가장 광범위하게 유행했으며, 서하 말기에는 더욱 신도가 늘었다. 서하의 5대 황제 이인효는 티베트 지역에 사자를 보내 티베트 불교 카규파噶教의 첫 법왕인 도송흠파都松欽巴를 초청했다. 서하에 와서 불법을 전해달라는 것이었다. 도송흠파는 대신 제자 격서장색왜格西藏索哇를 보냈다. 이인효는 그를 상사上師로 삼고 밀교의 교리와 의궤를 전수받는 한편 불경 번역 작업을 조직했다. 그 후 티베트 불교의 샤카파의 조사 찰파견찬紮巴堅贊의 제자 형파와국사각본逈巴瓦國師覺本도 서하에 와서 상사가 되었다. 이 시기 둔황은 유림굴이 중점적으로 창건되던 때였다. 그래서 유림굴에서는 티베트 밀교의 내용이 담긴 석굴이 많이 발견된다.

이 시기에 불교 성지인 막고굴에도 서하 불교 신도들의 흔적이 발견된다. 막고굴은 천사례성국경天賜禮盛國慶[1] 2년1070년, 3년1071년, 대안大安 11년1085년에 남은 서하 문자로 된 글이 남아 있고, 그 외에도 서하 시대에 수리하거나 벽화를 새로 그린 석굴이 많다. 서하 시대의 벽화는 천불도, 보살도 위주이며, 무늬나 장식 효과를 중시했다. 그림 주제의 내용과 화풍의 표현에서는 풍부함과 다양성을 드러냈다. 이 시기에 둔황 지역에는 여러 민족이 뒤섞여 지냈는데, 그런 역사적 배경과 심미관이 독특하게 예술적으로 발현되었다. 이때의 화풍은 유목민족의 거칠고 호방한 기개와 중원의 당, 송 시대 전통인 섬세하고 서정적인 정취를 동시에 드러낸다. 다만, 경변도는 송대의 작품보다 간략해졌고 양식화하는 경향을 보인다.

서하 시기의 불상은 현존하는 것이 극히 드물다. 막고굴 제263굴의 작품이

---

1 서하 3대 황제 이병상의 연호. 1069~1074년 사용.

이 시대의 불상 중 대표작이다. 석굴 남측에 보살상과 제자상이 있다. 보살상은 머리카락을 높이 묶고 가슴과 팔을 드러내는 옷을 입고 그 위에 어깨를 덮는 옷을 입었다. 허리에는 긴 끈을 묶고 치마를 입었다. 목과 팔, 손목에 구슬을 연결한 장식을 달고 있으며 곡선을 그리는 신체의 자세가 돋보인다. 얼굴은 둥글고 풍만하며 눈은 가늘고 콧대가 날렵하고 장엄하고 진지한 표정이다. 제자상은 안에는 옷깃을 겹치게 입는 무늬 도포를 입고 겉에 가사를 걸쳤으며 맨발로 서 있다. 서하 초기의 인물 조형이나 복식을 보면 당나라, 오대, 송나라 때의 영향을 크게 받았음을 알 수 있다. 특히 당나라 소조상의 분위기가 많이 남아 있다. 당나라 때처럼 우아한 매력은 부족하다. [14-1]

수월관음도는 서하 시대 벽화 중에서 예술적 성취가 특히 높은 작품이다. 이 시기에는 주로 유림굴을 건설했기 때문에 막고굴에는 수월관음도가 많지 않다. 제237굴의 전실 서쪽 벽 입구 상단 남측에 있는 〈수월관음도〉가 대표작이다. 관음보살의 머리에는 모자가 얹혀 있고, 산을 등지고 두 손으로 무릎을 감싼 채 바위 위에 앉아 있다. 몸 전체가 둥근 빛에 싸여 있는데 한가롭고 편안해 보인다. 수월관음도라는 그림 양식은 당나라 때의 유명한 화가인 주방周昉이 창시했다고 하는데, 백거이가 이 그림을 두고 "깨끗한 초록빛 물 위에, 텅 빈 흰 달을 보네. 그 모습을 한 번 보니, 온갖 인연이 다 '공空'이로다"라고 읊었다. 수월관음도의 심오하고 초월적인 의미와 분위기가 잘 느껴진다. [14-2]

대략 1052년 이후, 서하는 과주와 사주에 대한 직접적인 통제를 강화했다. 1062년 이병상은 북송과 전쟁을 벌이면서 둔황 백성들을 동쪽으로 이주시켰다. 이 일로 둔황의 세력이 많이 약화되었다. 1109년 과주, 사주, 감주에서 기근이 발생해 많은 백성들이 타지로 유랑하게 되었다. 그 후 해상교역로가 발전하면서 실크로드 무역이 쇠퇴했고, 둔황은 실크로드 무역 중심지라는 지리적 이점을 잃게 되었다.

[14-1] 막고굴 제263굴 중심탑주 동편 감실 안의 채색소조상

[14-2] 막고굴 제237굴 전실 서쪽 벽 입구 상단 남측 〈수월관음도〉

황혼의 노을

13세기 초, 몽골의 세력이 커지면서 서하를 정벌하기 시작했다. 1205년에는 과주와 사주 지역을 침략했다. 1224년 몽골의 침략이 더욱 거세져 기병이 사주성을 포위하고 6개월 가까이 공격했다. 1227년 3월 몽골이 둔황을 점령했다. 그들은 '사주'라는 행정구역을 폐기하고 칭기즈 칸[成吉思汗, 1162~1227]의 장손 바투[拔都, 1209~1256]의 영지에 편입시켰다. 같은 해 6월, 서하가 몽골에 멸망했다. 몽골 제국의 세력판도는 광활했고, 칭기즈 칸의 사후 그의 후손들이 나누어 물려받은 네 곳의 한국汗國 중 세 곳이 둔황을 경유해 중원과 연락을 취하였으므로 둔황의 교통 요지로서의 지위가 일부 회복되었다.

1271년 원元 왕조가 건국된 직후, 마르크 폴로Marco Polo, 1254~1324는 사주를 지나갔다. 그는 둔황이 안정적이고 부유한 모습이었다고 기록했다. 1277년 원 왕조가 중국 대륙을 통일하고 중앙집권제를 강화하기 위해 중서성中書省 제도를 시행했다. 원 왕조는 지방 행정구역을 성省, 로路, 부府, 주州, 현縣으로 세분화했다. 원 왕조 시대에 다시 '사주沙州'를 설치하고 숙주肅州에 예속하여 원 왕조의 중앙정부 관할에 들어갔다. 원 왕조는 현지 백성들에게 전답과 종자, 농기구 등을 배급하였는데, 이 덕분에 둔황의 농업 경제가 나름대로 발전을 이뤘다.

1280년에는 사주가 행정구역상 '로'로 승격하고 총관부總管府가 설치되었다. 이곳에서 과주와 사주 두 개의 주를 총괄하게 되었으며, 감숙행중서성甘肅行中書省에 직접 예속된다. 둔황은 당시 원 왕조와 서북 지역의 번왕藩王이 전쟁을 벌이는 중요한 기지였다. 하지만 원나라 때에는 서역으로 통하는 교통로가 더 이상 둔황을 지나가지 않게 되었으므로 지리적 우위를 크게 상실한 상태였다. 1291~1292년 원 왕조는 과주와 사주의 백성을 숙주로 이주시켰고, 둔황의 세력은 더욱 약해졌다.

원 왕조의 통치자들은 불교를 중시했다. 당시 중국 전역의 사원 수가 4만여

[14-3] 육자진언갈

곳에 이를 정도였다. 1244년, 티베트의 불교 지도자 살가반지달薩迦班智達, 사카반디다
이 몽골의 활단태자闊端太子, 몽골 2대 황제 오고타이 칸의 차남의 조서를 받고 북상하여 양주
에 와서 티베트 승려와 백성을 대표해 몽골에 귀순하는 뜻을 밝혔다. 이때 조카
인 팔사파八思巴가 함께 왔다. 1251년 살가반지달이 사망하고 팔사파가 그의 지위
를 계승했다.

1253년 팔사파는 루반산六盤山. 닝샤 회족자치구 서남부에 있는 산에서 쿠빌라이[忽必烈. 1215~1294]를 만나 그의 존경을 받았다. 1260년 쿠빌라이가 몽골 5대 황제로 즉위한 후, 팔사파를 국사로 모시고 티베트 불교를 중국 전역에 전파했다. 1348년 서녕왕西寧王 속래만速來蠻²이 왕비와 여러 왕자, 대신 등과 함께 막고굴조상비莫高窟造像碑. 육자진언갈六字眞言碣이라고도 함를 새겨서 비단, 안료, 양식, 목재 등을 보시하고 장인들을 모아 막고굴의 황경사皇慶寺를 새로 수리했다. [14-3]

제61굴은 오대 시대에 만들었는데, 통로 남쪽 벽에 《치성광불다라니경熾盛光佛陀羅尼經》의 내용을 그린 경변도가 있다. 원나라가 중국을 통일하고 다시 실크로드 통행을 재개하면서 중원에서 새롭게 유입된 화풍이다. 벽화는 상단의 대부분이 남아 있는데, 화풍이 정교하고 신선하며 기세가 웅장하다. 치성광불이 법륜을 가리키며 수레 안에 앉아 있고, 해와 달, 그리고 남녀 성관星官이 그 뒤를 두 줄로 서서 따른다. 비파를 안고 있는 귀부인은 금성인데, 제일 앞에서 행렬을 인도하고 있다. 수레 뒤로 녹색 피부에 팔이 넷 달린 성신星神은 분노한 표정에 각 손마다 칼, 창, 밧줄, 사람의 머리를 쥐고 구름을 타고 있다. 이는 사람들을 공포에 떨게 하는 형혹성熒惑星. 화성일 것이다.

그림은 전체적으로 바람이 불고 구름이 일어나는 역동적인 모습이다. 용이 그려진 깃발이 펄럭이고 옷자락도 이리저리 나부끼고 있다. 여러 성관들이 빽빽이 서서 치성광불을 따르는 행렬 속에 구름 사이로 물고기자리, 쌍둥이자리, 천칭자리, 전갈자리, 게자리 등의 성좌도 모습을 보인다. 당시에는 이를 황도 12궁이라고 불렀는데, 오늘날 말하는 열두 별자리와 같다. 난엽묘蘭葉描,³ 철선묘鐵線描⁴ 두 가지 선묘 기법을 번갈아 사용해 윤곽을 그리고, 주묵朱墨으로 칠하는 것 외에도 간혹 금색을 발랐다. 이 그림이 처음 완성되었을 때는 몹시 산뜻하고 화

---

2 이란 등 서남아시아 지역을 다스리던 일 칸국의 후예.
3 수묵에서 인물의 옷 무늬를 그리는 방법. 선이 부드러운 난초의 잎처럼 보인다.
4 인물화의 선묘법. 처음부터 끝까지 일정한 두께로 예리하고 팽팽하게 그린다.

[14-4] 막고굴 제61굴 통로 남쪽 벽면 〈치성광불다라니경변도〉

려했을 것임을 짐작할 수 있다. 원나라 황경皇慶 연간1312~1313년에는 중국 전역에서 지진, 우박, 가뭄, 홍수 등의 자연재해가 발생했다. 〈치성광불다라니경변도〉는 재앙을 막는 벽화이니 이 시기에 그려진 것도 당연하다고 하겠다. [14-4]

밀교 예술의 이국적 색채

(1) 티베트에서 전해진 밀교

제465굴은 원나라 때 만들어졌다. 막고굴에서는 보기 드물게 티베트 밀교의 예술 양식이 주가 된 석굴이다. 밀교는 고도로 조직화된 주술, 의례, 민속신앙 등을 특징으로 한 불교 종파다. 이 종파가 스스로 대일여래大日如來에게서 심오하고 비밀스러운 교리를 전수받았다고 하여 '밀교'라고 부른다. 밀교와는 달리 불교 종파의 교의를 석가모니가 공개적으로 밝힌 교리라고 해서 '현교顯敎'라고 한다. 막고굴 남쪽 구역의 석굴은 다수가 현교의 석굴이다. 중국의 밀교는 다시 한漢 밀교와 티베트 밀교로 나뉜다. 한 밀교는 인도에서 중원으로 전래된 밀교이며, 가장 눈에 띄는 교파는 당나라 개원 연간713~741년에 3대 종사로 불리는 선무외善無畏, 금강지金剛智, 불공不空이 창립한 밀종密宗이다. 티베트 밀교는 인도에서 바로 티베트로 전래되었고, 티베트에서 다시 외부로 전파된 밀교를 말한다. 이 밀교의 최초는 8세기 인도의 승려 연화생蓮花生, 불밀佛密 등이 티베트에 가서 밀교의 불법을 전했다고 한다.

제465굴은 막고굴 유일의 티베트 밀교 석굴이다. 석굴 전체의 예술성이 매우 높아 모든 벽화가 대표작이라고 할 만하다. [14-5]

이 석굴의 주실 중앙에는 여러 층으로 만든 불단이 놓여 있다. 석굴 내부의 벽화는 밀교의 만다라曼荼羅 위주다. 만다라의 뜻을 풀면 제단, 도량이라는 의미다. 원래의 뜻은 흙으로 단을 쌓은 뒤 바라보며 수행할 대상인 존상尊像을 그 중앙에 안치한다는 것이었는데, 차차 특정한 수행법의 존상을 그에 상응하는 만다라 도상 안에 놓는 것으로 바뀌었다. 특히 밀교에서는 만다라의 도량이 수행에서 가장 중요한 도구이자 장소로 여겨졌다. 중국과 일본 등지에서는 부처나 보살을 종이, 비단 등에 그린 만다라 위에 놓기도 한다. 막고굴 벽화에서도 만

[14-5] 막고굴 제465굴 내부

[14-6] 막고굴 제465굴 천장 동쪽 경사면 〈기악공양보살상〉

다라 도상이 적잖게 발견된다.

제465굴의 천장은 대일여래, 아촉불^{阿閦佛}, 보생불^{寶生佛}, 무량수불^{無量壽佛}, 불공성취불^{不空成就佛}이 각기 자신의 권속을 데리고 출현한다. 동쪽 벽의 입구 남측에는 일계나찰^{一髻羅刹}, 나자천왕^{騾子天王} 등이 그려져 있고, 입구 북측에는 대흑천^{大黑天}이 그려져 있다. 남쪽 벽면에는 만다라 도상이 세 폭 그려져 있는데, 동쪽부터 대환금강쌍신만다라大幻金剛雙身曼茶羅, 시륜금강쌍신만다라時輪金剛雙身曼茶羅, 대력금강쌍신만다라大力金剛雙身曼茶羅이다. 북쪽 벽면에도 만다라 도상이 세 폭 그려져 있다. 동쪽부터 상악금강쌍색반속신만다라上樂金剛雙色伴屬神曼茶羅, 희금강쌍신만다라喜金剛雙身曼茶羅, 나머지 하나는 훼손되었다. 서쪽 벽면의 만다라 세 폭은 남쪽부터 상악금강단신만다라上樂金剛單身曼茶羅, 상악금강쌍신만다라上樂金剛雙身曼茶羅, 금강해모단신만다라金剛亥母單身曼茶羅이다.

각 벽면의 만다라 주위로 작은 단신單身 만다라가 에워싸고 있으며, 그 사이에는 각종 괴수와 짐승, 인체의 각 부위로 화면을 채웠다. 네 벽면의 하단에는 네모난 칸 안에 84명의 깨달은 자가 그려졌고, 각각 한자가 적힌 종이가 붙어 있었다. [14-6]

티베트 밀교는 매우 환상성이 강하다. 머리와 팔이 여럿 달린 특수한 우상이 수없이 많으며, 해골이나 인피人皮 등 공포스러운 장식도 많다. 석굴 내부는 빛이 적게 들어와 어두침침하고 차가운 색조가 강해서 석굴 전체에 신비스러운 분위기가 감돈다. 이 석굴 안에서는 정신이 어지럽고 소름이 돋는 느낌을 받게 된다. 그래서 제465굴은 티베트 밀교 예술을 대표하는 석굴일 뿐 아니라 원나라 때 라마교가 유행했던 실제 상황을 느끼게 한다.

(2) 한 밀교의 관음

막고굴 제3굴은 원나라 때 지어진 석굴로, 한 밀교의 관음굴이다. 이 석굴의 벽화는 선묘 위주로 그려졌다. 선묘 기법의 조형미가 두드러지며, 철사묘鐵絲描, 절호묘折蘆描, 유사묘遊絲描, 정두서미묘丁頭鼠尾描 등 다종다양한 선묘법을 운용했다. 벽면은 모래, 흙, 석회를 혼합한 삼합토三合土를 발라 한 번에 완성했고 그 위에 색이 스며들게 해서 벽화를 그렸다. 이렇게 하면 채색이 벽면과 공고하게 결합한다. 이 석굴은 입구의 윗부분門틀, 석굴 천장, 감실 외에도 여러 곳

[14-7] 막고굴 제3굴 내부

에 관음보살을 그렸다. 관음보살은 옛 중국 불교에서 가장 널리 신앙했던 보살로, 밀교가 전래된 후 관음보살은 점점 더 신비로운 존재가 되었다. 사람들은 일상생활에서도 소망이 있을 때 부르게 되는 민중에게 밀착된 존재가 되었다. [14-7]

이 석굴의 남쪽과 북쪽 벽면은 각기 〈천수천안관음도千手千眼觀音圖〉가 한 폭씩 그려져 있다. 천 개의 눈과 천 개의 손을 가진 관음보살은 여섯 관음 중의 하나로, 모든 중생의 삶을 보살피기 위해 그렇게 많은 눈과 손을 갖고 있다고 한다. 관음보살은 8대 보살에 속하며 이십팔부중二十八部衆을 이끈다. 관음보살의 권속

[14-8] 막고굴 제3굴 남쪽 벽 〈천수천안관음도〉

은 서쪽 벽 감실 바깥에 그려져 있다. 남쪽과 북쪽 벽면의 천수천안관음 양쪽에
는 각각 28명의 권속을 함께 그렸다. 벽화 속 천수관음은 열한 개의 얼굴을 가
졌고 마흔 개의 큰 손이 보이는데, 그중에서도 두 개의 큰 손을 높이 들고 합장
하고 있다. 또 다른 두 손은 탁발하는 모양을 하고 있다. 보살의 주변은 하늘을
나는 천인과 권속 부중이 둘러쌌다. 관음보살의 얼굴은 장엄하고, 선묘기법이
능수능란하다. 그 정교한 아름다움은 말로 표현하기 어려울 정도다. 막고굴 예
술의 정수라고 할 만한 그림이다. [14-8]

15

장경동의 발견

    명청明淸 시대의 둔황에서는 과거의 번영을 찾아볼 수 없다. 이 시기 중국의 주요 수출품은 차와 도자기인데, 항해술의 발달로 항로가 개척되면서 해상 실크로드가 육상 실크로드를 대체한 지 오래였다. 1524년, 명나라는 가욕관嘉峪關을 폐쇄하고 중국과 서역의 통행을 중단했다. 실크로드의 상단도 쇠퇴했다. 둔황은 가욕관 바깥에 고립되었으며 막고굴은 훼손되고 감실에 모래만 들어찼다. 둔황의 모든 것이 침체기였다. 과거에 신도들이 운집했던 사원들도 향 피우는 연기가 오르지 않게 되었다. 막고굴의 벽화와 불상도 나날이 낡고 망가졌다.

    청나라 말기, 줄곧 불교 승려가 관리해왔던 막고굴 석굴 사원에 왕도사王道士라는 사람이 새로 왔다. 그의 본명은 왕원록王圓籙, 1849~1931이고 후베이성 마청麻城 사람이다. 광서제光緖帝 초기, 숙주 순방영巡防營에 입대한 병졸이었다. 나

[15-1] 왕원록 도사

중에 수계를 받고 도사가 되었다. 도호는 법진法眞이다. 일찍이 멀리 신장 지역을 유람한 적이 있었다. 광서 23년1897년에 둔황 막고굴에 와서 삼청궁三淸宮을 지었다. 지금의 막고굴하사莫高窟下寺다. 그 후 왕도사는 둔황에 정착했다. [15-1]

왕도사는 둔황에 도착한 후 낡고 부서진 사원과 모래가 가득 찬 석굴을 보고 막고굴을 새롭게 수리, 관리하겠다는 뜻을 세웠다. 수백 년의 비와 바람, 유사流沙의 침해를 받아 막고굴은 이미 상처투성이의 몰골이었다. 수리하려면 그 과정이 험난하고 규모도 엄청날 터였다. 막고굴의 수입원은 주로 현지 주민들이 보시하는 향값 정도였다. 그 정도 돈으로는 그곳에 머무는 승려의 일상생활을 돌보는 데도 모자랄 지경이었다. 석굴을 수리하는 막대한 돈을 어디서 구한단 말인가? 막고굴을 수리하겠다는 왕도사의 결심은 아주 확고했다. 그는 승려들이 가장 흔히 쓰는 방법으로 이 문제를 해결하려 했다. 왕도사는 그때부터 매일같이 외출하여 탁발, 동냥했다. 그렇게 얻게 된 돈은 생활비로 쓰는 것 외에는 오로지 석굴을 정돈하고 수리하는 데 쏟았다.

그는 석굴 내부의 모래를 청소하는 다양한 방법을 고안했다. 봄이 되면 사람들을 데리고 하천의 물을 석굴 앞까지 끌어온다. 그런 다음 물을 뿌려서 모래를 씻어냈다. 당시 막고굴의 잔도栈道. 험한 벼랑 같은 곳에 낸 길. 선반처럼 달아서 낸다는 오랜 세월에 부서져서 남은 것이 얼마 없었다. 석굴 사이를 통행하기 위해 왕도사는 석굴들 사이에 구멍을 뚫었다. 또한 왕도사는 탁발해서 받은 돈으로 안료를 사서 불상을 새로 채색하기 시작했다.

그때나 지금이나 왕도사가 막고굴을 수리하겠다고 마음먹은 것은 착한 마음의 발로였다. 그러나 안타깝게도 그의 수리 행위는 막고굴의 역사 문물을 심각하게 훼손하는 결과를 가져왔다. 석굴 벽면을 부수어 벽화를 훼손했고, 원래의 그림과 불상에 새 색을 칠하면서 원래의 가치를 잃어버린 경우도 허다했다. 왕도사의 행동은 그의 소망과는 완전히 반대가 된 것이다.

막고굴 수리의 첫 걸음은 석굴 안에 쌓인 모래를 치우는 것이었다. 모래를 치우기 위해 왕도사는 근처의 농민들의 도움을 받았다. 왕도사가 막고굴을 청소하는 과정에서 장경동藏經洞이 발견되었다.

왕도사가 살던 절 옆에 대형 석굴이 있었다. 옛날에는 '오화상굴吳和尙窟'이라고 부르던 석굴로, 지금의 번호 체계에서는 제16굴이다. 만당 시기인 대중 5년851년부터 함통 3년^{862년} 사이에 오씨 성을 가진 하서 지역의 도승통 홍변^{洪辯}이 만들었다. 굴 내부는 정방형으로, 면적이 240평방미터다. 이 석굴 앞에는 예전에 지은 3층짜리 목조 굴첨이 있었는데, 1층은 제16굴 오화상굴이고, 2층은 제365굴 칠불당^{七佛堂}이며, 3층이 제366굴이다. 이 세 석굴은 모두 홍변이 주도하여 창건한 석굴로 홍변 화상의 공덕굴이다. 막고굴 창건사에도 매우 중요한 석굴이다.

제16굴의 통로 북쪽으로 작은 석굴이 하나 더 있는데 지금의 번호 체계에서 제17굴로 불린다. 이 석굴은 홍변이 생전에 사용하던 선굴인데, '나한당^{羅漢堂}'이라고도 불린다. 제17굴은 북쪽에서 남쪽을 바라보는 방향으로 지어졌다. 바닥이 방형인 북두정굴이다. 바닥에서 긴 쪽이 3미터가 안 되고, 벽 높이는 2.5미터가 안 되며, 석굴 전체 높이가 3미터다. 북쪽 벽 가까이에 장방형의 침상 모양으로 낮은 단을 만들었는데, 단의 측면에 문, 영지를 입에 문 사슴, 차꽃으로 가장자리를 두른 장식 무늬, 앞코가 구름 모양으로 구부러진 승려의 신발 등을 그려 넣었다. 단 위에는 홍변 화상의 모습을 진흙으로 빚어서 앉혀 놓았다. 북쪽 벽에는 두 그루의 보리수가 가지와 잎이 서로 연결되듯이 그려져 있다. 보리수 왼쪽에는 비구니가 합장하고 있고 오른쪽에는 지팡이를 든 시녀가 서 있다. 보리수 가지에는 승려들이 쓰는 물병과 어깨에 메는 자루가 걸려 있다. 서쪽 벽의 감실은 대중 5년^{851년}에 세운 홍변의 고신비^{告身牌, 직첩을 알리는 비석}가 있다. [15-2]

광서제 25년^{1899년} 5월의 어느 날, 왕도사와 그가 고용한 몇 명의 농민들이 모래를 청소하고 있었다. 모래를 거의 치웠을 때, 갑자기 무슨 소리가 들렸다. 입구 부근의 벽면이 갈라지면서 틈이 생긴 것이 보였다. 알고 보니 오랫동안 모래가 쌓여 있던 것이 사라지면서 벽면의 균열이 나타나기 시작한 것이다. 왕도사 일행은 벽면을 두들겨 보았다. 안쪽이 비어 있는 듯 울리는 소리가 들렸다. 왕도사는 흥분했다. 벽면 뒤에 보물이 잔뜩 숨겨져 있으리라고 생각했다. 그는 신중하게 대처하기 위해 당장 벽을 허물지 않고, 그날 밤 양씨 성을 가진 인부와 함

[15-2] 막고굴 제16굴 통로, 장경동 외부

[15-3] 장경동의 필사본 불경

께 다시 석굴을 찾았다. 아마도 이 양씨 성의 인부가 벽면 균열을 가장 먼저 발견한 사람인 듯하다. 벽면에는 아름다운 벽화가 그려져 있었는데, 그 벽면을 떼어내니 그 안에 흙벽돌을 쌓아서 막은 작은 문이 보였다. 벽돌을 치우고 문을 열었다. 눈앞에는 캄캄한 작은 방이 있었다. 미약한 불빛에 의지해 왕도사와 양씨 인부가 조그만 석굴 안을 살펴보았다. 석굴 안에는 질서정연하게 쌓아 놓은 천주머니, 불상, 법기 등이 가득했다. 이것이 바로 나중에 장경동이라고 불리는 석굴이다. [15-3]

오랜 시간이 지난 후, 장경동의 문물이 외부로 흘러나가면서 각종 출판물과 연구 자료가 출간되고 오늘날 사람들에게 알려지게 되었다. 각종 필사본, 인쇄본, 탁본 및 대량의 불경, 문서, 장부, 비단으로 만든 책, 회화, 직물, 자수품, 동상, 법기 등 이 작은 석굴에 있던 물품의 수량은 약 5만 개에 달했다. 왕도사의

제자 조명옥趙明玉과 조명옥이 거둔 제자 방지복方至福은 왕도사의 묘지명에서 장
경동을 발견한 과정을 이렇게 기록했다.

> 물로 3층의 석굴에 쌓인 모래를 씻어내니, 벽면에 금이 가서 생긴 구멍이 있었다. 구
> 멍 너머에서 빛이 나오는 듯했다. 벽을 부수니 작은 석굴이 있었는데, 그 안에 당나
> 라 불경이 1만 권과 골동품 여러 점이 나왔다. 이 일을 본 사람은 기이한 사건에 경
> 악했으며, 전해들은 사람은 신물(神物)이라고 여겼다. 이 일이 광서 25년 5월 25일에
> 있었다.

이 우연한 발견이 중국역사 연구의 새로운 장을 열었다. [15-4]

불완전한 통계지만 장경동에서 발견된 5만여 권의 책 중 95퍼센트가 한자로
된 불교 문헌이다. 문헌의 종류는 경, 율, 론, 소석疏釋, 찬문贊文, 다라니陀羅尼,
발원문發願文, 계청문啓請文, 참회문懺悔文, 제문祭文, 승전僧傳, 경목經目 등이다.

불교 문헌이 아닌 책은 겨우 5퍼센트지만 내용은 광범위하다. 사부四部[1]를 비
롯해 도교 경전, 세속 문학, 기타 문서 등도 있었다. 이를 좀 더 세분화한다면,
사부史部, 즉 역사 분야의 책 중에는 사서史書, 정서政書, 전문적으로 전장제도典章制度를 기록한
책, 지리지, 씨족지 등이 포함된다. 그 밖에 제자백가 및 기타 분야의 책인 자부
子部에는 의서, 역법서, 점복서, 유서類書[2] 등이 있다. 문학 저작물을 일컫는 집부
集部에는 시, 사, 곡, 변문變文, 장경문講經文, 압좌문押座文, 화본話本, 속부俗賦, 사
문詞文[3] 등이 있다.

또한 공적이거나 사적인 여러 문서가 나왔는데, 이것이 둔황 장경동 문서 유
물 중에서도 특히 진귀한 사료적 가치를 지닌다. 이런 문서의 종류로는 부符, 공문

---

1 중국 고대의 서적 분류법으로 경(經), 사(史), 자(子), 집(集)으로 분류함.
2 여러 가지 책을 모으고 분류해서 검색을 편리하게 한 책.
3 변문은 당나라 때 산문과 운문을 섞어 불경 고사, 민간 전설, 역사 고사 등을 기술한 책을 말한다. 장경문과 압좌
문은 불경을 대중적으로 풀어쓴 이야기책을 말하며, 화본, 속부, 사문은 모두 민간의 설창(說唱) 문학의 일종으로
이야기와 노래를 섞어 공연하는 예술 양식이다.

[15-4] 왕도사탑

이나 증서, **첩**牒, 편지, **장**狀, 사건 혹은 사적을 기록한 문서, **첩**帖, 초청장, 장부, 어음 등, **방문**榜文, 거리에 써 붙이는 글, **칙사**敕詞, 임금의 명령문, **과소**過所, 통행증, **공험**公驗, 관아의 증명서, **도첩**度牒, 승려에 주는 출가 증명서, **고신**告身, 관리 직첩, **적장**籍賬, 호적 문서 등이 있다. 또한 형부와 병부의 업무와 관련된 문서도 있으며, 석굴 창건에 관한 공덕문과 인물 전기, 비석 명문 등이 있다.

문서 외에도 회화 작품도 여럿 나왔다. 그림을 어디에 그렸는지에 따라 비단, 마, 종이 등으로 분류되며, 인쇄본 그림이나 판화도 있다. 도장, 자수품, 직물, 목조상 등도 있다.

또한 이런 문서들에는 한자가 아닌 다른 문자로 기록된 것도 많다. 카로슈티어고대 인도 문자의 일종, 소그드어, 돌궐어, 범어, 우진어, 구자–언기어, 브라흐미어고대 인도 문자의 일종, 토번어, 위구르어, 히브리어, 서하어, 몽골어 등이다.

이렇게 대량의 문물이 왜 작은 석굴에 봉인되어 외부로 알려지지 않았을까? 언제 장경동 석굴을 봉인했을까? 장경동이 발견된 후, 이런 궁금증은 끊이지 않았다. 지금 가장 널리 인정받는 가설이 피난설과 폐기설이다.

조씨 귀의군 말기, 탕구트족과 사주의 위구르족이 전쟁을 벌였고 1036년에 둔황이 점령되었다. 어떤 학자들은 장경동이 폐쇄된 원인을 막고굴의 승려가 서하 군대가 둔황을 점령하기 전에 전쟁이 다가오자 전란을 피해 달아나기로 하고, 휴대하기 어렵지만 버리기 아까운 경전, 문서, 불상, 법기 등을 밀실에 숨기고 떠났다고 생각한다. 전란 동안에 불교 경전과 법기가 손상되는 것을 막기 위해 문을 폐쇄했고, 문을 덮은 벽면에다 보살상을 그려 숨겼다. 나중에 어떤 이유에서든지 돌아오지 못해서 장경동 속 유물이 거의 1천 년간 보존되었다.

어떤 학자들은 카라한 왕조999~1232, 이슬람계 유목 투르크족의 왕조의 침략 때문에 장경동에 유물을 숨겼다고 본다. 카라한 왕조는 오늘날 신장 위구르 자치구의 타림 분지 서쪽에 위치한 나라로, 신장 지역의 이슬람화에 큰 역할을 했다. 카라한 왕조는 건국 후에 이슬람교를 전파하는 데 힘썼으며, 그 주변의 소국을 대상으로 정복전쟁을 벌이면서 불교사원을 무너뜨리고 승려를 축출하여 신장 지역에서 불교신앙이 거의 사라졌다. 카라한 왕조의 이런 행적은 둔황의 승려들에게 큰 위협이었을 것이다.

1006년 둔황의 조씨 귀의군 정권과 우호적인 관계이자 불교 국가였던 우전국이 카라한 왕조에 멸망했다. 이는 둔황의 불교계에 큰 자극이 되었다. 승려들은 만일의 사태를 대비하여 각 사원의 경전과 문서, 불교예술품 등을 모아 밀봉하기로 결정했다. 카라한 왕조가 둔황의 침략해 불교 문물을 없애버리는 일을 방지하기 위함이었다.

어떤 학자들은 이와 같은 피난설은 전쟁이 끝난 후에 왜 장경동을 열고 유물을 꺼내지 않았는지 설명하지 못한다고 지적한다. 불교연구가 중에는 장경동의 유물이 오늘날 보기에는 진귀한 역사적 문물이지만 당시에는 처리하기 복잡한 '신성하지만 쓸데없는 물건'이었다고 여기는 이들도 있다. 불교 신자와 승려들이 사원과 집에서 사용하던 경전, 불상, 법기 등은 사용 과정에서 망가지고 낡아 더 사용할 수 없는 상태가 되기도 한다. 이럴 경우 새로운 물건으로 대체하지만, 옛 물건을 처리하는 것이 문제가 된다. 불교의 기물은 신성한 것이라는 관념 때문에 완전히 부수거나 함부로 버릴 수가 없었다. 이때 불교에서 통상적으로 쓰는 방법이 이런 쓰지 않을 물건을 밀폐된 장소에 넣고 봉하는 것이다. 어떤 학자들은 이런 행위를 '폐기'가 아니라 일종의 '공양'으로 보아야 한다고 주장한다. 둔황 장경동에서 발견된 책 중 많은 부분이 파손되었거나 온전하지 않다는 점이 이 가설에 힘을 실어준다.

하지만 장경동 유물은 역사적 지식이 거의 없는 도사 왕원록王圓籙이 발굴했다. 유물이 처음 발견되었을 때 어떤 상태였는지는 지금은 알 수 없다. 어쩌면 문헌 유물의 연구 성과가 더욱 쌓여야 장경동이 봉인된 진정한 원인을 알 수 있을지도 모른다.

장경동 유물은 모두 5만여 개이며, 장경동에서 발견된 후 곧바로 외부로 흘러나갔다. 지금은 유물의 태반이 세계 각지의 박물관 및 도서관, 개인 소장가의 소유가 되었다. 일부만이 중국 국내 박물관, 도서관에 있으며, 유물의 일부는 현재까지 행방이 묘연하다.

16
보물을
훔쳐간 자들

    장경동의 발견은 역사적으로 중대한 의의를 가진다. 갑골문, 청 왕조 내각 문서, 거연한간居延漢簡[1]과 더불어 20세기 중국 고문헌 발굴의 4대 사건 중 하나로 불릴 정도다. 장경동 문헌 유물은 중국역사 연구에서 빼놓을 수 없는 중요한 자료이며 학자들에게도 새로운 역사적 시야를 제공했다.

    이런 중요한 역사적 발견을 한 왕도사는 장경동 유물의 역사적 의의를 알지 못했다. 물론 그도 이 사건이 보통 일이 아님을 직감했다. 그는 석굴에 가득한 경전과 예술품을 보며 어찌할 바를 몰랐다. 그는 경전을 몇 상자 챙겨서 주취안에 있는 안숙도安肅道 도대道台 정동廷棟에게 가져갔다. 정동도 이 유물이 평범하지 않다고 생각했다. 그는 둔황의 현령 왕종한汪宗翰에게 가져갔다. 이렇게 몇 차례 보고가 올라간 뒤에, 드디어 관부의 정식 의견을 받을 수 있었다. "현지에서 보관하고 사사로이 매매하거나 처리하지 말라"는 것이 전부였다. 그러나

---

1 중국 간쑤성 북부의 에티나 하천 유역에서 발견된 약 1만 편(片)의 한나라 때 목간(木簡).

둔황 현지의 관리들은 왕도사에게서 자신들이 마음에 드는 경전과 그림을 몰래 받았다.

청나라 정부는 장경동 문헌에 관심이 없었다. 중국 내의 학자들은 발굴 사실 조차 몰랐다. 하지만 서구의 고고학자들에게는 엄청난 사건이었다.

왕도사가 장경동을 발견한 후, 서구의 고고학자들이 연이어 둔황에 왔다. 장경동의 문헌 유물이 흩어지기 시작했다. 둔황에 온 외국 학자들은 영국인 마크 아우렐 스타인Marc Aurel Stein, 1862~1943, 프랑스인 폴 펠리오Paul Pelliot, 1878~1945, 일본인 오타니大谷 탐험대의 다치바나 즈이초吉川小一郎, 1890~1968, 요시가와 고이치로吉川小一郎, 1885~1978, 러시아인 세르게이 올덴부르크Sergei Ol'denburg, 1863~1934, 미국인 랭던 워너Langdon Warner, 1881~1955 등이다.

마크 아우렐 스타인

가장 먼저 둔황에 와서 보물을 약탈한 사람은 영국인 탐험가 마크 아우렐 스타인이었다. [16-1] 그는 헝가리 부다페스트의 유대인 가정에서 태어났다. 그의 부모는 유대교를 믿었지만 스타인에게는 아들의 장래를 생각해 기독교 세례를 받게 했다. 기독교 세례가 아들을 유대인 거주 지역에서 벗어나게 해 줄 열쇠라고 생각했고, 그래야 아들이 자유의 길을 개척할 수 있다고 믿었다. 나중에 이것은 사실로 증명된다. 그들 스타인의 부모는 선견지명이 있었던 것이다. 기독교 세례는 스타인의 일생에

[16-1] 마크 아우렐 스타인

깊은 영향을 미쳤다.

스타인은 열 살에 독일에 있는 학교에 입학했다. 학교에서 그는 독일어, 영어, 그리스어, 라틴어를 배웠다. 나중에 라이프치히와 빈에서 대학을 다니며 산스크리트어와 페르시아어도 익혔다. 스물한 살의 스타인은 박사학위를 받았다. 스물다섯 살이 되던 해, 그는 혼자서 인도로 향한다. 인도에서 그는 카슈미르 지역을 탐사하는 일에 종사했다. 그는 직업적 성취를 무엇보다 중요하게 생각했다. 그 자신이 해야 한다고 생각한 일이면 어떤 어려움이 있더라도, 어떤 위험이 있더라도 절대 포기하지 않았다. 스타인은 직업적인 성취를 위하여 평생 결혼하지 않았고, 자신의 모든 역량을 고고학 탐사에 쏟았다.

스타인은 젊음을 아시아에서 고고학 탐사 작업을 하며 보냈다. 영국과 인도 정부의 지지 아래, 그는 네 번의 중앙아시아 탐험을 진행했다. 1907년 3월 21일, 그는 두 번째 중앙아시아 탐험에서 처음으로 둔황에 왔다.

1906년 스타인은 그의 두 번째 중앙아시아 탐험을 떠났다. 4월 20일에 8명으로 구성된 스타인의 고고학 탐험대는 인도를 출발해 파미르 고원을 넘어 중국 신장에 도착했다. 스타인은 카스喀什에서 중국인 사야師爺를 한 명 고용했다. 사야는 옛날 중국에서 지방관리가 개인적으로 거느리는 고문이자 서기관을 말한다. 스타인이 중국어 통역사 겸 조수 역할을 맡기려고 고용한 사람은 장효완蔣孝琬. ?~1922이었다. [16-2] 장자생蔣資生 혹은 장사야蔣師爺라고 불렸던 장효완은 후난성 출신으로, 스타인에게는 평생의 좋은

[16-2] 장효완

친구였다. 스타인이 둔황에서 고고학 탐사를 하는 데 가장 중요한 역할을 한 사람이기도 했다. 장효완은 광서제 재위 시절, 신장 지역에서 여러 현과 주 등을 전전하며 사야로 일했다. 광서제 15년 1889년 이후에는 신장의 사차莎車현 아문에서 쭉 일했다. 장효완은 건강하고 생각이 민첩하며 달변가였다. 문화적으로도 소양이 깊고, 고문古文에 대한 지식도 상당했다. 골동품이나 고고학에도 나름대로 식견이 있어 골동품 감정에 뛰어났다.

[16-3] 중국에서 고고학 탐사를 하던 시절 스타인의 여권(《둔황연구원도사(敦煌研究院圖史)》)

장효완을 고용한 스타인 탐험대는 실크로드를 따라 동쪽으로 이동했다. 허톈, 뤄창, 누란樓蘭 등 지역을 지나면서 유명한 누란 유적지를 발굴하고 진귀한 문헌 유물을 찾아냈다. 당시 폴 펠리오 역시 신장 지역에서 고고학 탐사를 하고 있었으므로 스타인은 신중하게, 그러나 빠른 속도로 탐사 작업을 진행했다. 그는 펠리오보다 먼저 둔황에 도착하고 싶었다. 스타인은 1902년에 이미 고향 친구인 헝가리 지질학자 롯지Loczy로부터 둔황의 막고굴에 정교하고 아름다운 벽화와 조각, 소조 등이 있음을 들어 알고 있었다. 그래서 둔황 역시 그의 탐험 계획 중의 하나였다. 롯지는 1877년 5월에 둔황에서 지질학 탐사를 하다가 막고굴을 '발견'했다. 그의 저서에서도 막고굴에 대한 묘사가 나온다. [16-3]

스타인은 우선 둔황 근처의 장성 유적을 따라 움직이면서 대량의 한나라 때 목간木簡을 발굴했다. 그때 스타인은 둔황 막고굴에서 고문헌이 발견되었다는 소문을 들었다. 그는 급히 둔황으로 향했다. 둔황에 머무는 동안 스타인은 석굴을 탐사하고 많은 고고학연구 자료를 작성했다. 석굴 벽화를 사진으로 촬영하고 기회를 보아 왕도사의 신임을 얻었다. 장효완이 왕도사와 잡담을 하던 중,

[16-4] 스타인이 찍은 제16굴 통로 사진(《서역고고기(Serindia)》)

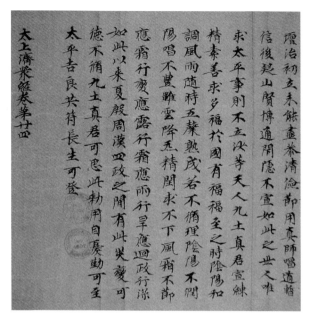
[16-5] 영국이 소장한 둔황 문서

스타인은 왕도사가 《서유기》에 나오는 당승 현장법사를 몹시 존경한다는 사실을 알았다. 스타인이 자신을 동방으로 불경을 가지러 온 현장이라고 비유하면서 왕도사는 점차 스타인과 장효완을 신뢰하게 되었다. 마침내 왕도사는 장경동의 불경 일부를 꺼내 장효완과 스타인에게 주며 고르게 했다. [16-4]

이렇게 해서 스타인은 왕도사의 무지와 종교적 신앙심을 이용해 헐값에 장경동에서 출토된 둔황 문서 스물네 상자, 비단에 그린 그림과 자수품 다섯 상자를 사들였다. [16-5] [16-6]

스타인은 둔황에 머무는 시간이 길어지자 현지인의 주목을 받게 되었다. 그때 둔황의 지방관이 란저우에서 명령이 내려왔는데 스타인에게 외교적 예의를

[16-6] 영국이 소장한 둔황의 비단 그림 〈인로보살(引路菩薩)〉

지키라는 말을 전했다고 알려주었다. 그래서 스타인은 6월 13일에 일행을 데리고 낙타와 말 네 마리로 구성된 대오를 짜고 과주로 향했다. 유림굴에 가서 이틀간 사진 촬영을 하고, 둔황에서 얻은 물건을 과주에 잘 보관한 뒤 주취안에 가서 가욕관 장성을 탐사했다. 그리고 8월 28일에 장예에 가서 닷새간 더 탐사했다. 9월 25일, 과주로 돌아온 스타인은 보관했던 '전리품'을 찾았다. 이때 스타인은 왕도사에게 편지를 한 통 써서 장효완 편에 보냈다. 장효완은 한밤중에 몰래 천불동에 가서 왕도사로부터 230개의 서류 묶음과 3,000여 권의 경전을 받았다. 그렇게 얻은 경전을 1년 6개월이라는 긴 기간에 걸쳐 운반하여 1909년 1월 말, 런던에 도착해 대영박물관에 소장하게 되었다.

스타인은 세 번째 중앙아시아 탐사 기간 중에 다시 둔황에 들렀다. 1915년 3월 24일, 스타인은 막고굴에 도착해서 왕도사의 열렬한 환영을 받았다. 왕도사는 스타인에게 자신의 장부를 보여주면서 스타인이 '시주'한 돈을 어떻게 썼는지 충실히 보고했다. 왕도사는 청나라 정부에서 장경동의 유물을 가져갔으며, 자신에게 약속한 돈을 지급하지 않았다며 불만을 토로했다. 왕도사는 그때 스타인에게 경전 전부를 주지 않은 것을 후회한다고 말했다. 스타인은 왕도사와 교섭하여 그가 몰래 챙겨둔 몇백 권의 문헌 유물을 얻었다. 이번에는 커다란 상자로 네 개였다. 그 외에도 스타인은 현지에서 팔리던 경전을 수집하여 전부 다섯 상자, 600여 권의 경전을 가지고 돌아갔다.

스타인이 네 번의 중앙아시아 탐험에서 얻은 둔황 유물은 런던의 대영박물관, 영국도서관, 인도 사무부 India Office 의 도서관 및 뉴델리의 인도 국립박물관에 소장되었다.

스타인은 본인의 고고학 보고서 및 여행기를 출간한 것 외에도 《천불동 : 중국 서부 둔황 석굴 사원의 고대 불교 회화 The Thousand Buddhas : ancient Buddhist paintings from the cave-temples of Tung-huang on the western frontier of China, 1921》라는 책을 썼다. 그는

고고학 탐사에서 놀라운 발견을 하고 대량의 진귀한 자료를 취득한 공로로 영국 정부의 훈장을 받았으며 왕립지리학회에서 수여하는 금질金質 상, 영국 여왕의 기사 서훈도 받았다. 옥스퍼드와 케임브리지대학에서는 그에게 명예 박사학위를 수여하였다. 1943년 여든한 살의 스타인은 아프가니스탄의 수도 카불 근처의 고고학 발굴지에서 사망했다.

폴 펠리오

　　스타인이 맨 처음으로 둔황에서 유물을 취득하는 데 성공한 후, 막고굴에 또 다시 외국 손님이 찾아왔다. 1908년 둔황에 도착한 프랑스인 폴 펠리오의 고고학 탐사단이다. [16-7]

　펠리오는 프랑스 파리의 상인 가정에서 태어났다. 파리대학에서 영어를 공부하고, 동방언어대학원에서 중국어를 배웠다. 한문에 정통했으며 한학을 전문적으로 연구하였다. 1899년 그는 베트남의 하노이로 건너가 인도차이나 고고학조사회, 즉 프랑스극동학원에서 공부와 연구를 병행하며 대학의 의뢰로 수차례 중국 고문헌을 구입하는 일을 했다.

[16-7] 폴 펠리오

　　1900년 펠리오는 유물 및 도서 등을 구입하러 베이징에 갔다. 그때 의화단운동이 한창 격렬할 때여서 베이징의 프랑스 공사관이 의화단에 포위된 적이 있었다. 의화단은 공사관에 불을 지르려고 했고, 프랑스 사람들은 벽 뒤에 숨어서 반격을 준비 중이었다. 펠리오가 위험을 무릅쓰고 나서서 공사관을 포위한 의화단을 설득해서 돌려보냈다. 그는 이 일로 영예훈장레종 도뇌르을 받았다. 그는 8개국 연합군이 베이징을 진군했을 때 각종 수단을 동원하여 청동기, 경태람 도자기, 한문 및 티베트어 등의 고문헌, 회화 작품 등 각종 유물을 대량으로 입수했다. 이때 가져간 중국의 보물들은 프랑스 파리 국가도서관 및 루브르 박물관에 나누어 소장되었다. 1901년 펠리오는 프랑스극동학원의 교수로 임용되었다. 그는 인도차이나 및 동남아시아의 역사, 지리, 한학 문헌, 중국의 외래 종교와 이교, 중국 불교의 기원과 도교의 관계 등 여러 영역에 조예가 깊었다.

1905년 '중앙아시아 및 극동아시아 역사, 언어, 고고학 및 인종학 연구 고찰을 위한 국제협회'의 프랑스 분회 회장인 에밀 세나 Emile Senart 가 펠리오를 프랑스의 중앙아시아 탐험대 대장으로 위촉해 측량기사 루이 바이앙 Louis Vaillant, 촬영기사 샤를 누에트 Charles Nouette 와 함께 탐험대를 구성했다.

1906년 6월 15일, 펠리오 탐험대는 파리를 떠나 기차로 러시아를 거쳐 중국 신장 지역의 카스에 도착했다. 그들은 쿠처에서 여러 석굴 사원을 조사하고, 우루무치 烏魯木齊 를 거쳐 투루판에 가서 고고학 탐사를 계속할 예정이었다. 그런데 우루무치에서 유배를 온 관리를 만나게 된다. 펠리오는 그 사람에게서 둔황의 장경동에서 문헌 유물이 발견되었다는 소식을 들었다. 그 사람은 펠리오에게 장경동에서 발견된 당나라 시대의 문서를 보여주기도 했다. 이 소식은 한학자인 펠리오에게는 의외의 수확이었다. 그는 투루판을 탐사하려던 계획을 접고 급히 둔황으로 향했다.

1908년 2월 12일, 펠리오 일행은 막고굴에 도착했다. 이때 장경동의 문은 잠겨 있었고, 왕도사는 막고굴에 없었다. 펠리오는 왕도사를 기다리면서 막고굴에 대한 전면적인 조사를 진행했다. 그들은 석굴에 번호를 붙이고 측량을 했으며 사진을 촬영하고 각종 문자로 된 제기 題記 를 기록했다. 대부분의 석굴에 대한 상세한 기록을 남기고 사진도 풍부하게 찍었다. 이것이 막고굴에 대한 최초의 전면적이고 상세한 고고학 조사 활동이었다. 이 기록은 나중에 여러 권으로 출간된 《둔황석굴 Les grottes de Touen-Houang》 등 펠리오의 저서에 담겼으며, 막고굴 연구

[16-8] 펠리오와 조사단

의 중요 자료로 자리매김 했다. [16-8]

왕도사가 막고굴로 돌아온 뒤, 펠리오는 왕도사와 교섭했다. 펠리오는 유창한 중국어로 왕도사의 호감을 샀다. 왕도사는 펠리오가 스타인이 경전을 가져간 사실을 모른다는 것을 알아차리고 한시름 놓았다. 펠리오는 스타인이 그랬듯 돈으로 왕도사를 유혹해 향불 값을 시주하기로 했다. 약 20여 일의 교섭 끝에 3월 3일, 펠리오는 장경동에 들어가 자신이 마음에 드는 경전을 골라 가라는 허락을 받았다. [16-9] 수만 권의 진귀한 문헌을 본 펠리오는 입을 쩍 벌렸다. 그 후

[16-9] 펠리오가 장경동에서 경전을 조사하는 모습

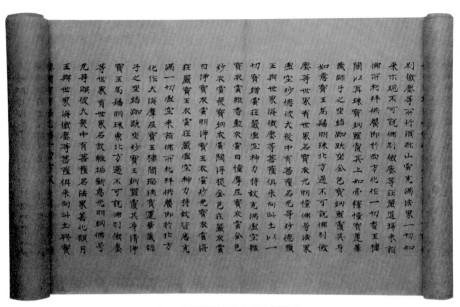

[16-10] 장경동의 둔황 문서 중 《법화경》

의 3주 동안 펠리오는 장경동의 어둑어둑한 불빛 아래서 매일 1천 권씩 살펴보는 속도로 장경동의 경전을 다 살펴보았다. 그리고 이 경전을 두 무더기로 분류했는데, 그중 한 무더기가 그가 보기에 최고의 가치를 가진 문헌들이었다. 그가 문헌을 고르는 기준은 이러했다. 첫째, 연대가 정확히 표시된 문헌을 고른다. 둘째, 보통의 대장경이 아닌 문헌을 고른다. 셋째, 한자 아닌 다른 민족의 문자로 적힌 문헌을 고른다. 그렇게 추려낸 문헌은 어떤 대가를 치르고서라도 손에 넣어야 할 것들이고, 나머지 한 무더기는 필요하다면 포기해도 되는 문헌이었다.

펠리오는 문헌을 추리는 작업을 마친 뒤, 왕도사에게 모두 가져가겠다고 말했다. 왕도사는 그 요구에 응할 용기가 없었다. 결국 비밀을 엄수하기로 약속한 다음 펠리오가 은자 500냥을 주고 장경동의 6,000여 권 문헌을 받았다. 이 수량은 스타인의 가져간 것보다 적지만 장경동 문헌의 정수 중의 정수였다. [16-10]

펠리오는 자신이 바라던 문헌을 손에 넣은 뒤 누에트에게 유물을 넣은 상자를 가지고 해상으로 프랑스에 돌아가라고 했다. 자신은 문서 꾸러미가 든 상자 하나만 챙겨서 베이징으로 가서 도서를 구입했다. 베이징으로 가서 일을 처리하는 동안 펠리오는 막고굴에서 필사본 문헌들을 손에 넣은 이야기를 함구했다. 같은 해 12월 펠리오는 베트남 하노이의 프랑스 극동학원에 돌아왔다.

1909년 5월, 펠리오는 다시 베이징에 갔다. 이번에는 중국 학자들에게 둔황 문서를 일부 보여주면서 문헌의 유래도 설명했다. 당시 나진옥^{羅振玉}, 장백부^{蔣伯斧}, 왕인준^{王仁俊}, 동강^{董康} 등 베이징의 여러 학자들은 둔황의 보물을 목격하고 큰 충격을 받았다. 나진옥을 중심으로 중국 학자들이 급히 서둘러서 청나라 정부에 요청하여 둔황 장경동의 남은 문헌을 베이징의 학부^{學部}로 옮겨오기로 결정했다. 하지만 운송 과정에서 왕도사가 그중 비교적 완전하고 좋은 경전을 빼돌렸다가 나중에 유럽, 미국, 일본 등지로 팔려나갔다. [16-11]

베이징으로 문헌을 가져오는 임무는 신장의 순무^{巡撫} 하언승^{何彦升}과 압해차관^{押解差官} 부^傅씨 관원이 맡았다. 문헌 유물을 운송하는

[16-11] 프랑스에 소장된 둔황의 비단 그림 〈보살〉

관리는 이 일에 관심이 없어서 장경동의 문헌을 제대로 챙기지 않았다. 1920년 중화민국 정부에서 검사했을 때도 여전히 남아 있는 문헌이 있었다. 베이징으로 가는 길에 크고 작은 관부를 거쳐야 했다. 관리들은 '보물'을 실은 수레에 끊임없이 손을 집어넣었다. 문헌을 운송하는 수레가 장경동을 나선 후 제일 먼저 간 곳은 둔황 현성이었다. 운송 관리들은 수레를 바깥에 세워두고 밥을 먹었다. 사람들이 수레에서 멋대로 경전을 꺼냈지만 운송 관리들은 본척만척했다. 둔황을 지나 주취안, 가오타이, 장예, 융덩, 란저우 등 계속해서 경전의 유실이 발생했다.

둔황의 경전에 관심이 있고 훔쳐낼 궁리를 하는 사람은 모두 그곳의 유력 인사이거나 지방관 등이었다. 그들은 각자 원하는 것들을 빼냈다. 둔황은 물론, 간쑤성 일대에서 관직에 있다는 자들은 너나 할 것 없이 둔황 문서를 손에 넣었다. 실제로 이때 유물을 탈취한 사람이 몇 명인지, 유실된 경전이 몇 권인지는 지금까지도 수수께끼로 남았다.

둔황 문서를 실은 수레가 베이징에 도착한 후, 운송을 책임졌던 하언승은 곧바로 문헌을 넘기지 않고 자기 집으로 먼저 가져갔다. 집에서 그의 아들 하진이 何震彜, 장인 이성탁李盛鐸 및 유정침劉廷琛, 방이겸方爾謙 등을 불러와 수레에 실린 경전을 살펴보고 그중 좋은 것을 빼냈다. 문헌 수량이 줄어들어 경전을 빼낸 것을 들킬까 봐 긴 책을 둘로 찢어 숫자를 채우기까지 했다. 그런 다음에야 학부에 문헌을 넘겼다. 이렇게 해서 경사도서관京師圖書館에 소장되었는데, 소장할 당시 약 8천여 권이었다.

오타니 탐험대

오타니 탐험대는 일본인 오타니 고즈이大谷光瑞, 1876~1948가 파견한 중앙아시아 탐험대다. 오타니 고즈이는 니시혼간지西本願寺의 주인으로 1900년에 유럽에 가서 종교학 조사 활동을 했다. [16-12] 그곳에서 스웨덴의 지리학자 스벤 헤딘Sven Hedin, 1865~1952, 영국의 스타인, 프랑스의 펠리오 등이 중앙아시아에서 탐사한 연구의 성과를 보고 자신도 돌아가는 길에 중앙아시아에서 고고학 탐사를 하기로 결심했다. 이것이 일본이 중국 서북 지역에서 고고학 탐사를 시작하는 계기가 되었다.

오타니 탐험대는 세 번째 중앙아시아 고고학 탐사 때 둔황에 와서 문헌 유물을 가져갔다. 1910년 8월 다치바나 즈이초를 중심으로 한 탐험대는 런던을 출발해 투루판, 누란, 허톈 등지를 돌며 발굴 작업을 했다. [16-13] 1911년 중국에서 신해혁명이 일어났다. 오타니 고즈이는 한참 동안 다치바나 즈이초의 소식을 듣지 못해 초조했다. 그래서 요시가와 고이치로를 보내 상황을 알아보라고 했다. [16-14] 요시가와 고이치로는 상하이, 우한, 란저우를 거쳐 1911년 10월 5일에 둔황에 도착했다. 그는 우선 석굴의 사진을 찍었다. 둔황에 머물면서 요시가와 고이치로는 사람을 보내 신장 지역 여기저기에 전보를 쳐서 다치바나 즈이초의 소식을 탐문했다.

한편으로는 둔황에서 문헌 유물을 탈취하는 활동을 계속했다. 그는 경전, 문서, 채색 소조상 등을 입수했다. [16-15]

이때 다치바나 즈이초는 신장의 뤄창에서 위구르인으로 변장하여 둔황으로 향해 오는 중이었다. 도중에 둔황에서 뤄창으로 돌아가는 길이던 위구르족 사람을 만나 요시가와 고이치로가 둔황에서 자신을 찾고 있다는 소식을 들었다. 그는 걸음을 재촉해 1912년 1월 26일에 둔황에 도착해 요시가와 고이치로와 만났다. 둔황에서 두 사람은 왕도사 및 다른 사람들에게서 둔황 문서를 입수하

[16-12] 오타니 고즈이

[16-13] 둔황의 집 주인과 함께 사진을 찍은 다치바나 즈이초

[16-14] 요시가와 고이치로

[16-15] 막고굴 제444굴에 요시가와 고이치로가 새긴 제기(題記)

는 활동을 계속했다. 두 사람은 둔황에서 머무는 동안 요시가와 고이치로는 투루판에, 다치바나 즈이초는 과주에 다녀왔다. 과주에서 다치바나 즈이초는 일본에서 보낸 전보를 받았다. 즉시 귀국하라는 내용이었다. 그는 어쩔 수 없이 하미에서 요시가와 고이치로를 다시 만나 투루판으로 갔다. 요시가와 고이치로는 투루판에서 발굴 작업을 계속하고, 다치바나 즈이초는 우루무치를 거쳐 시베리아 횡단열차를 타고 귀국했다. 요시가와는 투루판에서 계속 발굴 조사를 하다가 1913년 2월에 투루판을 떠나 옌지, 쿠처를 지나 쿠무투라庫木吐喇와 쑤바스蘇巴什를 조사했다. 이어 동쪽으로 우루무치, 투루판, 하미, 둔황, 주취안 등을 거쳐서 1914년 5월 베이징에 도착했고, 그곳에서 귀국했다. 이로써 오타니 탐험대의 세 번째 중국 서북 지역의 고고학 조사 활동이 끝났다.

오타니 탐험대의 구성원은 원래부터 학자들이 아니었다. 게다가 그들이 조사하는 범위도 너무 넓었다. 그래서 그들이 발굴한 내용도 기록 상태가 좋지 않고 과학적인 발굴도 아니었다. 사실상 고고학 발굴이라기보다 유물 입수가 목적이었다. 그래서 가져간 자료의 가치도 크게 떨어졌고, 오히려 유적지와 유물을 심각하게 훼손했다.

오타니 탐험대의 세 차례 탐사 활동으로 수집한 유물은 주로 고베 근교의 오타니 고즈이 별장에 보관했다. 일부는 제국 교토 박물관오늘날 교토 국립박물관에 소장했다. 1912년 11월 오타니 고즈이는 자신의 별장에서 수집품 전시회를 열었다. 1915년에는 수집품 중에서 주요한 것을 골라 사진을 촬영하여 《서역고고도보西域考古圖譜》에 실었다.

1914년 오타니 고즈이가 니시혼간지의 법주法主에서 물러나면서 그의 소장품도 여기저기로 분산되었다. 일부는 오타니 고즈이의 별장과 함께 일본의 재벌 구하라久原에게 팔렸다. 구하라는 이 수집품을 조선총독부 박물관에 기증했는데, 지금은 한국 국립중앙박물관에 소장되어 있다. 나머지 수집품 중 대부분은

1915~1916년 사이에 뤼순旅順으로 옮겨가서 동청박물관東廳博物館, 지금의 뤼순박물관에 소장되었다. 이 소장품은 목록을 정리하고 탐험대의 일기와 함께 《신서역기新西域記》에 발표된 바 있다.

그 밖에도 대량의 수집품이 일본 교토로 옮겨갔다. 1948년 오타니 고즈이가 사망한 후, 니시혼간지에서 중국 다롄大連에서 보낸 상자 두 개를 발견했는데, 그 안에 오타니 고즈이의 수집품이 들어 있었다. 나중에 류코쿠龍谷대학 도서관에 기증했다. 뤼순 박물관에서 있던 오타니 고즈이의 수집품 중 둔황 문서는 600여 권이며, 1954년에 중국 국가도서관으로 옮겨졌다.

세르게이 올덴부르크

올덴부르크는 러시아의 탐험가다. 자바이칼 지방에서 태어났다. 1885년 상트페테르부르크대학에서 동방학부를 졸업하고 산스크리트어와 페르시아어를 전공하여 박사학위를 받았다. 졸업 후 학교에 남아 교수로 재직했다. 1894년 박사논문이 통과되었고 1900년 러시아 과학아카데미의 연구원이 되었다. 1908년에 러시아 과학아카데미 원사로 선정되었다. 1903년 러시아 중앙아시아연구위원회를 만들고, 여러 차례 중앙아시아 탐사대를 조직했다. 1904년 러시아 과학아카데미 상임비서가 되었으며, 1916년에 아시아 박물관 관장, 1917년에 케렌스키 Kerensky 임시정부의 교육부장관을 지냈다. [16-16]

[16-16] 올덴부르크

올덴부르크의 중국 서북 지역 고고학 조사 활동은 러시아의 중앙아시아연구위원회의 주도로 진행되었다. 이때 가장 중요하고도 떳떳하지 못한 역할은 카스에 있는 러시아 영사관이 맡았다. 그곳은 당시 각국 탐험가와 고고학 조사단을 위해 '복무'했던 중간기구이기도 했다. 이 조직은 러시아 및 여러 나라에 중국 신장 지역의 유물 소식을 알려주고, 직접적으로 유물 탈취 활동에 참여했다. 이들은 현지의 유물 판매자들과 결탁하여 수천 점의 유물을 입수했다.

1914년 5월 올덴부르크를 중심으로 화가, 사진작가, 광산기사, 측량기사, 민족학자와 조수 열 명, 중국어 통역사 한 명 등으로 구성된 제정 러시아의 발굴 조사단이 만들어졌다. 조사단은 신장의 타청塔城에 도착한 후, 카자흐족을 일곱 명 고용했다. 이번에 그들의 목적지는 둔황 막고굴이었다. [16-17]

[16-17] 러시아 발굴조사단

조사단은 타청, 치타이(奇台), 우루무치, 투루판, 하미를 거쳐 둔황에 도착했다. 1914년 8월 20일 그들은 천불동에 도착해 계획한 대로 일을 시작했다. 둔황에 머무는 동안 그들은 석굴 벽화와 채색 소조를 상세히 연구하고 촬영, 측량, 복제 및 고고학 발견 내용을 정리하고 기록했다. 흔히 소홀히 넘겼던 막고굴 북쪽 구역의 석굴에 대해서도 고고학 조사 및 정리 작업을 했다. 또한 막고굴 남쪽 지구와 북쪽 지구의 절벽면의 평면도를 그렸다. 조사단의 작업은 둔황이 가장 추울 때 진행되었다. 1915년 초, 1차 세계대전이 발발하면서 중국이 참전한다는 소식에 조사단은 당황했다. 발굴 조사를 급히 마무리하고 1915년 1월 26일 귀국길에 올랐다. 이때 천불동에서 측량한 443개 석굴의 평면도와 2천여 장의 사진과 더불어 막고굴의 석굴을 정리, 발굴하면서 찾아낸 각종 유물 및 둔황 현

[16-18] 러시아 발굴조사단이 막고굴에서 유물을 운반하는 모습

지에서 입수한 경전, 문서들도 가져갔다. 석굴에서 뜯어낸 벽화, 채색 소조상 등도 포함되어 있었다. [16-18] [16-19] [16-20]

올덴부르크의 조사단은 러시아에 돌아간 뒤 자료를 둘로 나누었다. 경전 등은 동양학연구소 상트페테르부르크 분관에서 소장했고, 예술품과 지형 측량 자료, 민족학 자료, 고고학 조사 기록, 일기 등은 러시아 박물관, 민족학박물관, 지리학회 등에서 나누어 소장했다. 그 후 전부 에르미타슈 박물관에 소장되었다. 지금 이 박물관에 소장되어 있는 둔황 문서와 예술품은 주로 소조상, 벽화, 견화비단 그림, 지본화종이 그림, 마포화삼베 그림 및 직물 등이다. 그중 깃발에 그린 그림이 66점, 견화 137점, 지본화 43점, 벽화 14점, 채색 소조상 28좌, 직물 58점, 약 2천 장의 사진 등이다. 동양학연구소에는 불경 문서 약 2만 권이 있다.

[16-19] 러시아에 소장된 둔황 채색 소조상   [16-20] 러시아에 소장된 둔황의 비단 그림 〈보살〉

러시아는 2차 세계대전 및 그 이후의 역사적 특수성 때문에 이 유물 중 회화 작품은 세상에 공개된 적이 드물다. 하지만 최근 차차 공개되고 있다. 올덴부르크의 조사일지가 러시아 과학아카데미의 문서고에 숨겨져 있어서 올덴부르크가 어떻게 이렇게 많은 장경동 문헌을 손에 넣었는지는 지금까지 수수께끼로 남아 있다. 최근 상하이고적출판사上海古籍出版社와 러시아의 관련 기관이 협력하여 러시아에서 소장한 둔황 문서와 예술품의 출판 작업을 진행하고 있다. 올덴부르크 등의 조사일지도 번역 중이므로 앞으로 더 많은 자료가 제공될 것으로 기대한다.

[16-21] 랜던 워너

랜던 워너

1923년 하버드대학교 포그 미술관의 랜던 워너와 펜실베이니아 박물관의 호레이스 제인Horace Jayne, 통역사 왕王 비서, 네 대의 간소한 이륜마차까지 중국 서북 지역을 향하는 미국 탐험대, 하버드대학 고고학 조사단이 구성되었다. [16-21]

랜던 워너는 미국의 탐험가다. 1903년 하버드대학을 졸업하고 지질학과 고고학 원정대의 일원으로 중앙아시아에 다녀왔다. 1906년 일본으로 유학하여 불교미술을 전공했다. 1910년에는 조선과 일본에서 불교미술을 조사했다. 이 방면의 지식과 소양이 높아 1913년 하버드대학에 최초로 동양예술 강의를 개설했다. 워너는 런던,

파리, 베를린, 상트페테르부르크에서 스타인, 펠리오, 독일 동양학자 레 코크^{Le} Coq, 1860~1930, 러시아 탐험가 코즐로프 Kozlov, 1863~1935 등이 중국 서북 지역에서 탈취한 유물을 본 적이 있었다.

또한 당시 서역 미술을 연구하던 중국미술 전문가와 한학자 등과 교류하고 그들의 책을 통해 중국 서북 지역에 큰 관심을 갖게 되었다. 워너의 전문 연구 분야도 그렇거니와 중국 베이징에 갔을 때 미국인이 중국에 고고학 학교를 설립 하는 문제를 논의한 적도 있는 등, 이런 이유로 그는 중국 서북 지역에 가서 현지 조사를 하고 싶다는 마음을 품게 되었다. 당시 미국의 박물관에서는 중국 서북 지역에서 고고학 조사를 할 사람을 물색하던 중이었기에 워너는 최고의 인선이었다.

워너의 조사단은 베이징을 거쳐 시안으로 가서 정식으로 조사 작업을 시작했다. 우선 헤이청黑城, 네이멍구 자치구의 어지나기額濟納旗 유적을 조사했다. 이미 코즐로프가 이곳에 와서 진귀한 유물을 발굴해 가져간 바 있다. 그래서 워너는 큰 수확을 얻지 못했다. 1924년 1월 워너는 둔황 막고굴에 도착했다. 이때 장경동의 문헌은 다 흩어진 뒤였다. 워너의 조사단은 석굴의 벽화와 소조상을 가져가기로 결정한다. 이런 작업을 순조롭게 진행하려고 워너는 당시 막고굴을 관리하던 왕도사에게 약간의 선물을 주고 회유했다. 왕도사는 벽화를 뜯어가도 좋다고 동의했다. 워너는 은자 70냥을 왕도사에게 주고 제328굴 성당 시대의 정교한 채색 공양보살상을 가져갔는데, 지금은 하버드대학 아서 M. 새클러 박물관Arthur M. Sackler Museum에 소장되어 있다. [16-22] 당시 워너는 특수 제작한 접착제가 발린 테이프를 벽화 표면에 붙여서 막고굴 제335굴, 제321굴, 제329굴, 제323굴, 제320굴 등의 당나라 벽화 26점을 가져갔다. [16-23]

그가 벽화를 떼 내는 방식은 단순하고 원시적이며 졸렬했다. 또한 벽화를 심하게 손상시키는 방식이었다. 그 밖에도 워너는 둔황 문서 중《묘법연화경妙法蓮華

[16-22] 워너가 가져간 막고굴 제328굴의 채색 소조 보살상

[16-23] 워너가 벗겨내어 가져간 막고굴 제323굴 벽화 자리

經》 일부를 가져갔다. 기온이 너무 낮아 접착제의 사용이 용이하지 않고, 조수도 부족했기 때문에 위에 열거한 벽화들을 떼 낸 뒤, 워너는 1924년 4월 란저우로 돌아가서 베이징을 거쳐 귀국했다. 이 여행기가 그가 쓴 책《기나긴 중국의 고도古道에서The Long Old Road in China, 1926》에 담겨 있다.

워너는 귀국 후에 그의 경험과 성과를 바탕으로 큰 명예를 얻었다. 그는 두 번째 조사단을 꾸렸다. 이번 목적은 벽화와 채색 소조상을 더 많이 가져오는 것이었다. 두 번째 조사단은 여섯 명으로 구성되었다. 워너, 제인 외에 벽화를 떼 내는 담당, 측량과 제도 담당, 촬영 담당 등이 더 있었다.

주로 막고굴 제285굴이 목표였고, 이 석굴의 모든 벽화를 미국으로 가져가려 했다. 베이징대학의 천완리陳萬裏가 중국 전문가로서 함께 했다. 천완리는 워너 조사단의 고문과 언어적 문제점을 해결하기 위해서라는 표면적인 이유였지만, 실제로는 그들이 중국의 문물을 훼손하는 것을 막기 위함이었다. 이 여정에서 벌어진 일들은 천완리가 나중에 출간한 책《서행일기西行日記》에 잘 기록되어 있다.

조사단은 1925년 2월 16일에 베이징을 떠나 5월 19일에 둔황에 도착했다. 이들은 현 정부와 조사 활동을 놓고 협상하는 과정에서 첫 번째 조사단이 왔을 때 이들이 벽화를 훼손한 행위가 현지 백성들의 공분을 샀다는 사실이 알려졌다. 현지 백성들은 왕도사에게 이 일을 캐물었으나 왕도사는 미친 척 하면서 대답을 회피하는 수밖에 없었다. 그래서 이번 조사단의 천불동 조사 요청은 거절당했다. 한참 협상한 끝에 세 가지 조건을 정하고 조사를 허가했다.

첫째, 조사단은 천불동 내에서 유숙할 수 없다. 둘째, 조사단이 천불동을 참관하는 동안 현지에서 파견한 사람이 감시하며, 당일 내로 현성에 돌아와야 한다. 셋째, 벽화 및 기타 일체의 유물을 훼손해서는 안 된다.

그뿐 아니라 현지 백성들이 자체적으로 감시단을 조직해서 조사 활동을 감시했다. 시시때때로 무력 충돌이 벌어질 가능성이 있었다. 결국 조사단은 사흘간 서둘러 조사 활동을 마치고 5월 23일 둔황을 떠났다. 그 후 과주 유림굴에 가서 몰래 사진을 찍었다. 이 자료로 1938년《불교벽화 : 만불협萬佛峽의 9세기 석굴연구Buddhist Wall-Paintings: A Study of a Ninth-Century Grotto at Wan Fo Hsia》를 출간했다.

당시 전국적으로 반제국주의 애국운동이 일어나던 때라 베이징대학은 결국 하버드대학과 협력하지 않기로 결정했다. 베이징대학측이 천완리에게 전보로 조사단이 결렬되었음을 알리며 학교로 돌아오라고 했다. 천완리의 가족들도 편지를 보내 급한 일이 있으니 집으로 돌아오라고 하여 천완리는 과주에서 조사단과 헤어져 혼자서 베이징으로 돌아갔다. 미국 조사단도 중국 국내 사정을 고려하여 워너 일행에게 전보를 보내 속히 귀국하라고 했다. 워너는 어쩔 수 없이 조사단을 해산하고 8월 하버드대학으로 돌아갔다.

이로써 서구 탐험가들의 둔황의 유물 약탈에 마침표가 찍혔다. 하지만 이때 장경동의 문헌은 이미 세계 각지로 흩어진 뒤였다.

17

둔황과 20세기의
중국 예술가

1900년에 장경동이 발견되고 나서 외국의 탐험가들이 연이어 찾아와 대량의 유물을 해외로 빼냈는데 중국의 학자들은 그 후로 40년 가까이 현지 조사를 하러 온 사람이 없었다. 불가사의한 일이다. 1907년의 스타인, 1908년의 펠리오가 둔황에서 많은 유물을 훔쳐가면서 세상 사람들이 둔황을 주목했지만 중국학자들은 한 사람도 둔황에 가지 않았다. 1925년 역사학자 천완리가 미국인 워너의 조사대를 따라 둔황에 왔지만, 그것은 능동적으로, 목적의식을 갖고 조사를 하러 간 것이 아니라 미국인의 차를 얻어 탄 것에 불과했다. 이 많은 문헌 유물이 어떻게 발견되었을까? 둔황에서 무슨 일이 벌어진 것일까? 40년 동안 한 사람도 관심을 갖거나 이해하려고 하지 않았으니, 중국 문화계의 마비 상태가 어떠했는지 짐작할 수 있다. 그러니 근대의 교육학자인 천인거陳寅恪. 1890~1969가 이렇게 탄식했을 것이다.

"둔황은 중국 학술계에서 상처의 역사다."

국보가 해외로 유출되었으니 상처라고 할 만하다. 그러나 그런 일이 있고도 아무도 조사하려 하지 않는 마비된 상태야말로 학술계의 슬픔이 아닐까?

1938년이 되어서야 한 화가가 둔황을 조사하러 왔다. 이 화가 덕분에 둔황은 다시 세상 사람들의 관심을 받았다. 우선 수많은 화가들이 둔황에서 실제로 벽화를 보고 모사하기 위해서 끊임없이 찾아왔다. 모사한 벽화는 중국 사회에서 점점 더 많은 사람들이 둔황의 역사·문화적 가치에 주의를 기울이게 했다.

그렇다면 왜 화가가 가장 먼저 이런 흐름을 시작했을까? 당시 중국 화단의 상황을 살펴보자. 유교적이고 봉건적인 중국의 제도와 문화에 반대하여 일어난 계몽운동인 5·4 신문화운동은 중국 화단에도 새로운 변혁의 바람을 불어넣었다. 중국 전통 회화를 어떻게 볼 것인가 하는 문제는 수많은 화가와 화가가 아닌 문화인들에게도 매우 중요하고 관심을 갖는 문제였다. 5·4 신문화운동은 전통을 부정하는 사조를 일으켰는데, 미술에서도 이런 흐름이 있었다.

중국의 수천 년 전통 중에서 어떤 것을 취하고 어떤 것을 버릴지는 쉽게 결정할 수 없는 문제였다. 사람마다 다른 시각에서 사고할 것이다. 중국 전통 예술의 진수는 어디에 있는가? 중국 현대 예술은 어떤 방향으로 나아가야 하는가? 민족 예술의 정신은 무엇인가? 이런 시대적인 질문이 끝없이 이어졌다. 지난한 탐색 끝에 몇몇 지식인이 서북 지역의 둔황, 신장 등지에서 깊이 있는 문화 예술적 내재된 역량을 발견했다. 중국화를 배운 장다첸張大千, 1899~1983, 유럽 유학을 다녀온 창수훙常書鴻, 1904~1994, 중국에서 활동한 한국인 화가 한낙연韓樂然, 1898~1947, 그 밖에도 왕쯔윈王子雲, 1897~1990, 관산웨關山月, 1912~2000 등이 하나같이 중국 서북 지역에 모였다. 그곳에서 그들은 중국 전통 예술의 드넓은 경지를 새롭게 발견했다.

리딩룽, 둔황에 간 첫 화가

1930년대 말부터 1940년대까지 많은 화가들이 연이어 둔황에 가서 현지 조사 및 벽화 모사 활동을 했다.

그들은 옛 예술을 배워서 자신의 회화예술에서 새로운 시야를 개척하고 새로운 길을 모색했다. 또한 이런 활동을 통해 둔황 벽화의 모사품이 전시되면서 서북 지역에 숨겨져 있던 둔황 예술의 가치가 세상에 소개되는 효과를 가져왔다. 중국인들, 특히 미술계에 지대한 영향을 미쳤다.

최초로 둔황에 와서 벽화를 모사한 화가는 리딩룽李丁隴, 1905~1999이다. 그때부터 중국 화가들 사이에서 둔황 예술을 모사하는 역사의 서막이 올랐다.

리딩룽의 선조는 간쑤성 룽시隴西현 출신이며, 리딩룽은 허난성 신차이新蔡현에서 태어났다. 상하이 미술전문사범학교를 다니며 류하이쑤劉海栗, 1896~1994를 사사했다.

1938년 리딩룽은 일행 열 명을 데리고 현장법사가 불경을 가지러 갔던 여정을 따라 서쪽으로 여행했다. 가욕관에 도착한 일행은 기상 상태가 나빠서 대부분 돌아갔다. 리딩룽과 또 한 명의 화가만 천신만고 끝에 둔황에 도착했다. 그는 매일 석굴에 가서 7~8시간씩 벽화를 모사했다. 놀라운 의지력으로 모사 작업을 8개월간 지속해 거대한 〈극락세계도極樂世界圖〉의 모사 초고와 100여 장의 부분도를 완성했다. 그뿐 아니라 수많은 비천상과 조정장식 천장, 불교 도안 등을 모사했다. 1939년 8월 리딩룽은 시안으로 돌아가 '둔황석굴예술전'을 열었다. 이 전시는 굉장한 반향을 불러일으켰다. 특히 세로 2미터, 가로 15미터에 달하는 〈극락세계도〉의 거대 두루마리가 관람객의 눈길을 사로잡았다.

1941년 초, 리딩룽은 다시 청두와 충칭에서 전시회를 열었다. 이때 장다첸과 만났다. 리딩룽의 영향을 받아 장다첸도 둔황에 가겠다는 마음이 생겼다. 1944년 리딩룽은 두 번째로 둔황에 갔다. 첫 번째 모사한 그림을 더욱 자세히 복각하고 번호를 붙였다. 새로운 모사작도 그렸다. 1946년과 1948년에 리딩룽은 란저우, 난징, 상하이에서 모사벽화전을 열고 둔황 예술을 널리 알렸다. 리딩룽 이후에 장다첸, 왕쯔윈, 관산웨 등의 화가가 둔황에 가서 벽화를 모사하면서 둔황은 20세기 중국 화가들의 마음속 성지로 자리 잡았다.

장다첸의 둔황 벽화 모사

장다첸의 본명은 장위안張爰이다. 쓰촨성 네이장內江 사람으로, 어렸을 때부터 총명하기로 이름이 높았다. 옛 화가의 그림을 모사하면 어느 것이 진짜인지 헷갈릴 정도였다. 장다첸이 청나라 초기의 화가 석도石濤, 1642~1707?의 그림을 모사했는데 감정하는 사람도 장다첸의 모사작을 진품으로 판단할 때가 있었다고 한다. 예술의 진수를 연마하기 위해 명산대천을 주유하면서 사회 각계각층의 사람들과 사귀었다. 1930년대에 장다첸의 이름은 중국 전역에 알려졌다. 인물화와 산수화에 특히 뛰어났다. 1941년 장다첸은 둔황 막고굴에 수많은 고대 벽화가 있다는 말을 듣고 아들 장신즈張心智, 조카 장피더張彼得, 제자 샤오젠추肖建初, 류리상劉力上 등을 데리고 청두를 떠나 둔황으로 갔다. 장다첸은 둔황의 벽화와 채색 소조상이 이렇게 많고 또 아름다울 줄은 몰랐다. 송나라, 원나라, 명나라, 청나라 때의 유명한 화가들의 진품 그림도 장다첸은 적잖게 보았다고 자부했다.

그런데 이렇게 화려하고 눈부시게 아름다우면서 기세가 웅대한 고대의 벽화는 본 적이 없었다. 그는 둔황 예술에 충격과 감동을 받았으며, 그 속에 빨려들었다. 장다첸은 중국 전통 예술의 중요한 작품이 지금껏 세상에 알려지지 않았다고 생각했다. 그래서 둔황에 길게 머물며 모사와 연구를 해야겠다고 마음먹었다. 둔황에 머물던 초기에 장다첸은 제자들을 데리고 석굴의 모래를 치우고 석굴에 번호를 붙인 다음 시대별로 석굴을 분류했다. 둔황문물연구소에서 석굴 번호를 공포하기 전에는 장다첸이 분류한 석굴 번호 체계가 학계에서 보편적으로 사용되었다. [17-1]

1941년 장다첸은 첫 번째 벽화 모사작 20점을 청두로 보내 '서행기유화전西行記游畫展'을 열었다. 그 해 겨울 장다첸은 란저우에서 휴식을 취했다. 다음 해 봄이 되자 장다첸은 다시 둔황으로 갔다. 이번에는 화가 셰즈류謝稚柳도 그에게 동원 되어 따라갔다. 셰즈류는 벽화를 모사하는 동시에 석굴의 내용을 상세히 조사 하고, 그 내용을 담은 책《둔황예술서록敦煌藝術敍錄》을 출간했다. 장다첸은 전문 적으로 칭하이성에서 티베트 장족藏族의 특수한 두루마리 그림인 탕카를 그리 는 라마승을 초청해서 벽화 모사를 도와달라고 했다. 실제로 장다첸의 벽화 모 사팀이 쓴 방식은 옛날 벽화를 그리던 화공과 꼭 같았다. 스승이 우두머리로 작

[17-1] 1941년 유림굴에서 장다첸

업을 지휘하고, 제자들이 분업하여 그림을 그리는 것이다. 가장 중요한 부분인 선묘와 색 지정은 장다첸이 진행하고, 나머지 채색 작업은 가능한 한 다른 사람에게 맡겼다. 그래서 장다첸은 단기간에 비교적 많은 수의, 규모가 큰 벽화 모사작을 완성할 수 있었다. 대형 불상화나 경변도는 나중에 둔황예술연구소 같은 단체에서 모사를 진행하는 게 아닌 경우에는 개인 화가가 단기간에 완성하기 어렵다.

2년여의 시간 동안 장다첸과 제자들은 무수한 어려움을 극복하고 막고굴, 유림굴 등을 다니며 벽화 200여 점을 모사했다. 장다첸이 사용한 모사 방법은 원래의 벽화를 가능한 한 그대로 재현하는 것이었다. 그는 벽화에 대한 고찰과 추론에 근거해 자신이 벽화의 '원래 모습'일 것으로 생각하는 대로 당시의 눈부시게 아름다운 색채를 되살렸다. [17-2] [17-3]

1944년 장다첸의 '둔황 벽화 모사전'이 청두, 충칭 등에서 연이어 열렸다. 사람들은 눈앞에서 깨끗하고 화려하며 생생하게 빛나는 예술의 경지를 볼 수 있었다. 이런 참신하고 독특한 화풍에 사람들은 친밀하고도 낯선 감정을 느꼈다.

둔황 벽화는 명청 시대 이후로 당시까지 이어지던 화풍과는 완전히 달랐다. 웅장하고 화려한 예술을 눈앞에서 보면서 사람들은 경탄할 수밖에 없었다. 서예가 천이모沈尹默, 1883~1971는 깊이 감동을 받아 이런 글을 남겼다.

> 3년간 면벽하고 만 리를 돌아오니 머리카락이 다 세었구나. 근거 없는 비방을 누가 버티랴, 붓과 벼루를 놓고 둔황을 쓰네.

역사학자 천인거 역시 장다첸의 성과에 찬사를 보냈다.

> 둔황의 보물이 발견된 이래로 중국의 연구자들은 여러 차례 겁난을 겪고 살아남은

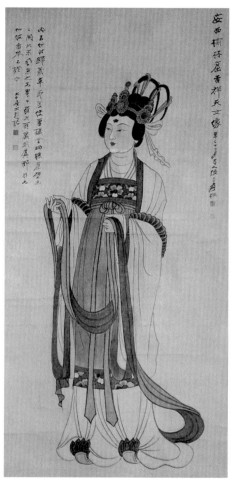

[17-2] 장다첸이 모사한 둔황 벽화 〈대범천부회도(大梵天赴會圖)〉   [17-3] 장다첸이 모사한 둔황 벽화 〈길상천녀(吉祥天女)〉

국가의 보물을 서류로 고증하는 데 그쳤다. 이제 예술 방면에서 새로운 기대를 할 만하다. 장다첸 선생이 북조, 당, 오대의 벽화를 모사해 세상에 소개하니, 이를 통해 중국의 보물을 엿볼 수 있었다. 이 성과는 지금까지 연구의 범위를 초월한 것이며, 선생의 타고난 재능이 있으니 모사 작품이라고는 해도 창조의 공로가 있다. 중국 민족 예술에 새로운 경지를 열었음은 물론 둔황학 영역에서도 불후의 업적이다.

둔황에서 보낸 시절은 장다첸의 회화 인생에서 중요한 전환점이었다. 둔황 예술의 영향을 받은 장다첸의 화풍은 크게 변화하여 인물화, 수묵화에서 새로운 단계로 나아가 절정을 이루었다.

왕쯔윈과 서북조사단

1940년 일본 제국주의의 침략이 점점 가시화되면서 국민당 정부가 충칭으로 옮기고, 화가들을 비롯해 많은 문화계 인사들도 분분히 서남쪽으로 이동했다. 유명한 화가 왕쯔윈은 교육부에 '서북 지역 예술문물 조사단'을 조직해 예술 작품을 모사, 복제하여 보존하는 작업을 신청했다. 얼마 후 교육부에서 왕쯔윈의 신청을 받아들였다. 1940년 6월 정식으로 '서북 지역 예술문물 조사단'이 왕쯔윈을 단장으로 하여 발족했다. [17-4]

조사단의 주요 임무는 쓰촨 광위안廣元의 천불애千佛崖 석굴, 허난 뤄양의 용문龍門 석굴,

[17-4] 왕쯔윈

[17-5] 왕쯔윈이 그린 〈둔황천불동전경도〉

궁셴灣縣 석굴, 멘츠灘池 석굴, 숭악사嵩嶽寺 탑, 백마사白馬寺 소조상, 산시陝西성 한당漢唐 황제릉 및 종교사원의 건축 조각, 간쑤 둔황 석굴, 안시安西. 과주 만불협 석굴, 칭하이 불교사원 등 서북 지역의 옛 명승고적들이었다. 조사단의 활동 목적은 사생, 사진 촬영, 탁본, 모사 등 최대한 다양한 방식으로 자료를 수집하고, 각 지역의 진귀한 유적을 현재의 중국인들에게 보여주는 것이었다.

1940년 12월부터 1941년 2월까지 조사단은 시안과 뤄양의 용문 석굴을 조사하고 1942년 3월에 간쑤성, 칭하이성 일대를 조사했다. 1942년 5월 조사단은 둔황에 도착했다. 1943년 5월까지 조사단은 두 단계로 나누어 둔황 예술에 대한 1년간의 조사 활동을 펼쳤다. 왕쯔윈 외에 레이전雷震, 쩌우다오룽鄒道龍, 루산췬盧善群 등이 참가했다. 그들은 주로 다음과 같은 활동을 했다.

첫째, 벽화를 모사했다. 초기에는 장다첸도 둔황에서 벽화를 모사하고 있었다. 조사단의 작업은 장다첸과는 완전히 달랐다. 이들은 과거의 모습 그대로 모사하는 것을 목표로, 눈에 보이는 객관적인 모사를 추구했다. 최대한 둔황 벽화의 진짜 면모를 보존하는 것이다. 그들은 둔황 벽화를 모사한 작품, 사생寫生한 작품, 빠르게 속사速寫한 작품까지 전부 130점이었다.

둘째, 석굴을 고고학적으로 조사, 기록하고 120장의 벽화 사진을 찍었다. 과학적인 측량을 통해 예술과 사실을 결합하여 세로 24밀리미터, 가로 550밀리미

터의 〈둔황천불동전경도敦煌千佛洞全景圖〉를 완성했다. [17-5]

셋째, 미술 자료 및 관련 역사 자료를 수집하고, 제332굴의 비석 '무조이군수불감비武周李君修佛龕碑'(성력비), 제148굴의 '이씨재수공덕비李氏再修功德碑'(대력비), 막고굴 육자진언비六字眞言碑 등 역대 공양인의 제기題記를 기록했다.

넷째, 주변에 남은 유적지를 조사했다. 이들은 석굴에서 불경의 조각들을 수집했으며, 둔황 근처 봉수대 유적에서 한나라 때의 죽간, 화폐, 비단 직물 등을 발굴했다.

1943년 6월 조사단은 둔황에서의 조사를 마치고 산시陝西 남부로 이동했다. 1944년 말까지 최종적으로 조사를 마무리했다. 조사단이 둔황에서 거둔 주요 성과는 교육부 예술문물 조사단의 명의로 《설문월간說文月刊》 잡지 1942년 제3권 제6기에 발표한 글 '둔황 막고굴 현존 불굴佛窟의 개황 조사'에 잘 나타나 있다.

조사단은 4년에 걸친 긴 조사 기간 동안 서북 지역 각지에서 자료 조사 및 사진 촬영 작업을 했고, 예술품 모사 등으로 일곱 차례 전시회도 열었다. 그중 1942년 말에 충칭에서 열린 중앙도서관 주관 '둔황예술전람회'는 둔황 벽화 모사작 및 서북 지역 풍물, 풍경 사생화 300여 점이 전시되었다. [17-6] 전시회는 풍부한 조사 자료와 모사작, 탁본, 풍경 사생화 등으로 많은 관심을 받았다. 1943년 10월 시안에서 열린 '서북 예술 문물 전람회'도 성황이었다. 당시 많은 언론에

北方大迴鶻國聖天公主隴西李氏一心供養

[17-6] 서북 조사단 루산췬이 모사한 둔황 벽화

서 전시회를 보도했고 사흘간 10만 명의 관람객이 찾았다고 한다.

둔황의 조사 활동은 왕쯔윈에게 둔황과 같은 예술의 보고를 국가 차원에서 관리할 필요성을 느끼게 했다. 1942년 왕쯔윈은 국민당 정부에 '둔황예술학원'을 설립하자고 건의했다. 왕쯔윈 등이 둔황 석굴을 조사하던 시기 앞뒤로 중앙연구원 서북사 조사단의 라오간勞幹, 스장루石璋如, 샹다向達 등의 학자도 왕쯔윈과 함께 일하기도 했다. 그들은 각기 둔황 석굴연구에 중요한 저작들을 발표했다.

관산웨, 한낙연 등 화가의 둔황 예술 모사

관산웨는 1912년 광둥廣東 양장陽江에서 태어났다. 1933년 광저우廣州 사범학교 본과를 졸업하고 1935년 춘수화원春睡畵院에 입학해 영남파嶺南派의 대가 가오젠푸高劍父를 사사했다. 관산웨는 영남파의 2대 전인이 된다. 산수화, 화조화, 인물화에 뛰어났다.

둔황 석굴을 조사하고 벽화를 모사한 것은 관산웨의 예술에서 매우 중요한 활동이었다. 1943년 초여름, 관산웨는 아내 리샤오핑李小平과 자오왕윈趙望雲, 장전저張振鐸와 청두를 출발해 도중에 시안, 란저우 등에서 단체전시회를 열었다. 그 후 장예, 주취안을 거쳐 가욕관을 지나 치롄산에 들어왔다. 치롄산의 장족과 카자흐족 목축지를 방문해 서북 지역 소수민족의 풍속을 살피고 사생화를 그렸다. 둔황 막고굴에 도착했을 때는 이미 중추절이 가까웠다. 마침 국립 둔황 예술연구소가 막 세워졌을 때라 위원회 부주임이자 위원인 창수훙이 그들을 크게 환영했다.

막고굴에서 고고학 조사 및 벽화 모사를 하는 동안 관산웨는 많은 어려움을 겪었다. 막고굴은 동쪽을 바라보는 위치에 있어서 오전에는 햇빛이 들어와서 밝지만 오후가 되면 금세 어두워졌다. 그래서 관산웨 부부는 매일 아침 일찍 화구

[17-7] 관산웨가 모사한 둔황 벽화

를 들고 석굴에 들어가서 아내가 손으로 유등을 비춰주는 불빛에 의지해 힘들게 모사를 진행했다. 관산웨는 둔황 벽화를 82점 모사했다. [17-7] 그는 이 모사작들을 보물처럼 여겼고, 청두, 충칭, 광저우, 상하이, 난징 등에서 전시회를 열었다. 지금은 선전深圳의 관산웨 미술관에 소장되어 있다.

　관산웨의 모사작은 객관적으로 대상을 표현하는 것이 아니라 자신이 느낀 바를 둔황 벽화의 색채와 운율로 그려내는 방식이었다. 어떤 사람은 관산웨가 둔황 벽화를 보고 그린 것이 아니라 '썼다'고 표현한다. 관산웨의 목적은 둔황 벽화에 나타나는 각 시대별 예술 정신을 깨닫고 체득하는 것이었다. 이런 경험이 그의 인물화에 많은 영향을 주었다. 특히 1947년 난양에서 관산웨가 사생한 여러 작품들은 둔황 예술의 어떤 특징들이 현저히 드러난다.

당시의 많은 예술가들에게 둔황 예술은 중국 전통 회화에 대한 자신감을 불어넣었다. 동시에 화가들에게는 당시의 중국 회화를 어떻게 개혁할 것인지에 대한 계몽적 작용을 했다.

한낙연은 매우 독특한 화가다. 그는 짧은 인생에서 산발적으로 불꽃 같은 열량을 뿜어냈다. 그는 민족과 조국을 위해 분투했던 전사였으며 동시에 중국 현대 회화에 걸출한 공헌을 한 예술가였다.

그는 1898년 지린吉林성 룽징촌龍井村, 오늘날 룽징龍井시의 조선인 가정에서 태어났다. 원래의 이름은 광우光宇이고, 종종 소공素功이라는 이름을 썼으며, 자字를 낙연이라고 했다. 젊은 시절에는 둥베이東北 지방에서 미술교육에 종사하면서 항일 민족운동에 적극적으로 참여했다. 1929년 한낙연은 프랑스로 유학을 떠났다. 1931년 파리 루브르 예술대학에 합격했고, 1937년 귀국했다. 항일 전쟁에 적극 참여하는 한편, 국민당에 체포되어 3년간 감옥생활을 하기도 했으며 1943년 초에 가석방되었다. 한낙연은 1943년부터 1947년까지 두 차례 둔황에, 두 차례 신장에 갔으며 둔황에서는 벽화를 모사했다. [17-8] 고창국 유적지에서 고고학 조사를 진행했고 바이청拜城현 키질 불교 석굴 유적지를 세밀히 연구, 조사했다. 간쑤성, 칭하이성, 신장 등지에서 유화, 수채화 사생을 주로 했다. 그는 신장에서 5년간 고고학연구를 하고, 서북 박물관을 세운다는 계획을 갖고 있었으나 안타깝게도 꿈을 이루지 못했다. 1947년 7월 30일 한낙연은 우루무치에서 란저우로 가던 중에 비행기사고로 사망했다.

한낙연은 중국에서 키질 석굴 사원을 최초로 연구한 사람이다. 석굴에 남은 진귀한 제기題記를 기록하고 자신의 번호 체계를 만들었으며 수십 점의 모사작을 남겼다. 한낙연의 벽화 모사작은 둔황 막고굴 벽화, 키질 천불동 벽화 등이 있는데 키질 벽화가 특히 많다. 유화, 수채화가 공존하지만 유화 작품이 더 많다.

창수훙은 한낙연이 1945년과 1946년 사이에 둔황에 두 차례 와서 사생을 하

[17-8] 한낙연이 모사한 둔황 벽화

실크로드 둔황에서 막고굴의 숨은 역사를 보다

던 때를 이렇게 기억한다. 창수홍이 한낙연과 둔황 예술과 신장의 벽화에 대해 대화를 나누다가 한낙연이 그린 수채화를 보았다.

"한낙연의 그림을 보니 어느 것이나 빛과 색의 명쾌함이 가득했다. 활기가 없거나 어색한 데가 전혀 없었다. 능숙하고 세련된 수채화 기법은 이미 신선의 경지였다."

창수홍은 한낙연을 초청해 둔황예술연구소의 동료들과 함께 '키질 천불동 벽화의 특징과 발굴 과정'을 주제로 강연을 들었다. 창수홍은 한낙연의 작업이 둔황 예술연구에도 큰 공헌을 했다고 여겼다.

미술사가의 둔황 예술연구와 보급

미술사를 전공한 학자들은 현지 조사 혹은 다른 사람의 조사 자료를 통해 둔황 예술을 이론적으로 해석하는 작업을 했다. 둔황 예술을 중국미술사의 범주에 넣어 연구하는 것으로, 중국미술사를 더욱 풍부하게 했다.

샹다向達. 1900~1966는 1935년 옥스퍼드대학 도서관에서 근무했고, 다음 해 런던으로 옮겨가 대영박물관에서 스타인이 가져간 둔황 문서를 조사했다. 1937년에는 독일에 가서 독일인이 가져간 중국 서부 지역의 벽화와 문서를 조사했다. 1938년 귀국해서 1942년에 중앙연구원이 조직한 서북역사지리조사단에 참여해 고고학팀 팀장을 맡았다. 1942년에서 1944년까지 하서주랑 및 둔황 일대를 조사했고, 둔황에서 9개월간 머무르며 둔황 석굴 및 주변의 양관, 옥문관 유적을 조사했다. 이때의 조사 성과는 계속해서 당시의 신문에 실렸고 사회적으로 화제가 되었다. 샹다는 '둔황 천불동의 관리 연구 및 기타 연관 문제에 대한 논의論敦煌千佛洞的管理研究以及其他連帶的幾個問題', '천불동의 관리 연구를 논하다論千佛洞的管理研究' 등의 글을 발표해 둔황 석굴의 관리에 대한 구체적인 제안을 내놓았다.

그의 이런 활동이 국민당 정부를 자극하여 1944년에 막고굴에 둔황예술연구소가 설립되었다. 샹다는 중국미술사 연구를 전문으로 하지는 않지만 고고학의 입장에서 둔황 석굴을 연구, 분석하였다. 중국미술사 연구에 많은 도움을 주었다. 창수훙을 포함해 초기연구 및 벽화 모사에 참여한 사람들이 샹다의 영향을 많이 받았다.

스안史岩, 1904~1994은 1924년 상하이대학 미술과를 졸업했다. 1944~1945년에 둔황예술연구소에서 근무하면서 둔황 석굴의 공양인 제기에 대한 조사를 진행했다. 《둔황 천불동 개술敦煌千佛洞概述》,《둔황 석굴 초상화와 제기敦煌石窟畫像題識》 등을 출간했으며 그 후로 저장浙江 미술학원오늘날 중국미술학원에서 중국미술사 교수로 재직했다. 특히 중국의 조각 예술에 대한 깊이 있는 연구를 진행했으며, 학술 저작으로《동양미술사東洋美術史》,《고화 평가에 대한 세 가지 고증 및 교정 문제古畫評三種考訂》,《중국 조각사도록中國雕塑史圖錄》,《중국미술전집 : 수당 조각中國美術全集 : 隋唐雕塑》,《중국미술전집 : 오대, 송 조각中國美術全集 : 五代宋雕塑》 등이 있다. 독특하고 심오한 미술사학적 견해로 국제적으로 존경받는 학자이다.

리위李浴, 1915~2010는 허난 네이황內黃 사람이다. 1938년 국립 예술전문학교를 졸업하고 1944년부터 둔황예술연구소에서 근무했다. 둔황 벽화의 내용과 소재에 관해 깊이 연구했으며,《둔황 천불동 석굴 내용敦煌千佛洞石窟內容》을 썼다. 아쉽게도 당시의 상황 때문에 출간하지 못했다. 중화인민공화국 설립 후, 리위는 오랫동안 루쉰 미술학원에서 교수로 재직하며《중국미술사강中國美術史綱》,《서양미술사강西洋美術史綱》 등 주요한 미술사 저작을 출간했다. 이 저작들은 중국미술사 연구에 중요한 위치를 차지하고 있다. 그는 초기 둔황에서 연구 활동을 하면서 풍부한 자료를 남겼는데, 이 자료가《중국미술사강》 등 저작물에 잘 담겨 있다. 현지 조사로 획득한 석굴예술에 대한 자료는 중국미술에 대한 오늘날 중국인의 직관적인 인상을 형성하는 데 일조했다.

둔황 예술을 깊이 연구한 미술사가로는 진웨이눠金維諾, 왕보민王伯敏, 셰즈류謝稚柳, 왕쑨王遜 등이 있다. 이들은 중국미술사 관련 저작을 출간하고 미술사 교육에 힘썼다. 이들의 노력은 둔황 예술이 많은 사람들에게 알려지는 데 큰 도움을 주었다.

18

둔황 석굴의
보호와 연구

둔황 석굴이 세상에 알려지면서 많은 사람들이 둔황을 찾았다. 둔황의 인류 문화유산을 보호하고 연구하기 위해서였다. 지금의 둔황 석굴은 문화유산의 보호나 연구 측면에서 좋은 성과를 거두고 있으며, 학술연구, 문화 예술, 여행 산업 등에서 중요한 자원으로 활용되고 있다. 지금의 둔황 석굴이 있기까지 한 세대 한 세대씩 거치며 묵묵히 노력한 사람들의 공로를 잊으면 안 된다. 중화민국 시대 둔황예술연구소에서 지금의 둔황연구원까지 창수훙, 돤원제^段^{文傑}, 판진스^{樊錦詩}로 대표되는 둔황 석굴 연구자의 역사를 살펴보자.

둔황의 수호신, 창수훙

창수훙은 만주족이며, 1904년에 경치가 아름다운 시즈후^{西子湖} 호숫가에서 태어났다. 1923년 저장성의 갑종공업학교^{甲種工業學校}를 졸업하고 학

교에서 미술교사로 일했다. 창수훙은 자신의 회화
예술을 더 발전시키고자 1927년 프랑스 국비유학생
시험을 치러 합격했다. 1932년 프랑스 리옹의 국립미
술학교 유화과를 1등으로 졸업하고, 리옹에서 파리
로 유학할 수 있는 국비장학생으로 뽑혀 파리 미술
대학에서 공부했다. [18-1]

[18-1] 파리 유학 시기의 창수훙

　창수훙은 1934년 중국 예술가학회中國藝術家學會를
만들었다. 참가자는 창수훙 외에 왕린이王臨乙, 뤼쓰
바이呂斯百, 류카이취劉開渠, 천즈슈陳之秀, 왕쯔윈, 쉬
빙례余炳烈 등 20여 명이었다. 또한 이 시기에 그린
유화 〈화장梳妝〉, 〈병든 여인病婦〉, 〈나체의 여인裸女〉,
정물화 〈포도葡萄〉 등 작품이 프랑스 국가 살롱전에 참가했고, 〈사나의 초상沙娜
畵像〉은 현재 퐁피두 아트센터에 소장되어 있다. 〈나체의 여인〉은 1934년 리옹의
춘계 살롱전에서 미술가협회 금상을 받았으며, 지금 리옹 국립미술관에 소장되
어 있다. 창수훙은 프랑스 국가 살롱전에서 금상을 세 번, 은상을 두 번, 명예
상을 한 번 받았으며 프랑스 미술가협회 회원, 초상화가협회 회원으로 위촉되었
다. 창수훙과 아내 천즈슈는 파리에서 미술작품 창작에 몰두했다. 생활이 넉넉
하지는 않았지만 만족하며 편안했다. 그들은 곧 딸을 낳고 사나沙娜라는 이름을
지어주었다. [18-2]

　어느 날 창수훙은 파리 거리에서 화집을 구경하다가 펠리오가 둔황에서 촬
영한 둔황 화보집을 발견했다. 창수훙은 큰 충격을 받았다. 중국 서부 변경 지
역에 그려진 벽화가 이렇게 웅대한 기세와 장엄미, 정밀한 아름다움을 갖췄을
줄은 몰랐다. 그는 중국에서 한번도 둔황이라는 지역을 들어본 적이 없었다. 서
점 주인이 창수훙에게 박물관에는 둔황에서 출토된 비단 그림이 더 있다고 말

[18-2] 창수훙의 유화 〈D부인의 초상(D夫人像)〉

해 주었다. 창수훙은 박물관에서 직접 당송 시대의 비단 그림을 보았다. 과거 중국의 둔황에 이처럼 색채가 선연하고 웅대한 예술이 존재했음을 그때서야 처음 알았다. 그는 유화를 배운 사람이었다. 그 시대에 유화를 배우는 이유는 명청 시대 문인화의 양식화된 예술에 실망하여 서양 미술을 통해 중국회화를 개혁하려는 것이었다.

그러나 해외에서 오래 머물다 보니 점점 실의에 빠졌다. 보고 듣는 모든 것이 중국 예술이 낙후되었다는 증거였다. 중국 예술에서 훌륭한 전통이란 무엇일까? 계승할 가치가 있는 전통이 있을까? 이것은 중국인 화가로서 창수훙이 오랫동안 고뇌하는 문제였다. 그런데 둔황 예술에서 창수훙은 중국 예술의 빛을 발견했다. 1100년 전에 실전된 기이한 빛을 만난 것이다. 그는 수당 시대의 회화 정신을 다시 빛내야 한다고 생각했다. 마침 중화민국 교육부에서 창수훙에게 편지를 보내 귀국을 권유했다. 중국의 후손을 위해 미술교육을 맡아달라는 것이었다.

1936년 창수훙은 파리의 느긋한 삶에 이별을 고하고 귀국길에 올랐다. 이때 중국은 재난이 겹치던 시절이었다. 창수훙은 귀국하자마자 유랑하는 삶을 시작하게 된다. 우선은 베이핑北平 예술전문학교의 교수를 맡았다. 그런데 다음 해 노구교 사변이 터지면서 일본군이 중국을 침략했다. 창수훙은 학교가 이전함에 따라 충칭으로 옮겨갔다. 그는 학생들을 가르치는 일과 창작 작업을 병행하며 〈거리의 소녀街頭幼女〉 같은 시대적 흔적이 가득한 작품들을 그렸다. 1942년 국민당 정부가 둔황 석굴에 대한 고고학 조사를 시작하면서 둔황예술연구소를 설립하려는 움직임이 있었다. 창수훙은 둔황예술연구소의 준비 작업에 적극적으로 참여했고, 1943년에는 연구원들을 데리고 둔황에 가서 조사 활동을 벌였다. 1944년 둔황예술연구소가 정식으로 설립되고 창수훙이 소장을 맡았다.

창수훙은 둔황에 온 순간부터 둔황 예술에 '전염'되었다. 그는 점점 더 둔황

[18-3] 창수훙의 유화 〈설조한작(雪朝寒雀)〉   [18-4] 창수훙의 유화 〈9층 누각을 새로 짓다(修建九層樓)〉

이야말로 중국 전통 예술이 집중된 대표적인 지역이라고 생각하게 되었고 이런 위대한 예술이 알려지지 않았다는 사실이 애석했다. 그는 둔황이 예술사에서 중요한 지위를 차지하는 지역이라고 굳게 믿었다. [18-3] [18-4]

　유럽에서 예술가를 길러내는 곳이라면 메디치 가문을 떠올린다. 전문적으로 예술가에게 교육을 제공하고 아낌없는 지원을 하며 르네상스 시대에 뛰어난 예술가들의 작품이 탄생할 수 있게 도왔다. 근대 이후 유럽의 예술 중심지가 파리로 이동했지만, 여전히 사람들은 르네상스 예술의 중심지 이탈리아를 유럽 전통 예술의 발원지라고 여긴다. 그래서 사비를 들여서 이탈리아 여행을 하며 그곳의 예술적 분위기를 느끼는 것이 유럽 예술가들의 필수 과목이었다. 창수훙은 둔황을 중국 전통 예술의 중심지라고 보았다. 그가 꿈꾸는 둔황연구소는 바로 이

[18-5] 막고굴 앞에서 창수훙과 루산췬 등

[18-6] 1940년대 막고굴 모습

런 예술 교육의 중심지여야 했다(실제로 최초의 구상은 '둔황예술학원'이었다).

교육부에서 둔황 예술에 관심이 있는 교수나 연구원을 뽑아 현지에서 전문적으로 연구를 하게 한다. 이렇게 하면 둔황은 예술가를 길러내는 기지로 자리매김할 것이다. 중국 전통 미술을 배우려는 사람은 누구나 둔황에 와서 배워야한다. 그래야 중국에서 가장 순정한 전통 예술을 이해할 수 있다.

둔황예술연구소 초기에는 이런 상상을 실현하기에는 현실적인 난관이 많았다. 막고굴은 둔황 현성에서 남쪽으로 25킬로미터 떨어진 사막 중간에 있다. 막고굴 옆에는 청나라 때에 남겨진 쓰러져 가는 사원뿐이었다 상사上寺, 중사中寺, 하사下寺. 업무를 보거나 생활을 할 기본 조건조차 구비되어 있지 않았다. 창수훙은 동료들과 이런 황무지에 맨손으로 집을 지어야 했다. 중국 학술사와 예술사에 길이심원한 영향을 미칠 연구소를 말이다. [18-5] [18-6]

창수홍은 연구소 직원들과 석굴 외부의 토담을 수리하고 대부분의 석굴에 문을 설치했다. 석굴이 더 이상 인위적으로 파손되지 않도록 하기 위함이었다. 동시에 힘든 환경이지만 벽화 모사 작업을 대규모로 펼쳤다. 모사의 목적은 모사를 통해 옛 회화 기법을 배우고 시대적 특색을 갖춘 새로운 예술을 창조하기 위함이 첫째였다. 두 번째 목적은 벽화의 사본을 남기는 한편 벽화를 외부에서 전시하기 쉽게 하려는 것이었다. 벽화는 이동할 수 없는 그림이니 모사작으로만 둔황 예술의 모습을 둔황에 오지 못한 사람에게 보여줄 수 있다. 둔황에서 수년간 활동하면서 창수홍은 벽화 모사 작업이 둔황 예술을 선전하고 보급하는데 가장 중요한 일임을 깨달았다. 중국 사람들의 관심을 환기시키기 위해서도 모사작이 필요했다. 그래서 창수홍은 최대한의 노력을 쏟아 연구소 사람들을 조직해서 모사 작업에 매달렸다.

우선 모사 작업을 정규화 하는 과정이 필요했다. 연구소가 설립되기 전, 장다

[18-7] 1940년대 창수홍이 둔황예술연구소 사무실에 앉아 있다(막고굴 중사)

첸 등 화가들이 둔황 벽화를 모사했다. 하지만 장다첸의 모사는 자신의 경험과 감성에 따라 벽화의 원래 모습과 색채를 변형하여 주관성이 강했다. 창수훙은 세상 사람들에게 둔황 벽화의 진실한 의미를 알리려면 객관적으로 모사해야 한다고 보았다. 둔황예술연구소는 벽화를 모사할 때 두 가지 금지사항을 정했다. 첫째, 투명한 종이를 벽화에 대고 따라 그리지 않는다. 둘째, 잘 보이지 않는 벽화를 선명하게 보이게 할 목적으로 벽면에 물을 뿌리지 않는다. 그렇지 않으면 벽화가 손상될 위험이 있기 때문이다. 이처럼 둔황예술연구소의 모사는 벽화의 보호를 최우선으로 여겼다.

창수훙은 화가들을 조직해 둔황 벽화 중에서 몇몇 주제를 집중적으로 모사했다. 모사작품을 전시할 때 상대적으로 완전한 형태로 둔황 예술의 체계를 보여주기 위함이었다. [18-7]

1948년 창수훙은 난징과 상하이에서 대규모 둔황예술전을 열었다. 연구소에서 수년간 모사한 둔황 벽화 600여 점이 전시되었다. 세상에 둔황예술연구소의 설립 성과를 보여주는 자리기도 했다. 이 전시는 큰 반향을 불러일으켰다. [18-8]

중화인민공화국 성립 후에는 1951년에 베이징에서 둔황예술전을 열었고, 문화부장관 정전둬鄭振鐸가 창수훙과 연구소 직원들이 힘든 조건하에서 이룬 예술연구의 성과를 높이 평가했다.

"우리가 더 설명할 필요가 없을 것 같군요. 둔황문물연구소의 여러 예술가와 연구원께서 얼마나 힘들게 먼 서쪽 변경에서 8년간 빛나는 예술연구의 성취를 이루었는지 말입니다. 여러분의 노력에 감사드립니다. 우리는 여러분의 노력을 통해 옛 노동자 인민의 예술이 이렇게 위대하다는 것을 볼 수 있게 되었습니다."

그 후 10년간 둔황 벽화 모사작은 중국 내에서 8개 도시에서 전시회를 열었고 해외에서는 6개국 11개 도시에서 전시회를 열었다. 많은 관람객의 지지와 응원을 받았으며, 거대한 반응을 불러 일으켰다. 화가로서 창수훙은 붓을 놓은 적

[18-8] 석굴에서 모사 작업 중인 창수훙

이 없었다. 그는 1930년대에 그린 〈거리의 소녀〉, 1940년대에 그린 〈쓰촨의 농민 四川農民〉, 1950년대에 그린 〈카자흐족 처녀哈薩克族姑娘〉 등에서 탄탄한 유화 창작 능력을 보여주고 있으며, 섬세하게 인물의 개성을 표현하고 있다. 또한 둔황 풍 경화, 정물화 등도 많이 그렸는데, 유화 기법으로 민족적 특색을 드러내는 노력 이 엿보인다. 창수훙은 유화 창작보다는 둔황에서 중국미술의 발전을 위해 더 욱 중요한 역사적 업적을 일구었다. 둔황 예술연구와 전파는 중국 현대미술의 발전을 이끈 원동력이기도 했다.

돤원제, 둔황학의 길에 매진하다

돤원제는 1917년 쓰촨성 진양綿陽현에서 태어났다. 1940년 충칭에 있는 국립 예술전과학교藝術專科學校 중국화과에 입학했다. 뤼펑쯔呂鳳子, 판톈서우潘天壽, 린펑몐林風眠, 천즈陳之佛 등에게 중국화를 배웠다. 1944년 장다첸, 왕쯔윈이 충칭에서 연 둔황벽화모사전, 서북풍경사생전 등 전시회를 보고 둔황의 전통 예술을 연구하려는 마음을 먹었다. 둔황 예술을 모사하며 공부하기로 결정한 돤원제는 둔황으로 향했다. 란저우를 지날 때, 태평양전쟁이 승리로 끝나면서 둔황예술연구소가 없어진다는 소식을 들었다. 돤원제는 몹시 실망했다. 그때 운 좋게 둔황에서 란저우로 오던 창수훙을 만났다. 창수훙은 돤원제의 신념을 칭찬하면서 자신은 지금 충칭에 가서 연구소를 다시 개설하겠다는 신청서를 낼 거라고 말했다. 연구소가 다시 개설되기만 하면 란저우에 와서 돤원제와 함께 둔황으로 가기로 약속했다. 그래서 돤원제는 란저우에서 기다렸다.

1946년 9월, 돤원제는 창수훙과 더불어 막고굴에 도착했다. [18-9] 새롭게 설립된 둔황예술연구소는 대부분의 연구원들이 막 미술학교를 졸업한 젊은이들이었다. 돤원제는 사회에서 일한 경험이 있었고 회화 실력과 연구 능력이 모두 뛰어나 둔황예술연구소의 고고학팀 팀장이 되었다. 구체적으로는 벽화 모사 작업을 조직하고 책임지는 일과 석굴의 상태를 확인하고 석굴의 내용을 조사하는 등의 일을 했다. [18-10] [18-11] [18-12] [18-13] [18-14] [18-15]

돤원제는 벽화 모사 작업에 온 힘을 다했다. 부단히 사유하고 탐색하면서 옛 벽화의 예술 성취와 특색을 표현하려 애썼다. 벽화 모사를 하는 동안 최대한 옛날 벽화를 그리던 정신을 표현하는 것이 목표였다. 제254굴 〈시비왕본생尸毗王本生〉, 제158굴 〈각족왕자거애도各族王子擧哀圖〉, 유림굴 제25굴 〈관무량수경변觀無量壽經變〉, 제217굴 〈대세지보살大勢至菩薩〉 등의 모사작을 보면 돤원제의 숙련된 선묘법과 자유로운 운용을 충분히 느낄 수 있다. [18-16]

[18-9] 석굴에서 모사 작업 중인 돤원제

[18-10] 1940년대 둔황예술연구소의 모사 작업

[18-11] 1950년대 훠시량(霍熙亮), 어우양린(歐陽琳) 등의 모사 작업

[18-12] 1952년 둔황문물연구소 연구원 단체 사진

[18-13] 석굴에서 모사 중인 리치충(李其瓊)

[18-14] 1960년대 막고굴 벼랑 강화 작업 현장

[18-15] 1960년대 막고굴 보강 작업 현장

제130굴 〈도독부인예불도都督夫人禮佛圖〉는 돤원제가 몸과 마음을 다해 그린 벽화 모사작이다. 제130굴은 성당 시대에 만들어졌는데, 송대에 새로 수리하면서 성당 때의 그림 위에 새로 칠했다. 1940년대에는 벽면이 갈라지면서 당나라 때의 원작 그림이 나타났다. 표면을 덮었던 벽화를 떼어내어 원래의 벽면이 상당 부분 훼손되었고, 떼어낸 후에도 오랫동안 빛을 받았다. 돤원제 등 화가들이 둔황에 왔을 때는 이미 벽화는 흐릿해져서 알아보기 힘든 상태였다.

돤원제는 알아볼 수 있는 벽화의 부분을 바탕으로 오랫동안 연구한 끝에 당나라와 같은 선묘법과 색채 처리 방식을 이용해 모사했다. 여러 차례 탐색과 실패를 반복하면서 당나라 때 그림을 복원해냈다. 이 벽화는 도독부인과 딸이 시종 열두 명을 거느린 모습을 그렸다. 주요 인물인 도독부인의 키만 2미터가 넘고 온화하고 점잖은 태도와 정성스럽게 예불하는 표정이 생생하다. 옷의 색채는 화려하고 우아하며, 살짝 비치는 듯 투명한 비단의 질감이 귀하고 화려한 느낌을 잘 드러낸다. 인물의 표정이나 기세, 그림의 표현 기법 등에서 성당 시대 화풍을 십분 반영하였다.

지금은 제130굴의 〈도독부인예불도〉 벽화가 대부분 사라져 알아보기 힘들다. 돤원제의 모사작이 이 벽화를 인지하는 증거가 된 셈이다.

1957년 반우파운동이 시작되었다. 돤원제도 정치적으로 공격을 받아 연구소의 직책을 잃었다. 하지만 그는 여전히 연구소에 나와 각종 연구 작업을 돌보고 여러 점의 벽화 모사 작업을 완성했다. 문화대혁명이 시작되자 돤원제는 또 비판을 받았다. 이번에는 둔황 농촌으로 보내져 노동을 해야 했다. 1972년에야 다시 연구소로 돌아올 수 있었다. 1976년 문화대혁명이 끝나고 중국에 개혁개방의 바람이 불었다. 둔황연구소 역시 봄날이 왔다. 돤원제와 연구소 직원들은 둔황 석굴에 관한 여러 방면의 논문을 써서 연구 성과를 발표했다. 1980년 돤원제는 둔황문물연구소의 첫 번째 부소장이 되었다. 1982년에는 연구소장을 이어받았

[18-16] 돤원제가 모사한 〈시비왕본생〉

[18-17] 돤원제

다. 1984년 둔황문물연구소가 확장되어 둔황연구원으로 승격했다. 돤원제가 원장을 맡았다. [18-17]

1980년대 초, 외국 학자가 이런 말을 했다.

"둔황은 중국에 있지만, 둔황학은 중국 바깥에 있다."

돤원제는 이 말을 듣고 마음이 아팠다. 객관적으로 말하자면 이것은 학술계의 보편적인 현상이었다. 문화대혁명이라는 10년간의 정체기를 겪으면서 중국의 둔황학은 해외 둔황학보다 훨씬 뒤처졌다. 중국학자로서 돤원제는 큰 책임감을 가지고 둔황학연구에 힘을 쏟았다. 둔황은 중국에 있으니, 중국의 둔황학연구는 다른 나라보다 뒤떨어져서는 안 된다. 이때 중국의 개혁개방이 막 시작되고 있었다.

그는 다양한 방면으로 노력하여 연구원의 둔황학연구를 활성화하려고 애썼다. 특히 둔황 석굴과 관련한 영역에서 중국 둔황학의 장점을 발휘해야 했다. 돤원제는 석굴예술, 석굴 고고학, 둔황사 등의 연구를 독려하였다. 그가 창간한 연구원의 학술잡지 《둔황연구敦煌研究》는 몇 년간 시험 발간을 거쳐 1983년에 정식으로 발행을 시작했다. 1986년부터 계간지가 되었고, 2002년부터는 격월간지가 되었다. 이 학술잡지는 지금 세계 둔황학 연구자들의 필수 참고자료로 자리 잡았다. 돤원제도 미술사와 미학적 관점에서 둔황 예술을 연구하여 많은 연구논문을 발표했고 부단히 국제적인 둔황학연구회를 개최하면서 둔황학의 교류와 발전을 도모했다. 동시에 중국 안팎으로 더 많은 학자들이 둔황과 둔황연구원을 이해하는 데도 많은 도움이 되었다.

또한 돤원제는 연구원들을 인솔하여 일본, 프랑스, 인도, 미국 등에서 열리는 연구학회에 참가하며 전 세계 학자들과 교류했다. 돤원제의 주도 아래 둔황

연구원은 10여 년 사이에 학술저작, 석굴예술도록, 예술도감 등의 총서를 수십 종 출간했으며 대형 학술저작물인《중국 석굴 : 둔황 막고굴中國石窟 : 敦煌莫高窟》(전 5권),《중국 석굴 : 안시 유림굴中國石窟 : 安西楡林窟》을 펴냈다. 이 책은 중국문물출판사中國文物出版社 와 일본의 헤이본샤平凡社 출판사가 협력하여 출간했다. 1980년대 초 둔황연구원 학자들의 연구 성과를 집대성한 책이다.

이 총서는 둔황 석굴예술을 이해하기 위한 입문서로 자리매김했다. 또한 '중국미술분류전집'에 포함된《둔황벽화전집敦煌壁畫全集》(전10권)은 체계적으로 둔황예술의 각 시대별 벽화를 정리하여 소개하는 책이다. 1990년대 초, 돤원제는 대규모 도록 형식 저작물《둔황석굴예술敦煌石窟藝術》(전23권)을 편저했다. 이 책은 둔황연구원의 석굴예술에 대한 여러 연구 성과를 한 데 모은 결과물이다. 이 총서는 홍콩 상무인서관商務印書館에서 출간되어 2006년 완간되었다.

판진스, 세계 일류의 문화유산 보호 기구를 만들다

1990년대 말, 둔황연구원은 어느덧 50년의 역사를 지나왔다. 둔황연구원에 세 번째 원장 판진스樊錦詩가 돤원제의 뒤를 이었다.

판진스는 1938년에 상하이에서 태어났다. 1963년 베이징대학 역사학과에서 고고학을 전공했다. 졸업 전에 그녀는 친구들과 둔황 막고굴에 가서 실습을 했다. 이때부터 둔황과 떼려야 뗄 수 없는 인연을 맺게 되었다. 베이징대학 졸업 후, 판진스는 둔황문물연구원에서 고고학연구자의 삶을 시작한다. [18-18]

그때 중국의 석굴 고고학연구는 막 걸음마를 뗀 상황이었다. 갓 졸업한 판진스에게는 도전할 만한 연구 과제였다. 오래된 석굴은 유구한 역사를 이기고 여전한 색채의 벽화, 소조상 등을 간직하고 있다. 불상화, 고사화, 경변도 등 다양한 예술세계도 매일같이 판진스를 매혹시켰다. 그녀는 사막 한가운데서 고생스

[18-18] 판진스와 고고학 연구원의 석굴 내부 조사

럽게 일하는 환경에도 굴하지 않았다. 고고학은 대개 유적이나 무덤에서 발굴
이 진행되지만 불교 석굴의 벽화와 채색 소조상은 고고학적으로 어떤 각도에서
접근해야 할지가 판진스에게 거대한 과제였다. 판진스는 연구원의 마스창馬世長,
회화 담당인 관유후이關友惠, 유위취안劉玉權 등과 더불어 고고학 방법론과 이론
을 운용하면서 석굴을 주도면밀하게 조사했다. 석굴을 분류하고 분석하며 연대
를 찾는 연구가 이어졌다. 학술연구란 몹시 딱딱하고 지루한 일이다. 어떤 때는
하나의 양식을 분석하기 위해 수차례나 반복해서 조사하고 측량 기록을 검토하
고 비교 분석해야 할 때도 있었다. 판진스가 처음 고고학에 흥미를 느꼈을 때는
이 일에 평생을 바치게 될 줄은 몰랐을 것이다.

1967년 판진스는 연인 사이였던 대학 친구 펑진장彭金章과 결혼했다. 펑진장은 우한대학에서 교수로 재직 중이었는데, 두 사람은 각기 남쪽과 북쪽으로 떨어져서 마치 견우와 직녀처럼 생활했다. 그리고 문화대혁명 시기에 판진스는 다른 전문연구원들과 마찬가지로 정치적으로 공격을 받고 농촌에 하방되었다. 상하이로 돌아갈 수도 없었고, 우한에 가서 아이를 낳을 수도 없었다. 출산 사흘 전에도 노동을 해야 했다. 판진스는 혼자 둔황에서 아들을 낳았다. 아이가 태어나고 한 달도 안 되었는데 판진스는 노동을 하러 나가야 했다. 아이를 봐주는 사람도 없어서 아이를 집에 두고 문을 잠그고 가야 했다. 일하다가 틈을 보아 몰래 숙소에 와서 젖을 먹였다.

그때의 둔황은 중국의 다른 지역과 다를 것이 없었다. 일하러 가서는 쉬는 시간도 없이 회의, 노동, 비판의 연속이었다. 이렇게 해서는 아들을 돌볼 수 없다고 생각한 판진스는 우한에 있는 남편에게 아이를 데리러 오라고 했다. 그렇게 아이와 떨어지게 되었다. 나중에 둘째 아들을 낳았을 때도 어린 아이를 돌볼 여건이 되지 않아 상하이에 있는 언니에게 부탁했다. 그렇게 식구들이 둔황, 우한, 상하이, 세 지역에 갈라져 살았다. 이런 생활의 어려움도 판진스의 둔황 연구에 대한 굳은 신념을 무너뜨리지 못했다. [18-19]

드디어 문화대혁명이 끝났다. 개혁개방의 물결을 타고 둔황문물연구소의 연구도 정상화되었다. 판진스와 마스창, 관유후이, 류위취안 등의 연구원은 협력하여 둔황 막고굴의 연대 분석 결과를 발표했다. 〈둔황 막고굴 북조 석굴 분기敦煌莫高窟北朝石窟的分期〉, 〈막고굴 수대 석굴 분기莫高窟隋代石窟分期〉, 〈막고굴 당대 전기 동굴 분기莫高窟唐代前期洞窟分期〉 등의 논문으로 판진스를 수장으로 하는 연구팀의 성과가 세상에 알려졌고, 중국 석굴 고고학연구의 중대한 성취로 인정받았다. 바로 이 연구 성과가 "둔황은 중국에 있지만, 둔황학은 중국 바깥에 있다"던 둔황학의 판도를 바꾸었다.

[18-19] 판진스 남편 펑진장이 북쪽 구역 고고학 발굴지에서 찍은 사진(1990년대)

[18-20] 판진스

1984년 둔황문물연구소가 둔황연구원으로 승격되면서 판진스는 상무부원장常務副院長을 맡았다. 이때 연구원에는 석굴보호, 고고학, 미술, 문헌 네 개의 연구소와 자료센터가 설치되었다. 편집부 등의 업무 부문도 직원이 적잖게 증가했다. 1998년 판진스가 둔황연구원 원장직을 이어받았다. [18-20]

1987년 둔황 막고굴이 중국에서 처음으로 유네스코 세계문화유산에 등재되었다. 둔황 석굴의 보호 사업이 세계적인 수준의 새로운 단계로 진입했다. 하지만 문화유산은 상당히 복잡한 것이다. 몸집도 크고 점유하는 땅도 넓었다. 역사는 유구하고 구성 역시 복잡했다. 건축물 본체 외에도 주변의 생활환경과 관련해 인문적, 생태적 방면에서 신경 쓸 문제가 많았다. 중국에는 여러 문물들이 세계문화유산 등재를 기다리고 있지만, 그때는 중국 내에 어떻게 문화유산을 관리, 보존해야 하는지 연구된 바가 없었다. 참고할 선례도 부족했다.

판진스는 막고굴이라는 인류의 문화유산을 보호하는 문제에 골몰했다. 한동안 중국 내의 여러 문물들이 세계문화유산에 등재되었다. 좋은 일이기는 하지만 지방의 소수민족 정부는 문화유산으로 벌어들일 수익만 강조하고 어떻게 문화유산을 보호할지는 소홀히 여기는 듯했다. 판진스는 이런 현상에 깊은 우려를 느꼈다. 문화유산은 긴 역사를 지녔고, 몹시 취약한 상태다. 과도하게 개발하고 이용하며 단기간의 경제적 이익만 좇는다면 문화유산 그 자체로 대가를 치르게 될지 모른다. 막고굴의 보호만 해도 쉽지 않았다. 판진스는 이리저리 뛰어다니면서 국가문물국, 성 정부에 막고굴의 문제를 알렸다. 관련 부서의 관심이 중요했다. 간쑤성문물국에서는 '문물보호법'의 기초로 막고굴 보호를 위한 법안을 마련했다. 드디어 '간쑤성 둔황 막고굴 보호법례'가 제정되어 2003년 3월 정식으로 공포되었다. 막고굴이 처음으로 법률의 정식 보장을 받게 된 것이다. 이는 막고굴 보호의 역사에서 한 획을 긋는 중요한 일이다.

판진스는 거시적 시각에서 둔황 석굴의 보호 및 연구의 청사진을 그렸다. 훼손을 예방하는 것을 위주로, 학문 간 종합적인 연구 방침을 마련하고 막고굴의 특징에 알맞은 과학적인 보호 방법을 찾는 데 힘쓰고 있다. 세계화의 시대에 막고굴 보호 사업도 필수적으로 국제적인 협력이 필요하다. 판진스의 노력 아래, 연구원은 1980년대부터 일본, 미국, 캐나다 등 나라의 과학 연구기관과 협력해 둔황 막고굴의 벽화, 채색 소조상 보존에 관한 연구를 진행하고 있다. 석굴의 지질적 구조 및 벽화와 채색 소조를 제작한 재료를 분석하고, 석굴이 위치한 벼랑의 균열에 대한 관측도 진행 중이다. 또한 벽화의 훼손과 산화를 막는 방법도 연구 중이며, 현저한 성과를 보이고 있다. [18-21]

1990년대 이후, 보호 작업은 석굴 내부에서 석굴 외부로 확장되었다. 화학적인 방법과 식물로 모래를 결합시키는 방법 등이 종합적으로 시행되고 있다. 모래바람을 막기 위해 막고굴 위에 3.3킬로미터가 넘는 방사장防沙障을 설치하고 주변에 길이 2킬로미터 폭 10미터의 숲을 조성하고 있다. 현재 석굴 앞에서는 유사량이 70퍼센트까지 감소하여 눈에 띄는 효과를 거뒀다. [18-22]

해외 전문가들과 협력 및 교류 과정에서 판진스는 엄밀한 학문 태도와 강한 책임감으로 해외에서도 좋은 평가를 받았다. 미국의 게티 보존연구소Getty Conservation Institute는 둔황의 문물 보호 사업에 중대한 공헌을 한 외국의 전문가이다. 그 연구소는 판진스를 언급하면 감탄하는 어조로 중국에서 협력했던 프로젝트 중에 판진스 원장과 일한 것이 가장 유쾌한 경험이었다고 말하곤 한다. 둔

[18-21] 막고굴 제85굴 보호공사 현장

황 석굴의 보호 사업은 빠르게 발전하고 있다.

판진스는 인재 육성의 중요성을 잘 알고 있다. 1944년 둔황예술연구소가 설립된 후 둔황의 연구 사업은 몇 세대를 거치며 후배들이 계승하면서 이어지고 있다. 오늘처럼 발전할 수 있었던 데는 근본적으로 둔황 사업에 모든 것을 바친 연구원들이 있었기 때문이다. 지금처럼 과학기술이 빠르게 발전하는 시대에 인재는 곧 경쟁력이다. 1980년대부터 해외연구소와 교류하면서 둔황연구원은 일본, 캐나다, 인도 등에 소속 연구원을 1년 연수 기회를 주고 있다. 1년 연수의 혜택을 받은 사람이 50여 명이고, 단기 연수를 다녀온 연구원도 30여 명이 된다. 이들은 귀국 후에 연구원의 각 영역에서 중심적인 역할을 해낼 것이다.

석굴 보호 방법을 매일 고민하던 판진스는 드디어 선진 컴퓨터 그래픽 기술을 이용해 둔황 석굴의 정묘한 예술을 기록할 수 있는 방법을 찾아냈다. 판진스는 사진이든 영상이든 장기적으로 보존할 수 없음을 잘 이해하고 있다. 그러

[18-22] 막고굴 모래방지 공사

나 컴퓨터 그래픽 저장 기술을 이용하면 영구적으로 보존이 가능하다. 판진스는 적극적으로 관련 부서와 협조하면서 '진귀한 문물의 컴퓨터 그래픽 저장 및 재현 시스템연구'를 만들었다. 이 과정이 완성되면 판진스는 컴퓨터 그래픽으로 저장하여 더욱 잘 이용할 수 있을 것이다. 판진스는 둔황연구원과 저장대학을 연계하고 정부의 자연과학기금을 신청했다. 또 미국에서도 멜런^Mellon 재단과 협력해 둔황 석굴의 디지털화 기록 및 보존과 운용 계획을 진행하고 있다. 우선은 막고굴을 컴퓨터로 재현하고 이를 실제처럼 선명한 도상으로 보여줄 수 있도록 연구 중이다.

하지만 판진스는 여기에 만족하지 않았다. 그녀는 컴퓨터 기술로 둔황 도상을 저장하고 보호하며 연구원에게 연구 자료로 제공할 수 있다면, 여행객의 참관 역시 컴퓨터 기술로 풍부한 정보를 얻을 수 있지 않을까 생각했다. 그렇게 된다면 동굴에 여행객이 들어가서 벌어지는 여러 가지 문제들도 해결될 것이다. 그래서 더욱 광범위한 계획이 탄생했다. 둔황 막고굴 여행서비스센터를 설립한다는 구상이다. 몇 년간의 조사연구로 막고굴에 여행객이 출입할 때의 공기 변화 등의 수치를 수집했다. 동시에 컴퓨터로 저장하고 출력하는 막고굴 예술을 다방면으로 연구하여 과학자의 논증을 거쳐 15명의 정협위원에게 제안해 정식으로 전국 정협회의에서 큰 관심을 받았다. 이 계획은 전국 정협에서 논의할 중점 의제로 선정되었다. 이 의제는 중국 문물 보호 사업에 새로운 돌파구가 될 수 있다. 문화유산 보호에도 새로운 모델이 될지 모른다.

2002년 판진스는 정부가 선정한 '전국걸출전문기술인재^全國傑出專業技術人才'상을 받은 바 있는데, 그 상에 걸맞게 중국에 적합한 문화유산 보호 기술개발에 시동이 걸린 셈이다. 앞으로 남은 길이 험난하겠지만 막고굴의 미래 청사진이 판진스의 눈앞에 펼쳐져 있다.

사진 저작권

이 책의 사진은 대부분 둔황연구원의 디지털센터에서 제공한 것으로, 촬영자는 우젠(吳健), 쑨즈쥔(孫志軍), 쑹리량(宋利良), 장웨이원(張偉文), 차오자오푸(喬兆福), 위성지(余生吉)다. 그 외의 사진 일부는 자오성량(趙聲良)이 제공하였다.

참고문헌

《중국 석굴 : 둔황 막고굴(中國石窟 : 敦煌莫高窟)》(전5권), 베이징(北京), 문물출판사(文物出版社), 1981~1987

거쯔(格子) 편저, 《수 양제전(隋煬帝傳)》, 후허하오터(呼和浩特), 네이멍구인민출판사(內蒙古人民出版社), 2004

관유후이(關友惠), 《둔황 석굴 전집 : 도안화권(敦煌石窟全集 : 圖案畵卷)》, 홍콩(香港), 상무인서관(商務印書館)

돤원제(段文傑), 《둔황 석굴예술 연구(敦煌石窟藝術研究)》, 란저우(蘭州), 간쑤인민출판사(甘肅人民出版社), 2007

수바이(宿白), 《중국 석굴 사원 연구(中國石窟寺院研究)》, 베이징, 문물출판사

스웨이샹(史葦湘), 《둔황 역사와 막고굴 예술(敦煌歷史與莫高窟藝術)》, 란저우(蘭州), 간쑤교육출판사(甘肅敎育出版社), 2002

스핑팅(施萍婷), 《둔황 습학집(敦煌習學集)》, 란저우, 간쑤민족출판사(甘肅民族出版社), 2004

실크로드 조사대(絲綢之路考察隊) 편저, 《실크로드 방고(絲綢訪古)》, 란저우, 간쑤인민출판사, 1982

자오성량(趙聲良), 《둔황 예술 10강(敦煌藝術十講)》, 상하이(上海), 상하이고적출판사(上海古籍出版社), 2007

지셴린(季羨林) 등 교정 및 주해, 《대당서역기 교주(大唐西域記校注)》, 베이징, 중화서국(中華書局), 2000

지셴린(季羨林), 《불교 15제(佛敎十五題)》, 베이징, 중화서국, 2007

첸원중(錢文忠), 《현장서유기(玄奘西遊記)》, 상하이, 상하이서점출판사(上海書店出版社), 2007

판진스(樊錦詩), 《둔황 석굴 전집 : 불교고사화권(敦煌石窟全集 : 佛傳故事畵卷)》, 홍콩, 상무인서관, 2002

혜립(慧立), 언종(彦悰) 저, 쑨위탕(孫毓棠), 셰팡뎬(謝方點) 교정, 《대자은사삼장법사전(大慈恩寺三藏法師傳)》, 베이징, 중화서국, 2004

총서 편집위원회

편집위원장 판진스(樊錦詩)
부위원장 자오성량(趙聲良)
집필진(획수순) 치솽지(齊雙吉), 장옌메이(張豔梅), 천쥐샤(陳菊霞), 타이후이리(邰惠莉), 자오성량(趙聲良), 자오샤오싱(趙曉星), 량훙(梁紅), 청량(程亮)

편저 둔황연구원(敦煌研究院)·판진스(樊錦詩) │ **번역** 강초아 │ **발행인** 김윤태 │ **교정** 김창현 │ **북디자인** 디자인이즈
발행처 도서출판 선 │ **등록번호** 제15-201 │ **등록일자** 1995년 3월 27일 │ **초판 1쇄 발행** 2019년 4월 25일
주소 서울시 종로구 삼일대로 30길 21 종로오피스텔 1218호 │ **전화** 02-762-3335 │ **전송** 02-762-3371

값 25,000원
ISBN 978-89-6312-587-9 03910

이 책의 판권은 지은이와 도서출판 선에 있습니다.
잘못된 책은 바꾸어 드립니다.